PRINCIPIOS DE ECONOMÍA POLÍTICA

Carl Menger

PRINCIPIOS DE ECONOMÍA POLIÍTICA
Carl Menger

©Colección Erandique
Supervisión Editorial: Óscar Flores López
Diseño de portada: Andrea Rodríguez
Administración: Tesla Rodas—Jessica Cordero
Director Ejecutivo: José Azcona Bocock
Primera Edición
Tegucigalpa, Honduras—Abril 2026

CONTENIDO

INTRODUCCIÓN

de F. A. Hayek

La historia de la economía política es rica en ejemplos de precursores olvidados, cuya obra no despertó ningún eco en su tiempo y que sólo fueron redescubiertos cuando sus ideas más importantes habían sido ya difundidas por otros. Es también rica en notables coincidencias de descubrimientos simultáneos y de singulares peripecias de algunos libros.

Pero difícilmente se encontrará en esta historia, ni en la de ninguna otra rama del saber, el ejemplo de un autor que haya revolucionado los fundamentos de una ciencia ya bien establecida y haya conseguido por ello general reconocimiento y que, a pesar de todo, haya sido tan desconocido como Cari Menger. Apenas si existen casos paralelos al de los Principios, que tras haber ejercido un influjo firme y permanente hayan tenido —debido a causas totalmente accidentales— tan limitada difusión. Para los historiadores resulta incuestionable que la posición poco menos que excepcional alanzada por la Escuela austríaca en el proceso de desarrollo de la economía política en los últimos sesenta años se debe casi en su totalidad a los fundamentos sobre los que la asentó este gran economista. Es cierto que la fama de la Escuela de cara al exterior y el desarrollo de algunas partes esenciales del sistema se deben a los esfuerzos de sus brillantes seguidores Eugen Von Bohm-Bawerk y Friedrich Von Wieser.

Pero no es oscurecer los méritos de estos dos hombres afirmar que sus ideas fundamentales surgieron en su totalidad de Cari Menger. De no haber tenido tales discípulos, su nombre habría quedado envuelto en una suave penumbra. Tal vez habría corrido la suerte de muchos hombres capacitados, cuyas ideas se anticiparon a su tiempo pero que luego fueron olvidados. En todo caso, es prácticamente seguro que durante largo tiempo apenas habría gozado de prestigio fuera del ámbito germanoparlante.

Pero la característica común de todos los partidarios de la Escuela austríaca, lo que les confirió su peculiaridad e hizo posibles sus posteriores contribuciones, fue precisamente su aceptación de las teorías de Cari Menger. El hecho de que William Stanley JeVons, Cari Menger y Léon Walras descubrieran casi al mismo tiempo y cada uno por su lado el principio de la utilidad límite es tan conocido que no es necesario insistir en ello. Hoy se admite, en general, y con buenas razones, que el año 1871, en el que se publicaron la Theory of Political Economy de JeVons y los Principios de Menger, es el punto de partida de una nueva época en el desarrollo de la política económica. JeVons había expuesto ya sus ideas fundamentales nueve años antes, en un artículo (publicado en 1866) que apenas llamó la atención. Walras no inició la publicación de sus teorías hasta 1874. En todo caso, está bastante bien comprobada la mutua independencia de los trabajos de los tres fundadores. Aunque sus propósitos centrales —es decir, aquella parte de sus sistemas a que mayor importancia dieron sus contemporáneos— son los mismos, el carácter general y el telón de fondo de sus trabajos son tan esencialmente diferentes que se plantea de forma inevitable la pregunta de cómo es posible que por caminos tan distintos se llegara a resultados tan parecidos. Para comprender el trasfondo intelectual de la obra de Cari Menger conviene hacer algunas observaciones sobre la situación general de la economía política en aquella época. Si bien es cierto que el cuarto de siglo que media entre la aparición de los Principies de J. St. Mili (1848) y el nacimiento de la nueva escuela fue, bajo muchos aspectos, testigo del gran triunfo de la política económica clásica en el ámbito práctico, sus fundamentos, y más en concreto su teoría del valor, fueron cada vez más discutidos. Tal vez la exposición sistemática de los Principies del propio J. St. Mili contribuyó en parte, a pesar o a causa de su autocomplaciente satisfacción por el alto grado de perfección alcanzado por la teoría del valor, a una con su posterior refutación de otros puntos importantes de esta teoría, a poner al descubierto las lagunas del sistema clásico.

Fuera como fuere lo cierto es que en la mayoría de los países se multiplicaron los ataques críticos y los esfuerzos por conseguir nuevos puntos de vista. Pero en ninguna parte se registró tan rápido y tan total ocaso de la escuela clásica de la economía política como en Alemania. Bajo los ataques de la escuela histórica, no sólo se abandonaron enteramente las teorías clásicas — que, por lo demás, nunca habían tenido profundas raíces en esta parte del mundo—, sino que toda tentativa de análisis teórico era saludada con profunda desconfianza. Esto era en parte el resultado de una serie de reflexiones metodológicas.

Pero era, sobre todo, el producto de la acentuada animosidad con que el impulso reformista de los nuevos grupos, que se autodenominaban orgullosamente "escuela ética", se oponía a las consecuencias prácticas de la escuela clásica inglesa. En Inglaterra se estancó el progreso de la teoría económica. Mientras tanto, había surgido en Alemania una segunda generación de economistas políticos históricos, que nunca había llegado a familiarizarse con el único sistema teórico bien estructurado y desarrollado y que había aprendido, además, a considerar inútiles, si no abiertamente perjudiciales, todo tipo de especulaciones teóricas.

Las teorías de la escuela clásica habían incurrido probablemente en tal descrédito que ya no podían servir de base de partida para un movimiento de renovación de los que todavía se interesaban por los problemas teóricos. Con todo, en los escritos de los economistas políticos alemanes de la primera mitad del siglo se registraron algunos planteamientos que abrían la posibilidad de una nueva evolución. - Una de las razones que explican por qué la teoría clásica nunca asentó firmemente el pie en Alemania radica en el hecho de que los economistas políticos de este país tuvieron siempre clara conciencia de ciertas contradicciones inherentes a todas las teorías de los costes o del valor del trabajo.

Tal vez ya a partir de la obra de Galiani y de otros autores franceses e italianos del siglo XVIII se había mantenido siempre viva una tradición que se negaba a admitir una radical separación entre el valor y la utilidad. Desde los primeros años del siglo hasta la década de los cincuenta y los sesenta hubo toda una serie de autores, de los que el más destacado e influyente fue Hermann (apenas si se prestó atención a Gossen, cosechador por otra parte de grandes éxitos), que intentaron combinar la idea de la utilidad con la de la escasez, para explicar el concepto del valor.

Estos autores llegaron a posiciones muy próximas a la solución al final aportada por Menger, que debe muchas de sus ideas a estas especulaciones que a los economistas políticos ingleses contemporáneos, más atentos al pensamiento práctico, debían parecerles por fuerza inútiles excursos al campo de la filosofía. Una mirada a las detalladas notas al pie de los Principios indica claramente que Menger conocía a fondo a estos autores alemanes, franceses e italianos y que, en este sentido, los clásicos ingleses desempeñaron en su obra un papel relativamente pequeño. Aunque probablemente Menger superó a todos los fundadores de la teoría de la utilidad límite por su vasto conocimiento de la literatura especializada —y sólo gracias a su pasión de bibliófilo, despertada en él por el ejemplo de Roscher, con su formación universal, puede explicarse tanto saber cómo el que revela en sus Principios, escritos en los años de juventud —, se registran también asombrosas lagunas en las listas de los autores citados, lo que permite explicar el diferente planteamiento de su investigación respecto de los de JeVons y Walras.- Es significativo el hecho de que cuando escribió los Principios desconocía evidentemente los trabajos de Cournot, mientras que todos los restantes fundadores de la moderna economía política, entre ellos

Walras, Marshall y posiblemente también JeVons- bebieron, directa o indirectamente, en esta fuente.

Más sorprendente aún es la circunstancia de que por aquella época Menger tampoco conocía la obra de Thünen, con el que indudablemente se hubiera sentido muy compenetrado. Así pues, si de una parte puede afirmarse que trabajó en un ambiente declaradamente favorable para un análisis de la teoría de la utilidad, por otro lado, no contaba, para la construcción de una teoría moderna del precio, con un suelo tan firme como el que tuvieron sus colegas, todos ellos influenciados por Cournot, a lo que se añade, en el caso de Walras, el influjo de Dupuit -y en el de Marshall, el de Thünen.

No deja de tener cierto interés la especulación sobre la evolución que habría experimentado el pensamiento de Menger de haber conocido a estos fundadores del análisis matemático. Es significativo que, a cuanto yo sé, nunca hiciera la más mínima alusión al valor de las matemáticas como instrumento de la teoría científica, - aunque probablemente no le faltaron ni los recursos técnicos ni la afición. Muy al contrario, está fuera de toda duda su interés por las ciencias naturales y en toda su obra es patente su fuerte predilección por los métodos de estas ciencias.

También el interés de sus hermanos, y más concretamente de Antonio, por las matemáticas y el hecho de que su hijo Karl fuera un eminente matemático, insinúan la existencia de una predisposición hacia estas ciencias en el seno de la familia. Pero aunque en una época posterior Menger conoció los trabajos de JeVons y Walras, así como los de sus compatriotas Auspitz y Lieben, en sus escritos sobre problemas metodológicos no aparece nunca el método matemático. - ¿Debemos concluir que se sentía escéptico sobre su utilidad? Entre los autores que influyeron en Menger durante el período decisivo de su pensamiento, no aparece ningún economista austríaco, por la simple razón de que en la primera mitad del siglo XIX no los había.

En las universidades frecuentadas por Menger, el estudio de la economía política, considerada como una parte de la jurisprudencia, corría a cargo de científicos procedentes en su inmensa mayoría de Alemania. Y aunque, como todos los posteriores economistas políticos austríacos, Menger se doctoró en Derecho, difícilmente puede admitirse que se sintiera estimulado por sus profesores para dedicarse al estudio de las ciencias económicas. Esta afirmación nos introduce ya en su biografía. Nació el 28 de febrero de 1840, en Neu-Sandec, en una zona de Galizia hoy perteneciente a Polonia. Su padre, que ejercía la abogacía, procedía de una familia austríaca de artesanos, músicos, funcionarios civiles y oficiales del ejército, que sólo una generación antes se había trasladado de los territorios germanoparlantes de Bohemia a las provincias orientales. Su abuelo materno, -un comerciante de Bohemia que se había enriquecido considerablemente durante las guerras napoleónicas, compró una extensa propiedad en la Galizia occidental.

Aquí transcurrió una buena parte de la juventud de Cari Menger y, antes de 1848, pudo contemplar aún las últimas reliquias de la servidumbre de la gleba, que en esta región de Austria se prolongó más tiempo que en ninguna otra parte de Europa, con excepción de Rusia. Junto con sus dos hermanos —Antón, que más tarde escribió sobre cuestiones jurídicas y sociales, fue autor del célebre libro Das Recht auf den vollen Afbeitsvertrag y colega de Cari en la Facultad de Derecho de la Universidad de Viena, y Max, conocido parlamentario austríaco y redactor de escritos sobre problemas sociales—, Cari estudió en las Universidades de Viena (1859-1860) y de Praga (1860-1863). Tras obtener el doctorado en Cracovia, trabajó al principio como periodista, primero en Lemberg y más tarde en Viena. Sus artículos no se limitaron a temas de índole científica.

Al cabo de algunos años ingresó, como funcionario de la Administración, en el gabinete de Prensa del Consejo de Ministros austríaco. Se trataba de un departamento que gozaba de una posición muy relevante dentro de la Administración pública austríaca y que contaba con los servicios de hombres muy capacitados. Wieser nos informa de que en cierta ocasión Menger le contó que entre sus tareas figuraba la de redactar boletines sobre la situación del mercado para un periódico oficial, el Wiener Zeitung, y que, al estudiar sus informes, le había llamado la atención el claro contraste entre las teorías tradicionales sobre los precios y el hecho de que los hombres experimentados siempre consideraban la praxis como el elemento decisivo para fijar el precio de las cosas.

No sabemos si fue esta circunstancia la que le impulsó a consagrarse al estudio del fenómeno de la fijación de los precios o si, lo que es más probable, sólo confirió una determinada orientación a los estudios que ya venía realizando desde sus tiempos universitarios. Lo que sí parece estar fuera de toda duda es que ya desde los años 1867-68 hasta el momento de la publicación de los Principios estaba trabajando con intensidad sobre estos problemas y que no se decidió a publicar la obra hasta no tener enteramente elaborado su sistema.

Al parecer, Menger declaró en cierta ocasión que escribió los Principios en un estado de febril excitación. Esta afirmación no puede interpretarse en el sentido de que su libro sea el resultado de una repentina inspiración y que lo planeara y escribiera a marchas forzadas.

Pocos libros hay tan cuidadosamente preparados como éste y en contadas ocasiones el primer esbozo de una idea ha sido modelado tan a conciencia y ejecutado con tal cuidado en todas y cada una de sus ramificaciones. El pequeño volumen, publicado en la primavera de 1871, pretendía ser la parte introductoria de un tratado global.

En él exponía con el necesario detalle los problemas fundamentales para los que ofrecía soluciones que no estaban acordes con la opinión entonces prevalente, porque deseaba tener la plena certeza de construir sobre terreno firme. Los problemas analizados en este volumen, que llevaba el subtítulo de "Primera parte. Aspectos generales", eran: las condiciones que ponen en marcha las actividades económicas, el valor de intercambio, los precios y el dinero.

Por las notas manuscritas de que nos habla su hijo en la introducción a la segunda edición, publicada más de cincuenta años más tarde, sabemos que la segunda parte estaba destinada a "los intereses, los salarios, las rentas, los ingresos, el crédito y los billetes de banco". La tercera parte, "práctica", estudiaría la teoría de la producción y del comercio mientras que la cuarta contendría la crítica del sistema económico imperante y presentaría algunas propuestas de reforma económica.

Su objetivo fundamental, tal como declara en el prólogo (y también en el Capítulo III), era desarrollar una teoría unitaria del precio, que pudiera explicar todos sus fenómenos y en concreto, y sobre todo, los intereses, los salarios y las rentas, desde un punto de vista válido para todos ellos.

Pero lo cierto es que más de la mitad del volumen está consagrado a cosas que no hacen sino allanar el camino para llegar a esta tarea fundamental, es decir, a la concepción —que dio su peculiar carácter a la nueva escuela— del sentido subjetivo y personal del valor. Y aun a esto tan sólo se llega tras una discusión a fondo de los conceptos básicos con los que debe trabajar el análisis económico. Se percibe claramente en estas páginas la influencia de los antiguos autores alemanes, con su predilección por las clasificaciones un tanto pedantes y por las claras definiciones. Pero, en manos de Menger, los venerables "conceptos fundamentales" de los manuales tradicionales alemanes cobran nueva vida.

Las áridas enumeraciones y definiciones se transforman en poderosos instrumentos de un análisis en el que cada paso parece derivarse con inevitable necesidad del precedente. Aunque en la exposición de Menger faltan muchas de las plásticas expresiones y de las elegantes formulaciones de los escritos de Bohm-Bawerk y de

Wieser, cuanto al contenido en nada cede a los trabajos posteriores y en muchos aspectos es netamente superior.

No pretende esta introducción trazar un cuadro toral y coherente de las reflexiones de Menger. Pero hay en su tratado algunos aspectos poco conocidos y algo sorprendentes que merecen una especial mención. Su detallada y seria investigación sobre la relación causal entre las necesidades humanas y los medios que sirven para satisfacerlas lleva, ya en las primeras páginas, a la distinción, hoy muy conocida, entre bienes del primero, del segundo, del tercero y de otros órdenes superiores.

Esta división y el concepto, hoy ya también familiar, de los bienes complementarios son —a pesar de una opinión muy difundida que defiende lo contrario— expresión típica de una opinión de la particular atención que la Escuela austríaca ha consagrado siempre a la estructura técnica de la producción. Esta atención, que encuentra su más pura expresión en la "parte pre teórica del valor", tan cuidadosamente elaborada, anticipaba ya la discusión de la teoría del valor que aparecería en la obra posterior de Wieser, Theorie der gesellschaftlichen Wirtschaf (1914).

Más notable aún es el papel predominante que juega, desde el principio, el factor del tiempo. Hay una creencia muy difundida de que los primeros representantes de la economía política propendían a pasar por alto este aspecto temporal. Respecto de los fundadores de la exposición matemática de la moderna teoría del equilibrio, tal vez esté justificada esta impresión, pero no lo está respecto de Menger. Para él, la actividad económica es esencialmente una planificación en orden al futuro y su concepción del espacio temporal o, dicho con mayor exactitud, de los diferentes espacios temporales a los que se extiende la previsión humana en orden a la satisfacción de las diferentes necesidades (Ver Capítulo II, nota 2) tiene un acento decididamente moderno. No es tarea fácil imaginarse hoy que Menger haya sido el primer autor que basó la distinción entre bienes libres y bienes económicos en el concepto de la escasez.

Como él mismo dice (Ver Capítulo II, nota 7), todos los autores alemanes que ya habían utilizado estos conceptos con anterioridad —y muy concretamente Harmann— intentaron explicar la diferencia por la presencia o ausencia de costes, en el sentido de esfuerzos, mientras que la literatura inglesa ni siquiera conocía esta expresión. Es un hecho muy característico que en la obra de Menger no figure ni una sola vez la sencilla palabra de "escasez", aunque fundamentó todo su análisis en esta idea. "Cantidad insuficiente" o "relación económica de las cantidades" son las equivalencias más exactas y aproximadas —aunque ciertamente mucho más pesadas— utilizadas en sus escritos.

Toda su obra se caracteriza por el hecho de que concede mucha mayor importancia a la cuidadosa descripción de un fenómeno que a designarlo con un nombre corto y adecuado. Esta tendencia impide muchas veces que su exposición sea todo lo expresiva que sería de desear, pero le inmunizaba en cambio frente a una cierta unilateralidad y contra el peligro de excesivas simplificaciones, en las que se incurre fácilmente cuando se recurre a fórmulas cortas.

El ejemplo clásico de cuanto venimos diciendo se halla en la constatación de que Menger no descubrió ni utilizó (a cuanto yo sé) la expresión de "utilidad límite" introducida por Wieser. Habla siempre de "valor", añadiendo, para explicar bien su idea, la clara pero pesada fórmula de "la significación que alcanzan para nosotros unos bienes concretos o cantidades de bienes, por el hecho de que tenemos conciencia de que dependemos de su posesión para la satisfacción de nuestras necesidades". Y describe la magnitud de este valor como igual a la significación de la satisfacción menos importante que puede alcanzarse mediante una cantidad parcial de la cantidad de bienes disponible (Capítulo III, 1 y 2 y nota 8).

Otro ejemplo, tal vez menos importante pero no menos significativo, del temor de Menger a sintetizar las explicaciones en fórmulas cortas, aparece ya antes, en la discusión sobre la decreciente intensidad de las necesidades individuales a medida que va en aumento la satisfacción de estas. Este hecho psicológico, que ha alcanzado más tarde, bajo el nombre de "ley de Gossen sobre la satisfacción de las necesidades", un puesto tal vez excesivo en la exposición de la teoría del valor y que fue celebrado por Wieser como el descubrimiento fundamental de Menger, aparece con frecuencia en el sistema de nuestro autor al menos como uno de los factores que nos permiten jerarquizar por orden de importancia las diferentes sensaciones de las necesidades individuales. Los puntos de vista de Menger son notablemente modernos en otra cuestión, aún más interesante, relacionada con la pura teoría del valor subjetivo.

Aunque algunas veces habla de que el valor es mensurable, de sus explicaciones se desprende claramente que lo único que pretende decir es que el valor de una mercancía cualquiera puede expresarse poniendo en su lugar otra mercancía del mismo valor.

A propósito de las cifras que utiliza para mostrarnos la escala de utilidad, dice expresamente que no sirven para marcar la significación absoluta, sino sólo la relativa de las necesidades (Capítulo V - 3). Los ejemplos que pone permiten ver, ya desde el primer momento, que no está pensando en números cardinales, sino en ordinales (Capítulo III - 2). — Una vez establecido el principio que le permitió fundamentar en la utilidad la explicación del valor, tal vez la más importante aportación de Menger haya sido aplicar este principio al caso en que para asegurar la satisfacción de una necesidad humana se requiere más de un bien. Aquí daban sus frutos el concienzudo análisis de la relación causal entre los bienes y las necesidades desarrollado en el capítulo introductorio y la idea de los bienes complementarios y de los bienes de diversos órdenes.

Todavía hoy es poco conocido el hecho de que Menger solucionó el problema de la distribución de la utilidad de un producto final entre los diferentes bienes concurrentes de orden superior —lo que Wieser llamó más tarde el problema de la asignación — gracias a una teoría sumamente elaborada de la productividad límite. Distingue claramente entre el caso en que son variables las proporciones de dos o más factores para producir una mercancía y el otro en que estas proporciones son invariables.

En el primero, soluciona el problema de la asignación afirmando que las cantidades de los diversos factores que pueden intercambiarse para mantener la misma cantidad del producto deben tener el mismo valor, mientras que cuando las proporciones son invariables declara que el valor de los diversos factores está determinado por su utilidad en las aplicaciones alternativas (Capítulo IV - 2). En esta primera parte de su obra, consagrada a la teoría del valor subjetivo y que resiste muy bien cualquier comparación con los trabajos posteriores de Wieser, Bohm-Bawerk y otros autores, figuran varios puntos importantes en los que la exposición de Menger presenta una grave laguna.

Difícilmente puede considerarse completa una teoría del valor —y, por supuesto, nunca será del todo convincente— si no explica de forma clara y expresa - el papel que desempeñan los costes de producción para la fijación del valor relativo de las diversas mercancías.

Al comienzo de su exposición, Menger demuestra que ha visto bien el problema y promete analizarlo más adelante. Pero nunca cumplió la promesa. Estaba reservado a Wieser el desarrollo de este tema, conocido más tarde por el principio de la opportunity de los costes o "ley de Wieser". Según ella, la diferente utilización de los factores limita la cantidad disponible para cualquier tipo de producción, de tal suerte que el valor del producto no puede ser inferior al valor conjunto de todos los factores utilizados de forma concurrente para su producción. Se ha afirmado a veces que Menger y su escuela estaban tan satisfechos con su descubrimiento de los principios que determinan el valor en la economía de un individuo que se sentían inclinados a aplicarlos, con excesiva premura y simplificación, para explicar el fenómeno del precio.

Esta afirmación podría estar hasta cierto punto justificada en algunos de los seguidores de Menger, incluido el Wieser de los años juveniles, pero es, desde luego, falsa respecto de la obra del propio Menger. Su exposición concuerda plenamente con la regla, más tarde enérgicamente acentuada por Bohm-Bawerk, de que toda teoría satisfactoria del precio debe realizarse en dos niveles diferentes y separados, de los que el análisis del valor subjetivo es sólo el primero. Esta afirmación constituye el fundamento de una explicación de las causas y de los límites del intercambio entre dos o más personas. El modo de proceder de Menger en los Principios es ejemplar a este respecto.

El capítulo sobre la teoría del intercambio, que precede al dedicado al problema del precio, pone totalmente en claro el influjo del valor, en sentido subjetivo, sobre las relaciones objetivas de intercambio, sin atribuir a la correspondencia más importancia que la que está objetivamente justificada por los hechos.

La sección expresamente dedicada a la teoría del precio, con su cuidadosa investigación sobre cómo influyen las valoraciones relativas de cada uno de los participantes en la relación de intercambio de dos individuos aislados luego en una situación de monopolio y, finalmente, en una situación de competencia, es la tercera y probablemente la menos conocida de las aportaciones básicas de los Principios. Y, sin embargo, sólo leyendo este capítulo se comprende la unidad esencial del pensamiento de Menger, la clara meta que persigue en su exposición, desde la primera línea hasta la última.

No es preciso añadir aquí muchas cosas sobre los últimos capítulos, en los que se analizan las repercusiones de la producción en el mercado, la significación técnica de la expresión "mercancía" y su diferencia respecto del simple "bien", así como los diversos grados de la capacidad o facilidad de venta, que sirven de introducción al estudio de la teoría del dinero.

Efectivamente, las ideas contenidas en ellos y las observaciones fragmentarias sobre el capital en las secciones anteriores son las únicas partes del libro que el autor desarrolló con más detalle en sus escritos posteriores. Aunque las aportaciones de Menger sobre estos puntos conservan un influjo permanente son conocidos sobre todo a través de su forma posterior, más detallada.

El espacio relativamente amplio que se ha dedicado aquí al contenido de los Principios se justifica por la singular jerarquía que ocupa este trabajo no sólo en el conjunto de las publicaciones de

Menger, sino en el panorama total de la literatura que ha puesto los cimientos de la moderna economía política.

En este contexto, estimo oportuno citar al especialista más cualificado para valorar los méritos contraídos por cada una de las contribuciones de la nueva escuela, es decir, la opinión de Knut Wicksell. Wicksell ha sido el primer autor y—hasta ahora el mejor— que ha acometido la tarea de sintetizar los aspectos más destacados de las teorías de los diferentes grupos. "Su fama", dice a propósito de Menger, "se apoya en esta obra, merced a la cual su nombre entrará en la posteridad, porque puede afirmarse sin ninguna duda que, desde los Principies de Ricardo, no ha aparecido ningún libro —ni siquiera la contribución brillante, aunque algo aforística de JeVons o el trabajo, desgraciadamente difícil, de Walras— que haya tenido tan profunda influencia en la economía política como los Principios de Menger".— Y , sin embargo, no puede decirse que la obra fuera acogida desde el primer momento con entusiasmo.

Al parecer, ninguna de las recensiones publicadas en los periódicos alemanes captó la esencia de esta importante contribución. — Incluso en Austria, la tentativa de Menger de conseguir un puesto como profesor libre en la universidad de Viena basándose en este trabajo, sólo fue coronada por el éxito tras haber superado algunas dificultades.

Tal vez Menger ignoraba que, justamente antes de que inicien su docencia, acababan de abandonar la Universidad de Viena dos jóvenes que advirtieron de inmediato que aquel trabajo aportaba la "palanca de Arquímedes" (en expresión de Wieser), con la que podían arrancarse de su quicio los sistemas entonces vigentes en el campo de la teoría económica. Eugen Von Bohm-Bawerk y Friedrich Von Wieser, sus primeros y entusiastas partidarios, no fueron directos alumnos suyos y sus tentativas por popularizar las teorías de Menger en los seminarios de los jefes de fila de la vieja escuela histórica, Knies, Roscher y Hildebrand, fueron infructuosas. — De todas formas, Menger comenzó a ganar poco a poco considerable prestigio en Austria. No mucho después de su nombramiento como profesor extraordinario, el año 1873, renunció a su puesto en el ministerio, con gran pasmo de su jefe, el príncipe Adolf Auersperg, para quien resultaba de todo punto incomprensible que alguien estuviera dispuesto a cambiar un cargo tan ambicionado y prometedor por la carrera de la docencia. — Con todo, este paso no fue todavía la despedida final de la vida pública.

En 1876 fue nombrado maestro del desdichado copríncipe Rudolf, que entonces contaba dieciocho años. Le acompañó durante dos años en sus prolongados viajes por extensas regiones de Europa, entre ellas Inglaterra, Escocia, Irlanda, Francia y Alemania. A su regreso, obtuvo

Menger, en 1879, la cátedra de economía política de Viena, y a partir de este momento llevó aquel tranquilo género de vida de un sabio, que fue ya característico de la segunda mitad de su dilatada existencia.

Por entonces comenzaron a despertar considerable atención las teorías de su primer escrito. En este período no publicó ninguna otra obra, a excepción de algunas cortas recensiones de libros. Respecto de JeVons y Walras se pensaba, con razón o sin ella, que lo radicalmente nuevo de sus aportaciones era el método matemático, no el contenido de sus teorías, y éste fue justamente el obstáculo principal para su aceptación.

No había impedimentos de este tipo para la comprensión de la exposición de la nueva teoría del valor aportada por Menger. En el segundo decenio después de la publicación del libro comenzó a difundirse con rapidez su influencia.

Por la misma época adquirió también Menger un gran prestigio como profesor. Sus clases y seminarios atraían a un creciente número de estudiantes, muchos de los cuales adquirieron más tarde categoría y fama como economistas políticos. Aparte los ya citados, merecen especial mención, entre los primeros miembros de su escuela, sus contemporáneos Emil Sax y Johann Von Komorzynski y sus discípulos Robert Meyer, Robert Zuckerkandl, Gustav Gross y, algo más tarde, H. Von Schullern-Schrattenhofen, Richard Reisch y Richard Schüller. Pero mientras que en Austria se iba consolidando definitivamente su escuela, los economistas políticos alemanes se aferraban, más aún que los de otros países, a su actitud de rechazo. Por aquella época gozaba de gran prestigio en Alemania la nueva escuela histórica, dirigida por Schmoller.

El Volkswirtschatliche Kongress, que había mantenido hasta entonces la tradición clásica, fue sustituido por una nueva fundación, la Verein für Socialpolitik. De hecho, la economía política teórica fue cada vez más desplazada de los ambientes universitarios alemanes. De aquí que tampoco se tuviera en estima la obra de Menger, no porque los economistas alemanes creyeran que sus teorías eran falsas, sino porque consideraban inútil aquel tipo de análisis.

En estas circunstancias era absolutamente natural que para Menger fuera más importante defender su método contra la pretensión de la Escuela histórica de poseer el único instrumento adecuado de investigación que llevar adelante el trabajo iniciado en los Principios. Fruto de esta preocupación es su segunda gran obra, las Untersuchungen über die Methode der Socialwissenschaften und der Politischen Oekonomie insbesondere (Estudios sobre el método de las ciencias sociales y de la economía política en particular).

A este propósito conviene recordar que en 1975, cuando Menger comenzó a trabajar en este libro, y en 1883, fecha de su publicación, todavía no habían comenzado a madurar las ricas cosechas de los trabajos de sus discípulos, que consolidaron definitivamente la posición de la escuela. Es probable que Menger iniciara su nuevo libro bajo la impresión de que era trabajo perdido seguir escribiendo mientras no se diera una respuesta definitiva al problema del principio.

A su modo, las Untersuchungen apenas ceden en nada a los Principios. Se trata de un libro difícilmente superable como polémica contra las pretensiones de la Escuela histórica de recabar para si el derecho exclusivo al estudio de los problemas económicos. No es tan seguro que tenga igual mérito su exposición positiva de la esencia del análisis teórico. Si fuera éste el fundamento principal de la fama de Menger estaría tal vez justificado, al menos en parte, la opinión, a veces manifestada por sus propios admiradores, de que es deplorable que Menger abandonara su análisis de los problemas concretos de la economía política.

Esto no quiere decir que lo que Menger escribió sobre el carácter del método teórico y abstracto no sea de gran importancia o que haya ejercido menor influencia. Probablemente este libro contribuyó más que ninguna otra obra aislada, a poner en claro la peculiar naturaleza del método científico cuando se les aplica a las ciencias sociales.

Su influjo sobre los filósofos alemanes pertenecientes al grupo de los "teóricos científicos" fue considerable. Con todo, en mi opinión la importancia capital de esta obra para los economistas de nuestro tiempo radica, de una parte, en su versión, extraordinariamente profunda, de la esencia de los fenómenos sociales, tal como se pone de manifiesto cuando aborda la discusión de la problemática de los distintos planteamientos metodológicos y, de otra, en su clarificador análisis del desarrollo del aparato conceptual con el que tienen que trabajar las ciencias sociales. La discusión de puntos de vista un tanto anticuados, como, por ejemplo, la interpretación orgánica —o, por mejor decir, fisiológica— de los fenómenos sociales le dio ocasión para explicar el origen y el carácter de las instituciones sociales.

La lectura de estas páginas sigue conservando plena validez también para los modernos economistas políticos y para los sociólogos. De entre las afirmaciones centrales del libro citaremos aquí sólo una, que ha dado pie a amplias discusiones: su insistencia en la necesidad de método de investigación estrictamente individualista o, como Menger dice, atomista. Uno de sus más destacados seguidores dijo una vez de él que "fue siempre un individualista en el sentido de la economía política clásica. Pero sus seguidores ya no lo fueron". Cabría preguntarse si tal afirmación es exacta, salvo tal vez en uno o dos ejemplares, pero, de todas formas, no lo es respecto del método utilizado por Menger.

Lo que en los economistas políticos clásicos es a menudo un poco mezcla de postulados éticos y de instrumentos metodológicos, fue sistemáticamente desarrollado por Menger en la segunda dirección. Y si bien es cierto que los escritos de la Escuela austríaca insisten en el elemento subjetivo más firme y convincentemente que ninguno de les otros fundadores de la moderna economía, el mérito recae en gran parte en la brillante fundamentación que le dio Menger en su libro.

Con su primera obra no consiguió Menger despertar la atención de los economistas políticos alemanes; pero respecto de la segunda no pudo quejarse de que pasara inadvertida. El ataque directo a la única teoría por ellos admitida provocó un eco inmediato y, aparte otras recensiones hostiles, dio origen a una formidable réplica del propio Gustav Schmoller, jefe de la Escuela, en un tono de desusada agresividad. — Menger aceptó el desafío y respondió a Schmoller en un apasionado folleto, titulado Die Irrthümer des Historismus in der deutschen Nationalókonomie (vol. III: Los errores del historicismo en la economía política alemana). El escrito está redactado bajo la forma de cartas a un amigo y en ellas lleva a cabo una demolición implacable de las posiciones de Schmoller.

El folleto añade poco contenido al pensamiento esencial de las Untersuchungen, pero constituye el mejor ejemplo de la extraordinaria capacidad y brillantez expresiva de que gozaba Menger, cuando lo que se traía entre manos era no una demostración académica y complicada, sino la exposición clara y sensible de unos cuantos puntos controvertidos. El duelo entre los maestros fue muy pronto imitado por los discípulos.

La hostilidad alcanzó cimas pocas veces igualadas en las controversias científicas. La más grave ofensa contra la Escuela austríaca partió de la pluma del propio Schmoller, cuando, con ocasión de la publicación del folleto de Menger, tomó una decisión sin precedentes: publicó en su revista una nota en la que se decía que había devuelto al autor el ejemplar enviado para recensión, sin siquiera leerlo. Y más aún: no tuvo reparos en publicar también la injuriosa carta— que acompañaba a la devolución del libro.

Para comprender por qué el problema del método adecuado fue, durante toda su vida, la preocupación fundamental de Menger debe tenerse en cuenta el clima pasional que despertó esta controversia y lo que significó para Menger y para sus alumnos el rompimiento con la Escuela predominante en Alemania. Schmoller llevó su animosidad hasta el extremo de declarar públicamente que los partidarios de la Escuela "abstracta" no estaban capacitados para enseñar en las universidades alemanas y, como gozaba de tan sólido prestigio, aquella declaración supuso la exclusión de todos los partidarios de las teorías de Menger de los puestos académicos de Alemania.

Todavía treinta años después de finalizada la controversia, Alemania seguía siendo, entre todas las naciones importantes del mundo, la menos influenciada por las nuevas ideas, ya triunfantes por doquier. A pesar de todos estos ataques, en el curso de seis años, entre 1884 y 1889, aparecieron en rápida sucesión los libros llamados a fundamentar la fama universal de la Escuela.

Ya en 1881 había publicado Bohm-Bawerk su pequeño pero importante estudio sobre Rechte und Verhdltnisse vori Standpunkt der Wirtschaftlichen Güterlehre. Con todo, hasta la publicación simultánea de la primera parte de su trabajo teórico sobre el capital, titulado Geschichte und Kritik der Kapitalzinstheorien y de la obra de Wieser Ursprung und Hauptgesetze des Wirtschaftlichen Wertes, el año 1884, no se echó de ver el poderoso apoyo que estos trabajos aportaban a las teorías de Menger.

De los dos, el más importante para la ulterior evolución de las ideas fundamentales de Menger fue el de Wieser, porque en él se procedía a la aplicación práctica al fenómeno de los costes, conocida hoy, como se ha dicho bajo el nombre de "ley de costes de Wieser". Pero dos años más tarde aparecieron ya los Grundzüge einer Theorie des Wirtschaftlichen Güterwertes, — de Bohm-Bawerk. Aparte su cuidadosa elaboración, es cierto que en ellos era poco lo que se añadía a la obra de Menger y Wieser, pero era tanta la claridad de las ideas y la fuerza de la argumentación que contribuyó, más que ninguna otra aislada, a difundir la teoría de la utilidad límite. En 1884, dos discípulos directos de Menger, V. Mataja y G. Gross, publicaron sus libros sobre los beneficios empres es. E. Sax contribuyó con un estudio sobre el problema del método, en el que sostenía la actitud básica de Menger, aunque criticándole en algunos puntos concretos. —

En 1887 apareció la obra de Sax que más ha contribuido al desarrollo de la Escuela austríaca, Grundlagen der theoretischen Staatswissenschaft, el primero y más completo intento de aplicación del principio de la utilidad límite a los problemas de la ciencia de la Administración. Aquel mismo año apareció también en escena otro alumno de Menger, Robert Meyer, con una investigación sobre la naturaleza de los ingresos. — Este año se publicaron la Positive Theorie des Kapitalzinses, de Bohm-Bawerk; el Natürlicher Wert, de Wieser; Zur Theorie des Preises, de R. Zuckerkandl; Wert in der isolierten Wirtschaft, de Komorzynski; Neuste Fort schñtte der nationalókonomischen Theorie, de Sax, y Untersuchungen über Begriff und Wesen der Grundrente, de H. Von Schullern-Schrattenhofen.

En los años siguientes surgieron también numerosos partidarios entre los economistas políticos checos, polacos y húngaros de la doble monarquía austrohúngara. Probablemente la exposición más brillante de las teorías de la Escuela austríaca en lengua no alemana fueron los Principii di economía pura, de M. Pantaleoni, cuya primera edición es también del año 1889.

De los restantes economistas políticos italianos, aceptaron la mayor parte o la totalidad de las teorías de Menger, L. Cossa, A. Graziani y M. Mazzola. No fue menor el éxito de estas teorías en Holanda, donde el gran economista N. G. Pierson aceptó la idea de la utilidad límite en su Manual (1884-1889), publicado también más tarde en inglés bajo el título de Principies of Economics. La obra ejerció una considerable influencia. En Francia, la nueva doctrina fue difundida por Ch. Gide, E. Villey, Ch. Secrétan y M. Bloock.

En los Estados Unidos fue asumida por S. N. Paiten y Richard Ely. También la primera edición de A. Marshall, Principies, publicada en 1890, muestra un influjo de Menger y de su grupo mucho más fuerte de lo que podría deducirse de la segunda y posteriores ediciones de esta gran obra.— En los años siguientes, W. Smart y James Bonart, que ya antes habían anunciado su pertenencia a la Escuela austríaca, difundieron sus teorías en el mundo anglo-parlante.— Pero para entonces —y esto nos lleva de nuevo a la singular situación de la posición de Menger— ya las preferencias de los lectores se inclinaban no tanto por sus escritos cuanto por los de sus discípulos.

El hecho se debía fundamentalmente a la circunstancia de que los Principios se habían agotado desde mucho tiempo atrás y Menger se negaba tanto a una nueva reimpresión como a una traducción. Esperaba poder sustituir en breve plazo el libro por un "System" mucho más amplio de economía política y de ahí que no se mostrara propenso a reeditar la obra sin una revisión a fondo. Pero como otras tareas más urgentes reclamaban su tiempo, fue retrasando año tras año este proyecto.

La controversia directa entre Menger y Schmoller concluyó abruptamente el año 1884, pero otros autores se encargaron de llevar adelante las discusiones sobre el método, de modo que estos problemas siguieron reclamando la atención de nuestro autor.

La siguiente ocasión para manifestarse públicamente sobre estos puntos se la proporcionó una nueva edición del Handbuch der politischen Oekonomie, de Schónberg (1885- 1886), obra colectiva en la que una serie de economistas políticos alemanes, la mayoría de ellos discípulos no del todo convencidos de la Escuela histórica, se habían puesto de acuerdo para trazar una exposición sistemática de la economía política en su conjunto.

Menger hizo una recensión de la obra para una revista jurídica vienesa, en un artículo que publicó también por separado, bajo el título Zur Kritik der politischen Oekonomie (1887, vol, III). — En la segunda parte analiza detalladamente la clasificación de las diversas disciplinas que de ordinario se agrupaban bajo el nombre genérico de Economía política.

Dos años más tarde volvió sobre este punto, de manera más exhaustiva, en el artículo Grundzüge einer Klassifikation der Wirtschaftswissenschaften (vol. III, págs. 185 y siguientes).— En los años intermedios había publicado una de sus dos únicas contribuciones sobre el contenido de la teoría económica —a diferencia de la metodología—, a saber, su importante escrito Zur Theorie des Kapitals (vol. Iil, págs. 133 y siguientes).— Es casi seguro que debemos este artículo al hecho de que Menger no se sentía enteramente de acuerdo con la definición del concepto de capital dada por Bohm-Bawerk en la primera parte, histórica de su obra, dedicada al capital y los intereses del capital.

La discusión no tiene acentos polémicos. A Bohm-Bawerk se le cita siempre con elogios. Pero es evidente que su interés fundamental radica en defender el concepto abstracto del capital como el valor de la riqueza expresada en dinero, que debe ser invertido en orden a obtener beneficios, en contra del concepto de Smith, que lo consideraba como "los modios de producción producidos".

Tanto el argumento fundamental de Menger, según el cual los diferentes orígenes de una mercancía son irrelevantes desde el punto de vista económico, como su insistencia en la necesidad de una clara distinción entre las rentas que produce una instalación ya existente y los intereses en sentido estricto, rozan muy de cerca problemas que hasta hoy no han despertado la atención que merecen.

Hacia la misma época (1889), los amigos de Menger lograron casi convencerle para que no retrasara por más tiempo una nueva edición de los Principios. Pero aunque escribió de hecho una nueva introducción (de la que, al cabo de más de treinta años, apareció un extracto en la introducción a la segunda edición, dada a la luz por su hijo), la publicación fue pospuesta, una vez más. Poco tiempo después surgió un nuevo campo de problemas que reclamó su atención y le mantuvo ocupado durante los dos años siguientes.

A finales de los años ochenta el problema del sistema monetario austriaco, que venía arrastrándose desde tiempo atrás, adquirió tales proporciones que pareció posible y hasta necesaria una reforma drástica. La caída del precio de la plata restableció una vez más, en los años 1878-1879, la paridad de la plata y del depreciado papel moneda, pero poco después fue preciso interrumpir la libre acuñación de plata, porque el valor de este metal aumentaba cada vez más en el sistema monetario austriaco de papel dinero, mientras que su valor en oro estaba sujeto a continuas oscilaciones.

Por aquella época se advertía que la situación —sin duda alguna, y desde muchos aspectos, una de las más interesantes en la historia de los sistemas monetarios— era cada vez menos satisfactoria. Como por primera vez desde hacía mucho tiempo las finanzas austríacas iniciaban un período que prometía estabilidad, se esperaba que el Gobierno afrontase decididamente el problema.

Además, el tratado con Hungría del año 1887 pedía expresamente que se nombran sin tardanza una comisión para discutir las medidas previas necesarias para el restablecimiento de los pagos en metálico. Tras un considerable retraso, debido a las habituales dificultades políticas entre los dos socios de la Doble Monarquía, se procedió al nombramiento de la comisión o, con más exactitud, de las comisiones, una para Austria y otra pera Hungría, que se reunieron por vez primera en marzo de 1892, en Viena y Budapest, respectivamente. Las deliberaciones de la Comisión austríaca de encuesta del sistema monetario, cuyo miembro más destacado fue Menger, revisten, prescindiendo por completo de aquella especial situación con la que tuvieron que enfrentarse el máximo interés.

Como base de partida para las negociaciones, el Ministerio de Hacienda austriaco había preparado con sumo cuidado tres voluminosos memorándums, que constituían probablemente la más completa colección de documentos sobre la historia del sistema monetario de los períodos precedentes que puede encontrarse en ninguna obra.— Aparte Menger, formaban parte de la comisión otros acreditados economistas políticos, como Sax, Lieben y Mataja, a más de una lista de periodistas, banqueros e industriales, como Benedikt, Hertzka y Taussig, todos ellos sumamente familiarizados con los problemas monetarios.

El representante del Gobierno y segundo presidente de la Comisión era Böhm-Bawerk, funcionario del Ministerio de Hacienda. El cometido de la comisión no era redactar un informe, sino recabar la opinión y discutir los puntos de vista de los miembros sobre una sede de preguntas formuladas por el Gobierno.— Estas preguntas se referían a los fundamentos del futuro sistema monetario, al comportamiento de la circulación de la plata y de los billetes en el caso de que se decidiera adoptar el parrón oro, a la relación de intercambio entre los guldes de papel hasta entonces en curso y el oro y al carácter de la nueva unidad monetaria que se pretendía establecer.

El hecho de que Menger dominara a fondo el problema, unido a su capacidad para las exposiciones claras y precisas, le confirieron inmediatamente una situación dirigente dentro del grupo. Sus exposiciones fueron seguidas con gran respeto y llegaron incluso a provocar una baja temporal en la bolsa, distinción poco frecuente para un economista político.

Su aportación no consistió tanto en una discusión del problema genérico del tipo de sistema a elegir —en este punto prácticamente todos los miembros de la comisión estaban de acuerdo en que la única solución razonable era aceptar el patrón oro—, sino en los consejos, cuidadosamente sopesados, respecto de los problemas prácticos, a saber, cuál debería ser la cotización del cambio y en qué momento debería procederse a su implantación.

El trabajo de esta comisión goza de merecida fama ante todo por su análisis de los problemas prácticos inherentes a la introducción de un nuevo sistema monetario y por su visión global de los diversos aspectos que debían tenerse en cuenta al dar este paso. Hoy día su interés no ha hecho sino incrementarse, ya que casi todos los países tienen que enfrentarse con parecidos problemas. — El trabajo de la Comisión, el primero de una serie de publicaciones sobre cuestiones monetarias, fue el fruto maduro de varios años de estudios en torno a estos problemas. Sus resultados fueron publicados en rápida secuencia en el curso de un solo año. Aquel mismo año vio la luz un número de trabajos de Menger superior al de cualquier otra etapa de su vida.

Las conclusiones de su análisis de los peculiares problemas austríacos aparecieron en dos folletos, publicados por separado. El primero, Beitráge zur Wahrunsgsfrage in Osterreich-Ungarn (vol. IV, página 125 ss), que se ocupa de la historia y de las peculiaridades del sistema monetario austríaco y de la problemática general planteada por el nuevo patrón que se intentaba introducir, es la reedición de una serie de artículos que habían aparecido aquel mismo año, con otro título, en los Conrad's Jahrbücher. — El segundo, Der Uebergang zur

Goldwahrung. Untersuchungen über die Wertprobleme der Osterreichischungarischen Valutareform (Viena, 1892) (vol. IV, pág. 189 ss.), se centra esencialmente en los problemas técnicos inherentes a la aceptación del patrón oro, sobre todo respecto de la elección de la cotización de cambio adecuada y de los factores que influyen en el valor de la divisa, una vez introducido el nuevo patrón.

Aquel mismo año contempló, además, la publicación de un tratado mucho más global sobre cuestiones monetarias, sin conexión directa con los problemas del momento. Se trataba del articulo "Geld" (dinero), publicado en el tercer volumen de la primera edición del Handwórterbuch der Staatswissenschaften, de reciente aparición. Es la tercera y última de las grandes contribuciones de Menger a la teoría económica (volumen IV. pág. 1 ss).

Sus estudios precedentes, realizados como preparación de esta cuidadosa exposición de la teoría general del dinero, que le mantuvieron probablemente ocupado durante los dos o tres años anteriores, le sirvieron a Menger de magnífica preparación a la hora de iniciarse la discusión en torno a los problemas específicos austríacos.

De todas formas, siempre se había sentido atraído por las cuestiones relacionadas con las teorías monetarias. El último capítulo de tos Principios y algunas secciones de las Untersuchungen über die Methode contenían ya importantes contribuciones, sobre todo respecto del problema del origen del dinero. Debe aludirse también aquí al hecho de que entre las numerosas recensiones de libros que Menger solía escribir sobre todo en sus años jóvenes, para diversos periódicos, se encuentran dos artículos muy elaborados, del año 1873, a propósito de los Essays de J. G Cairnes sobre las repercusiones del descubrimiento de yacimientos auríferos. En algunos aspectos se advierte una estrecha conexión entre los posteriores puntos de vista de Menger y los defendidos por Cairnes.

En su última gran obra es donde Menger aporta su contribución capital al problema central del valor del dinero. Pero ya otras contribuciones anteriores, y sobre todo su análisis de los diversos grados de capacidad de venta de las mercancías como fundamento de la comprensión de las funciones del dinero, habrían bastado para asegurarle un puesto de honor en la historia de la teoría monetaria. Hasta que el profesor Mises no prolongó en línea recta, veinte años más tarde, la contribución de Menger, este artículo fue la más importante publicación de la Escuela austríaca sobre los problemas de la teoría monetaria.

Merece la pena insistir algo en las ideas de este estudio, porque han sido a menudo mal interpretadas. Está difundida la creencia de que la contribución de la Escuela austríaca al problema monetario se limitó a una tentativa, bastante mecánica, por aplicar a este problema el principio de la utilidad límite. Y no es así.

El mérito principal de la Escuela austríaca en este campo radica en su concluyente aplicación de los planteamientos especialmente subjetivos o individualistas a la teoría del dinero, que lleva ciertamente implícito el análisis de la utilidad límite, pero que desborda este aspecto, porque tiene una significación mucho más rica y general.

Este mérito recae directamente sobre Menger. Su exposición de los diferentes conceptos del valor del dinero, de las causas del intercambio y de la posibilidad de una medida del valor, así como su discusión de los factores que determinan la demanda de dinero, significan, en mi opinión, un paso adelante de suma importancia frente a la exposición tradicional de la teoría de la cantidad bajo la forma de agregados y de valores medios. Y aunque para distinguir entre el valor de intercambio del dinero "interno" y "externo" recurre a conceptos un tanto desconcertantes (pues no intenta expresar con ellos, en contra de lo que pudiera parecer, diversos tipos de valor, sino diversas fuerzas o capacidades que influyen en el valor), con todo, el concepto que subyace en el problema tiene una extraordinaria actualidad.

Con las publicaciones del año 1892— llega prácticamente a su fin la serie de los trabajos mayores que vieron la luz en vida de Menger. En los tres decenios siguientes sólo publicó algunos cortos artículos ocasionales. Durante algunos años sus escritos se centraron en el problema del dinero. Entre ellos merece destacarse la colaboración Das Goldagio un der heutige Stand der Valutareform (1893), el artículo sobre el dinero y las monedas (derecho de acuñación) en Austria desde 1857, publicado en el Osterreichischen Staatswórterbuch (1897), y, de forma especial, su artículo, totalmente revisado, sobre la teoría monetaria para el vol. IV de la segunda edición del Handwórterbuch der Staatswissenschaften (1990).— Sus últimas publicaciones se reducen esencialmente a recensiones, notas biográficas o introducciones a trabajos de sus discípulos. El último artículo fue una nota necrológica sobre su discípulo Bohm-Bawerk, que murió en 1914.

La razón de esta aparente inactividad es clara. Menger quería consagrarse plenamente al estudio de los grandes temas que se había impuesto: la obra sistemática —una y otra vez retrasada— sobre la economía política y, además, un amplio tratado sobre la esencia y los métodos de las ciencias sociales en general. A dar cima a estas tareas consagró todas sus energías. A finales de los años noventa confiaba en que estaba ya próximo el momento de la publicación y, de hecho, algunas secciones muy importantes habían recibido ya su forma definitiva. Pero se iba ampliando cada vez más el campo de sus intereses y del trabajo acometido. Consideró necesario profundizar en el estudio de otras disciplinas.

La filosofía, la psicología y la etnología iban reclamando porciones cada vez mayores de su tiempo, de modo que la publicación sufrió continuos aplazamientos. En 1903, y a la relativamente temprana edad de 63 años, renunció a su actividad docente, para poder dedicarse de manera exclusiva a estos trabajos. — Pero nunca se sentía satisfecho y, al perecer, trabajó con el creciente distanciamiento propio de la edad, hasta que le llegó la muerte, en 1921, a la edad de 81 años. Un repaso a sus manuscritos indica que tenía ya lista para la imprenta una buena parte del material.

Con todo, incluso cuando las fuerzas le iban abandonando, llevó adelante el esfuerzo de reelaborar muy a fondo los originales, de trastocar secciones, de tal modo que cualquier tentativa de reconstrucción significa una tarea difícil, por no decir imposible. Algunas secciones referentes a los Principios, parcialmente revisadas para la reedición prevista, fueron publicadas por su hijo en 1923, en la segunda edición de la obra. —

Pero otra parte mucho mayor se conserva sólo en forma de manuscritos, ciertamente muy extensos, pero fragmentarios y desordenados, que sólo con largos y pacientes esfuerzos de un editor muy hábil podrían ponerse en manos del público. Por el momento, debemos considerar perdidos los trabajos de los últimos años de Menger. Para quien apenas si puede afirmar haber conocido personalmente a Cari Menger, no deja de ser osada empresa añadir aquí, a este boceto de su biografía científica, una valoración de su carácter y su personalidad. Pero dado que la actual generación de economistas políticos sabe muy poco sobre él y que no disponemos aún de una biografía completa, — tal vez sea oportuno traer a colación las impresiones extraídas de los informes de sus amigos y alumnos o transmitidas por tradición oral en Viena, para trazar las líneas esenciales de su retrato. Estas impresiones proceden, como es obvio, de la segunda parte de su vida, es decir, de un tiempo en que ya había dejado de participar activamente en la vida pública y llevaba la tranquila y retirada vida de un sabio, repartiendo sus actividades entre la enseñanza y la investigación.

La impresión que su casi legendaria figura despertó en un joven en las escasas ocasiones de tratarle está bien reflejada en el conocido grabado de Stich. Es muy posible que la idea que se tiene de Menger se apoye tanto en este magistral retrato como en recuerdos personales. Difícilmente puede olvidarse esta sólida y bien proporcionada cabeza, con la poderosa frente y las ciaras y profundas arrugas.

De mediana estatura, espesos cabellos y poblada barba, Menger debió ser, en la plenitud de su vida, una figura impresionante. Cuando ya se había jubilado se convirtió en costumbre que los jóvenes economistas que concluían su carrera universitaria peregrinaran a la casa de Menger. Allí les recibía, en medio de sus libros, con amistosa cordialidad y conversaba con ellos sobre aquella vida que él conocía tan bien y de la que se había retirado después de haber recibido de ella cuanto había deseado.

Conservó hasta el final de su vida un acusado, aunque también sereno, interés por la economía y por la vida universitaria y cuando en sus postreros años su creciente miopía puso un límite a aquel lector incansable, pedía a sus visitantes información sobre sus trabajos. En estos años postreros daba la impresión de un hombre que, tras una larga y densa vida continuaba su trabajo no como quien cumple un deber o lleva a cabo una tarea que se ha impuesto, sino por el simple y mero placer intelectual, o como quien se mueve en un elemento que ha llegado a convertirse en su atmósfera vital. Tal vez en sus últimos días se pareciera un poco a la imagen popular del sabio que no tiene ningún contacto con la vida real. Pero esto no fue en modo alguno consecuencia de ningún tipo de limitación de su horizonte, sino más bien el resaltado de una decisión tomada tras ponderado análisis, en la plenitud de la edad, después de haber acumulado ricas y variadas experiencias. De haberlo querido, no le habrían fallado a Menger ni ocasión ni distinciones externas para escalar posiciones influyentes en la vida pública.

En 1900 fue nombrado miembro vitalicio de la Alta Cámara austríaca, pero apenas si tomó parte en estos trabajos. Para él, el mundo era mucho más objeto de análisis y reflexión que de acción y por eso disfrutó tan intensamente la posibilidad de conocerlo tan de cerca. Inútilmente se buscará en su obra escrita alguna alusión a sus puntos de vista políticos. De hecho, se inclinaba al conservadurismo o al liberalismo del viejo estilo.

No dejó de tener simpatías hacia el movimiento en pro de reformas sociales, pero nunca el entusiasmo por lo social enturbio su mente clara y precisa. En este y en otros aspectos, formaba un extraño contraste con su hermano Antón, mucho más apasionado. — De ahí que varias generaciones de estudiantes le recuerden básicamente como a uno de los más prestigiosos profesores de la Universidad, — aunque es bien sabido que, de forma indirecta, ejerció un enorme influjo en la vida pública austríaca. — Todos los informes alaban unánimemente la cristalina claridad de su exposición. Merece la pena reproducir aquí la impresión de un joven economista norteamericano, que asistió a las clases de Menger en el invierno de 1892-93: "El profesor Menger lleva sus cincuenta y tres años con gran voluntad. En sus lecciones utiliza muy pocas veces notas escritas, salvo para recordar una cita o una fecha. Las ideas parecen fluirle a medida que va hablando.

Las expresa con un lenguaje tan claro y sencillo, subrayándolas con los gestos adecuados, que es un placer seguir el hilo de su exposición. El estudiante no se siente empujado, sino guiado, y cuando extrae una conclusión, no llega como algo venido de fuera, sino como la más lógica y natural consecuencia del propio pensamiento.

Corre la fama de que quien sigue con asiduidad las lecciones del profesor Menger no necesita ya ninguna otra preparación para el examen final de economía política. Yo lo creo a pies juntillas. Pocas veces o tal vez nunca he escuchado a un profesor que tenga tan igual talento para unir la claridad y la sencillez de las expresiones con la profundidad filosófica de las ideas. En raras ocasiones son estas lecciones 'demasiado altas' para los menos dorados y siempre encierran algún aliciente para los más inteligentes". — Todos sus alumnos conservan un recuerdo particularmente vivo de su análisis sistemático y profundo de la historia de las doctrinas económicas.

Las copias de sus explicaciones sobre la Hacienda pública eran, todavía veinte años después de su jubilación, los apuntes más buscados como preparación para el examen. Pero donde mejor florecieron sus dotes de maestro fue en su seminario. Allí se daba cita un círculo selecto de estudiantes de los cursos superiores y de muchos doctores, que habían obtenido el título muchos años antes. Si se discutían problemas prácticos, el seminario se organizaba a modo de debate parlamentario, con un ponente principal a favor y otro en contra de una solución determinada.

Pero más a menudo era una ponencia bien preparada por uno de los miembros la que se convertía en fundamento de una detallada discusión. En los remas centrales, Menger cedía la palabra a los estudiantes y no ahorraba ningún esfuerzo para ayudarles en la preparación de los remas. No sólo ponía completamente a su disposición su biblioteca, sino que llegaba incluso a comprarles los libros especiales necesarios y repasaba varias veces los manuscritos con ellos. Ponía tanto empeño en el estudio de los temas principales y en la estructura de la ponencia como en enseñarles "el arte de la exposición y la técnica de la respiración". — Para los recién llegados resultaba al principio difícil penetrar en el círculo íntimo de Menger. Pero si descubría en alguien un talento especial y el interesado entraba en el ámbito elegido del seminario, entonces no rehuía ningún sacrificio para ayudarle en su trabajo.

Las relaciones entre Menger y el seminario no se reducían a las discusiones académicas. A menudo invitaba a los miembros del grupo a excursiones domingueras al campo, o a algún estudiante concreto a que le acompañara a pescar. La pesca era el único pasatiempo que se concedía. E incluso entonces, procedía con el mismo rigor científico que en todo lo demás: intentaba dominar todos los aspectos técnicos y estudiaba la literatura especializada sobre el tema.

Es difícil imaginarse a Menger dominado por una pasión que no estuviera de algún modo relacionada con el objetivo dominante de su vida, a saber, el estudio de la economía política. Aparte el estudio directo, tuvo otra ocupación a la que se consagró con tal intensidad que apenas cedía a la primera: la colección de libros y el cuidado de su biblioteca.

Por lo que hace a la sección económica, apenas debió haber tres o cuatro bibliotecas privadas de tal magnitud. Pero no se limitó en modo alguno a la literatura especializada. La colección de obras etnográficas y filosóficas era casi tan rica como la de los libros de economía. A su muerte, la mayor parte de esta biblioteca, incluidos todos los escritos sobre temas económicos y etnográficas, pasó al Japón. Este legado forma hoy una sección independiente de la Biblioteca de la Universidad Comercial de Tokio (llamada actualmente Universidad Hitotsubashi).

El catálogo reseña, tan sólo en economía política, más de 20.000 títulos. — No se le concedió a Menger ver realizado el propósito principal de sus posteriores años, ni dar fin a la gran obra con que esperaba coronar todo el trabajo de su vida. Pero sí pudo asistir con complacencia al espectáculo de la riquísima cosecha producida por su primera gran obra de juventud. Conservó siempre un intenso y nunca menguado entusiasmo por el tema elegido para sus estudios.

El hombre que —como se cuenta de él— pudo decir que de haber tenido siete hijos, todos ellos habrían estudiado economía, debió sentirse inmensamente feliz en su trabajo. Que tuvo además el don de transmitir a sus discípulos este mismo entusiasmo lo confirma el nutrido grupo de economistas políticos que se sentían orgullosos de proclamarle su maestro.

CAPÍTULO I

LA TEORÍA GENERAL DEL BIEN

Sobre la esencia de los bienes

Todas las cosas se hallan sujetas a la ley de causa y efecto. Este supremo principio no tiene excepciones. Inútilmente buscaremos en el ámbito de la empírica un ejemplo que demuestre lo contrario. El constante progreso humano no tiende a invalidar este aserto, sino más bien a confirmarlo, a ampliar cada vez más el conocimiento de su esfera de aplicación. Así pues, el progreso humano está asociado al firme e inalterado reconocimiento de su vigencia. También nuestra propia personalidad y cada uno de sus estadios son eslabones de esta gran interconexión global.

El tránsito de nuestra persona de un estadio a otro diferente es inimaginable si no es en cuanto sometido a la ley de la causalidad. Si, pues, nuestra persona ha de pasar del estadio de insatisfacción al de la necesidad satisfecha, deben darse causas suficientes, es decir, o bien las fuerzas existentes en nuestro organismo deben eliminar nuestro estadio perturbado o bien deben actuar sobre nosotros cosas externas, adecuadas, por su propia naturaleza, a introducir aquel estadio que llamamos satisfacción de nuestras necesidades.

A aquellas cosas que tienen la virtud de poder entrar en relación causal con la satisfacción de las necesidades humanas, las llamamos utilidades, cosas útiles. En la medida en que reconocemos esta conexión causal y al mismo tiempo tenemos el poder de emplear las cosas de que estamos hablando en la satisfacción de nuestras necesidades, las llamamos bienes. — Así pues, para que una cosa se convierta en bien, o, dicho con otras palabras, para que alcance la cualidad de bien, deben confluir las cuatro condiciones siguientes: 1. Una necesidad humana. 2. Que la cosa tenga tales cualidades que la capaciten para mantener una relación o conexión causal con la satisfacción de dicha necesidad. 3. Conocimiento, por parte del hombre, de esta relación causal. 4. Poder de disposición sobre la cosa, de tal modo que pueda ser utilizada de hecho para la satisfacción de la mencionada necesidad.

Sólo cuando confluyen estas condiciones puede un objeto convenirse en bien. Si falta una de ellas, no puede alcanzar tal categoría. Suponiendo que las posee, basta con que pierda una sola para que pierda también de forma inmediata esta cualidad. — Por consiguiente, una cosa pierde su cualidad de bien, en primer lugar, cuando, en virtud de una modificación en el ámbito de las necesidades humanas, ya no existe una necesidad que aquella cosa pueda satisfacer.

Al mismo resultado se llega, en segundo lugar, siempre que, mediante la modificación en las propiedades de una cosa, ésta pierde la virtud de entrar en conexión causal con la satisfacción de necesidades humanas. También desaparece, en tercer lugar, la cualidad de bien de una cosa cuando se desconoce la conexión causal entre la misma y la satisfacción de las necesidades humanas. Finalmente, y en cuarto lugar, un bien pierde esta su cualidad cuando el hombre carece del poder de disposición sobre ella, de modo que o no puede utilizarla para la satisfacción inmediata de sus necesidades o no dispone de los medios necesarios para volver a ponerla bajo su dominio.

Se observa una peculiar relación allí donde existen cosas que de ninguna forma pueden entrar en relación causal con la satisfacción de las necesidades humanas, pero que los hombres consideran como si fueran bienes. Se da este fenómeno cuando se les atribuyen erróneamente a las cosas propiedades y, por tanto, causalidades que, en realidad, no poseen, o donde, también erróneamente, se presuponen unas necesidades humanas que en realidad no existen. En ambos casos aparecen, a nuestro entender, cosas que se hallan, no en realidad, pero sí en la opinión de los hombres, en la relación antes dicha, que es la que fundamenta la cualidad de bien de las cosas. A las cosas de la primera categoría pertenecen la mayoría de los cosméticos, los amuletos, muchos de los medicamentos que se recetan a los enfermos en las culturas poco desarrolladas y, todavía hoy día, entre los pueblos primitivos, las varitas divinatorias, las pócimas amorosas, etcétera.

Estas cosas carecen realmente de capacidad para satisfacer aquellas necesidades humanas que pretendían aplacar. Entre los objetos de la segunda categoría deben mencionarse los medicamentos para enfermedades que de hecho no existen, los utensilios, estatuas, edificios, etc., que los pueblos paganos empleaban para el culto de sus ídolos, los instrumentos de tortura y otras cosas similares.

A estos objetos, que derivan su cualidad de bien únicamente de unas propiedades imaginadas o de unas imaginadas necesidades humanas, puede calificárseles también de bienes imaginarios. — Cuanto más elevada es la cultura de un pueblo, y cuanto más profundamente analizan los hombres la verdadera esencia de las cosas y su auténtica naturaleza, mayor es el número de bienes reales y menor, corno es obvio, el de los imaginarios. No es pequeña prueba a favor de la interconexión entre conocimiento auténtico, es decir, entre el saber y el bienestar de los hombres, el hecho de que, a tenor de la experiencia, aquellos pueblos que más pobres son en bienes verdaderos, suelen ser también los más ricos en bienes imaginarios.

Revisten un peculiar interés científico aquellos bienes que algunos especialistas de nuestra ciencia engloban, como una categoría especial, bajo la designación de "relaciones". Entran aquí las firmas, la clientela, los monopolios, los derechos editoriales, las patentes y licencias, los derechos de autor y, para algunos tratadistas, también las relaciones de familia, la amistad, el amor las comunidades religiosas o científicas y otras cosas similares. Puede concederse sin dificultad que la cualidad de bien de una parte de estas relaciones no puede ser sometida a estricta comprobación, pero hay otra parte, en cambio, por ejemplo, las firmas, monopolios, derechos de edición, círculos de clientes y algunas otras más, que son bienes auténticos, como lo demuestra la circunstancia de que a menudo vemos que son objeto de compraventa.

Si, a pesar de todo, aquel autor teórico que más a fondo ha estudiado este tema,— admite que la existencia de estas relaciones constituye, en cuanto que son bienes, un hecho singular y ante una mirada imparcial aparecen como una anomalía, la razón radica, en mi opinión, en algo más profundo que la característica realística de nuestro tiempo —que también actúa aquí— para la que sólo son cosas y, por tanto, sólo pueden ser bienes, los objetos y las fuerzas materiales (los bienes objetivos y la capacidad de trabajo).

Desde una perspectiva jurídica se ha hecho notar a menudo que nuestro lenguaje no tiene una expresión para designar, en general, las "acciones útiles" y que sólo posee la de "capacidad o rendimiento laboral". Ahora bien, existe toda una serie de acciones e incluso de simples omisiones, que, aunque no pueden denominarse capacidad laboral, pueden ser de suma utilidad para unas determinadas personas y tener incluso un considerable valor económico.

El hecho de que una persona haga sus compras en mi tienda o contrate mis servicios de abogado no es, indudablemente, un rendimiento laboral de esta persona, pero sí es una acción beneficiosa para mí. La circunstancia de que un médico acomodado que vive en una pequeña localidad, en la que ya hay otro médico, haya dejado el ejercicio de la medicina, no puede, evidentemente calificarse de rendimiento laboral del primero, pero sí es una omisión sumamente útil para el segundo, que de este modo detenta un monopolio práctico.

La eventualidad de que un número mayor o menor de personas (por ejemplo, un número de clientes) ejercite habitualmente en beneficio de un individuo determinado (por ejemplo un tendero) unas acciones beneficiosas, no modifica en nada la naturaleza de estas últimas.

Tampoco el hecho de que algunos o todos los habitantes de un lugar o respectivamente de un Estado omitan, en beneficio de una persona concreta, unas acciones, ya sea voluntariamente o mediante imposición jurídica (monopolios naturales o jurídicas, derechos de edición, protección del mercado, etc.), modifica en nada la naturaleza de estas omisiones útiles. Lo que en el lenguaje normal se llama círculo de clientes, público, monopolios, etc., son, considerado desde el punto de vista económico, acciones útiles o, como se ve por el ejemplo de las firmas, conjuntos de bienes objetivos, rendimientos laborales y otras acciones —y respectivamente omisiones— beneficiosas. Incluso las relaciones de amistad y de amor, las comunidades religiosas y otras cosas parecidas se hallan evidentemente insertas en el marco de acciones u omisiones útiles de otras personas.

Si, al mismo tiempo, estas acciones y omisiones útiles son del género de aquellas sobre las que podemos disponer, como, por ejemplo, los círculos de clientes, las firmas, los derechos monopolistas, etc., entonces no existe razón alguna que nos impida reconocerles la cualidad de bienes, sin tener que recurrir a los oscuros conceptos de "relaciones" ni contraponerlas, como una categoría especial, a los bienes restantes. Creo, más bien, que la totalidad de los bienes pueden englobarse en las dos categorías de bienes objetivos (incluidas todas las fuerzas de la naturaleza, en la medida en que son bienes) y acciones (y respectivamente omisiones) humanas útiles, de entre las que las más importantes son las capacidades o rendimientos laborales.

Sobre la conexión causal de los bienes

Es, a mi parecer, de la máxima importancia que en nuestra ciencia se tengan claras ideas sobre la conexión causal de los bienes. En efecto, al igual que en las demás ciencias, también en la nuestra sólo puede iniciarse el verdadero y constante progreso a condición de que consideremos los objetos de nuestra observación científica no sólo en sus manifestaciones aisladas, sino esforzándonos por descubrir sus conexiones causales y las leyes a que se hallan sujetos. El pan que comemos, la harina con que hacemos el pan, el trigo con que hacemos la harina, el campo, en el que crece el trigo, todas estas cosas son bienes.

Pero este conocimiento no es bastante para nuestra ciencia; es, además, necesario que nos esforcemos, como se hace en todas las demás ciencias experimentales, por ordenar los bienes según razones intrínsecas, por aprender a conocer el puesto que cada uno de ellos ocupa en el nexo causal de los bienes y, finalmente, por descubrir las leyes por las que se rigen. Nuestro bienestar —en la medida en que depende de la satisfacción de nuestras necesidades- queda asegurado siempre que dispongamos de los bienes necesarios para la satisfacción inmediata de las mismas.

Si poseemos, por ejemplo la necesaria cantidad de pan, disponemos del poder inmediato de calmar nuestra necesidad de alimentos. En este caso, la conexión causal entre el pan y la satisfacción de una de nuestras necesidades es inmediata y no encierra dificultad ninguna la comprobación de la cualidad de bien del pan, a tenor de los principios expuestos en el apartado anterior. Pero a esta comprobación sólo están sujetos aquellos bienes que podemos utilizar para la satisfacción directa de nuestras necesidades, sean alimentos, bebidas, vestidos, objetos de adorno o cosas similares.

Ahora bien, estos objetos no agotan el ámbito de las cosas a las que reconocemos la cualidad de bienes. Junto a éstos, que, en beneficio de la brevedad, llamaremos en adelante "bienes del primer orden", hallamos en la esfera de la economía de los hombres un gran número de otras cosas que no tienen ninguna relación o conexión causal inmediata con la satisfacción de nuestras necesidades y a las que, sin embargo, reconocemos, con no menor certeza, esta cualidad de bienes del primer orden.

Así, en nuestros mercados, vemos, junto al pan, y otros bienes destinados a la satisfacción inmediata de las necesidades humanas, grandes cantidades de harina, combustibles, sal; vemos también en venta aparatos y enseres para cocer el pan, así como las fuerzas laborales específicas necesarias para este menester. Todas estas cosas, o al menos la mayor parte de ellas, carecen de capacidad para dar satisfacción inmediata a las necesidades humanas.

Pues, en efecto, ¿qué necesidad humana puede satisfacerse inmediatamente con el trabajo específico de un mozo de tahona, con los preparativos de un plato o con unos puñados de harina molida? Si, a pesar de todo, estas cosas son tratadas en la economía humana como bienes, al igual que los bienes del primer orden, la razón es que sirven para la producción del pan y de otros bienes del primer orden.

Y aunque no pueden satisfacer inmediatamente las necesidades humanas, pueden hacerlo de forma mediata. Lo mismo sucede con millares de otras cosas, que sin tener la cualidad de proporcionar la satisfacción inmediata de las necesidades humanas, sirven para la producción de bienes del primer orden y para insertarse, por tanto, en una relación causal mediata respecto de la satisfacción de tales necesidades.

Esto equivale a decir que la relación que fundamenta la cualidad de bien de estas y otras cosas similares, que llamamos bienes de segundo orden, es, en razón de su esencia, la misma que la de los bienes del primer orden, ya que la diferencia que se da entre estos últimos, cuya relación causal respecto de la satisfacción de nuestra necesidad es inmediata, y la de los bienes del segundo orden con relación causal mediata no afecta para nada a la esencia de aquella relación, porque el presupuesto de la cualidad de bien se halla en la relación causal, pero no necesariamente en el nexo causal inmediato entre las cosas y la satisfacción de las necesidades humanas.

Sería fácil probar que tampoco con estos bienes se cierta ya el circulo de las cosas a las que reconocemos la cualidad de bien y que, para no salir de los ejemplos antes mencionados, los molinos, el trigo, el centeno, los trabajos necesarios para la producción de la harina, etcétera, son bienes de tercer orden. Los campos de cereales así como los aperos y las instalaciones necesarias para su cultivo y los trabajos específicos de los campesinos son bienes de cuarto orden.

Confío, con todo, en que haya quedado ya suficientemente claro el pensamiento que intentamos expresar en estas líneas. Ya hemos visto en el apartado anterior que la relación causal de una cosa con la satisfacción de las necesidades humanas es una de las condiciones requeridas para poseer la cualidad de bien. La idea que hemos pretendido exponer en esta sección puede sintetizarse diciendo que no es condición necesaria para la cualidad de bien de una cosa que pueda establecerse una relación causal inmediata entre ella y la satisfacción de las necesidades humanas.

Pero también se ha demostrado al mismo tiempo que entre los bienes que se hallan en relación mediata con la satisfacción de estas necesidades existe una diferencia —que no afecta, desde luego, a la esencia de la cualidad de bien— en el sentido de que mientras unas tienen una relación causal más cercana con la satisfacción de nuestras necesidades, en otras esta relación es más distante.

Por esta razón, hemos distinguido bienes del primer orden, del segundo del tercero, del cuarto, y así sucesivamente. No es, con todo, menos necesario precavernos ya desde el principio de una errónea interpretación de cuanto hemos venido diciendo. Ya hemos insinuado, al hablar de la cualidad de bien, que no se trata de una cualidad innata de las cosas.

Esta misma idea debemos recordar ahora, al hablar del orden que puede tener un bien en el nexo causal de los bienes. Este orden indica tan sólo que un bien —contemplado desde la perspectiva de una determinada utilización de este— tiene una relación causal unas veces cercana y otras más distante respecto de la satisfacción de una necesidad humana, y que no se trata, por tanto, de una propiedad inserta en el bien.

Por consiguiente, lo primordial no está en los números ordinales de los bienes de que hemos venido hablando en esta sección y de los que se hablará en la siguiente, a propósito de las leyes que rigen estos bienes, aunque no es menos cierto que tales números constituyen, a condición de ser bien entendidos, un medio auxiliar provechoso para la exposición de un tema tan difícil como importante.

Lo primordial, a nuestro entender, es la comprensión de la conexión causal entre los bienes y la satisfacción de las necesidades humanas y de la relación causal más o menos directa de los primeros respecto de las segundas.

Las leyes a que se hallan sujetos los bienes en su calidad de tales
a) La cualidad de bien de los bienes de orden superior está condicionada por el hecho de que debemos disponer también de sus correspondientes bienes complementarios. Si disponemos de bienes del primer orden, podemos utilizarlos directamente en la satisfacción de nuestras necesidades.

Si disponemos de bienes del segundo orden, podemos transformarlos en bienes del primero y emplearlos, de esta manera intermedia, con idéntica finalidad. Cuando disponemos de bienes del tercer orden, podemos transformarlos en bienes del segundo y éstos en bienes del primero, de tal modo que también aquellos del orden tercero pueden servir, a través de varios pasos intermedios, para satisfacer nuestras necesidades.

Lo mismo puede decirse de todos los bienes de órdenes más altos, cuya cualidad de bien es indiscutible, a condición y en la medida en que podamos utilizarlos en aquella satisfacción. Esta última circunstancia entraña, de todas formas, una limitación de no escasa importancia.

Carecemos, en efecto, del poder de utilizar un solo bien de un orden superior en la satisfacción de nuestras necesidades, si no disponemos a la vez de los restantes bienes (complementarios) de órdenes superiores.

Supongamos, por ejemplo, que un individuo no tiene inmediatamente pan, pero sí todos los bienes necesarios del segundo orden para producirlo. En tal caso, es indudable que tiene en su mano el poder de satisfacer su necesidad de alimentos. Supongamos ahora que este individuo tiene harina, sal, levadura y la capacidad laboral necesaria pata hacer pan y que posee asimismo todos los utensilios y las instalaciones precisas, pero no tiene ni fuego ni agua; es entonces evidente que ya no puede utilizar los bienes restantes del segundo orden para satisfacer su necesidad de alimentos, porque sin agua y fuego no puede hacerse pan, aunque tenga todos los otros bienes.

En este caso, los bienes del segundo orden perderían inmediatamente su cualidad de tales en orden a la satisfacción del hambre, porque les faltaría una de las cuatro condiciones requeridas (en este caso, la condición cuarta). Con esto no se excluye que las cosas cuya cualidad de bienes estamos analizando conserven dicha cualidad incluso en las circunstancias arriba descritas, en orden a la satisfacción de otras necesidades de la persona que dispone de ellas, en la medida en que ésta pueda utilizarlas para la satisfacción de otras necesidades distintas de las de la alimentación. Puede también suponerse que, a pesar de la falta de uno u otro de los bienes complementarios, los restantes estén capacitados para satisfacer, de forma mediata o inmediata, una necesidad humana.

Pero si los bienes de segundo orden existentes no pueden ser utilizados para la satisfacción de ninguna necesidad humana, ni en sí mismos ni en conexión con otros bienes disponibles, porque les faltan uno o varios de los bienes complementarios, quedarían totalmente privados de esta cualidad —aunque ciertamente debido a la ausencia de los bienes complementarios— porque entonces los agentes económicos ya no podrían emplearlos en la satisfacción de sus necesidades y les faltaría, por tanto, una de las condiciones esenciales para la cualidad de bienes.

Como resultado de nuestra precedente investigación, se deduce el siguiente principio: la cualidad de bien de los bienes del segundo orden está condicionada por el hecho de que el hombre disponga al mismo tiempo de los bienes complementarios del mismo orden al menos respecto de la producción de algún bien del primer orden.

Mayor dificultad presenta la respuesta a la pregunta de hasta qué punto la cualidad de bien de los bienes situados por encima del segundo orden depende de que el hombre disponga también de los bienes complementarios. Esta dificultad no radica tanto en la relación de los bienes de un orden superior respecto de los bienes correspondientes del orden inmediatamente inferior, por ejemplo, de los bienes del orden tercero respecto de los bienes correspondientes del segundo, o los bienes del orden quinto respecto de los del cuarto, porque ya la simple consideración de la relación causal entre estos bienes pone de manifiesto una analogía total entre esta relación y la antes descrita de los bienes del segundo orden respecto de los correspondientes del inmediatamente inferior es decir del primer orden.

Por consiguiente, el principio antes establecido puede ampliarse, de una manera enteramente natural, para fijar el siguiente enunciado: la cualidad de bien de los bienes de un orden superior está condicionada ante todo por el hecho de que el hombre disponga también de los bienes complementarios del mismo orden, al menos respecto de la producción de un bien cualquiera del orden inmediatamente inferior.

La dificultad que presentan los bienes de un orden superior al segundo estriba más bien en que incluso en el caso de que se disponga de la totalidad de los bienes necesarios para la producción de un bien del orden inmediatamente inferior no por eso queda ya garantizada la cualidad de bien de este orden, mientras los hombres no puedan disponer también a la vez de todos los bienes complementarios de este último orden y de los restantes órdenes inferiores.

Supongamos que una persona puede disponer de todos los bienes del tercer orden necesarios para producir un bien del orden segundo, pero no dispone simultáneamente de los restantes bienes complementarios de este orden segundo.

En tal caso, el hecho de que disponga de todos los bienes del orden tercero necesarios para producir un bien concreto del orden segundo no le garantiza que pueda utilizar de hecho estos bienes para la satisfacción de las necesidades humanas, porque aunque tendría ciertamente el poder de convertir los bienes del tercer orden (cuya cualidad estamos analizando aquí) en bienes del segundo orden, ello no quiere decir que pueda transformar también los bienes del orden segundo en los correspondientes del orden primero.

Por consiguiente, tampoco tendría el poder de emplear los bienes del orden tercero, de que aquí estamos hablando, en la satisfacción de sus necesidades. En consecuencia, dichos bienes perderían inmediatamente su cualidad de tales. Es claro, pues, que el principio antes enunciado: "La cualidad de bien de los bienes de un orden superior está condicionada ante todo por el hecho de que el hombre disponga también de los bienes complementarios del mismo orden al menos respecto de la producción de un bien cualquiera del orden inmediatamente inferior", no incluye la suma total de las condiciones que, respecto de la cualidad de bien de las cosas, se desprende del hecho de que tan sólo la disposición sobre los bienes complementarios del orden superior nos garantiza el poder de emplearlos para la satisfacción de nuestras necesidades. Si disponemos de bienes del tercer orden, su cualidad de bien está condicionada ante todo por el hecho de que podamos transformarlos o no en bienes del segundo orden.

Pero existe otra condición para esta cualidad de bien, a saber, que tengamos también el poder de transformar los bienes del segundo orden en bienes del primero, lo que presupone que disponemos de ciertos bienes complementarios del orden segundo. Una situación totalmente análoga presenta los bienes del cuarto, del quinto y de otros órdenes superiores. También aquí la cualidad de bien de las cosas que mantienen una relación tan distante respecto de la satisfacción de las necesidades humanas depende en primer término de que dispongamos de los bienes complementarios del mismo orden; pero esta cualidad está condicionada también por el hecho de que dispongamos o no de los bienes complementarios del orden inmediatamente inferior, y además de los bienes complementarios del orden que sigue a éste, y así sucesivamente, de modo que poseamos el poder real de utilizar los bienes del orden superior para la producción de un bien del primer orden y, en última instancia, para la satisfacción de una necesidad humana.

Si damos a la totalidad de los bienes que son necesarios para conseguir la transformación de un bien de un orden superior en otro bien del primer orden, la denominación de bienes complementarios, en el amplio sentido de la palabra, podemos enunciar el siguiente principio: la cualidad de bien de los bienes de un orden superior está condicionada por el hecho de que dispongamos de sus complementarios en el sentido antes indicado. Nada pone tan vivamente ante los ojos la gran conexión causal de los bienes como esta ley de su recíproco condicionamiento.

Cuando, el año 1862, la guerra civil norteamericana privó a Europa de su principal fuente de algodón, se perdió al mismo tiempo la cualidad de bien de miles de otros productos, cuyo bien complementario era el algodón. Me refiero a la capacidad de rendimiento laboral de los trabajadores ingleses y continentales del ramo de las industrias textiles, una buena parte de los cuales se quedaron en paro y reducidos a vivir de la caridad pública. La capacidad laboral (de que disponían aquellos hábiles trabajadores) seguía siendo la misma, pero perdió una gran parte de su cualidad de bien, porque ya no existía el bien complementario, el algodón. Por tanto, ya no podía utilizarse aquella capacidad laboral específica para la satisfacción de ninguna necesidad humana. Esta capacidad recuperó su cualidad de bien apenas pudo disponerse de nuevo del algodón necesario, en parte por acelerada importación desde otros lugares y en parte por compra en su antigua fuente de aprovisionamiento, una vez finalizada la mencionada contienda.

A la inversa, no pocas veces los bienes pierden esta cualidad debido a que los hombres carecen de la capacidad laboral requerida respecto de los bienes complementarios. En países de escasa densidad de población, y en particular en los de economía de monocultivo, por ejemplo de cereales, suele ocurrir que, cuando se registran cosechas especialmente ricas, se produce una gran falta de fuerza laboral, ya que los campesinos, de suyo ya poco numerosos, no se sienten espoleados por la necesidad, sobre todo en épocas de abundancia.

A esto se añade que los trabajos de la recolección deben realizarse en muy poco tiempo, debido al monocultivo. En estas circunstancias (por ejemplo en las fértiles llanuras de Hungría), cuando la necesidad de fuerza laboral es muy grande y se concentra en un corto espacio de tiempo, las fuerzas laborales disponibles no bastan, de modo que suelen pudrirse en los campos grandes cantidades de cereal.

La razón es que no existen los bienes complementarios respecto de los frutos agrícolas (es decir, las fuerzas laborales necesarias para cosecharlos) y, por tanto, aquellos frutos pierden su cualidad de bienes. Cuando las relaciones económicas de un pueblo estén altamente evolucionadas, los diferentes bienes complementarios de un orden superior suelen distribuirse entre diversas personas. Los productores de un determinado artículo acostumbran a dirigir sus negocios de forma mecánica, mientras que los productores de los bienes complementarios tampoco suelen advertir que la cualidad de bien de las cosas que producen o elaboran está condicionada por la existencia de otros bienes que no se hallan en su poder. Surge así el error de que a los bienes de orden superior se les atribuye la cualidad de bien en sí mismos y sin tener en cuenta la presencia de sus bienes complementarios.

Dicho error se produce sobre todo en aquellos países en los que, a través de un activo intercambio y de una economía nacional altamente desarrollada, casi cada producto surge bajo el tácito supuesto, de ordinario ni siquiera conscientemente advertido por los productores, de que hay otras personas, insertas en el proceso de intercambio, que están trabajando al mismo tiempo en la producción de los bienes complementarios.

Sólo cuando, por cualquier modificación de las circunstancias, no se da esta condición táctica y las leyes a que están sujetos los bienes dejan sentir su eficacia hasta en la superficie de los fenómenos, suele interrumpirse la acostumbrada y mecánica marcha de las actividades comerciales y empresariales. Sólo entonces la opinión pública dirige su atención a estos fenómenos y a sus causas profundas.

b) La calidad de bien de los bienes de un orden superior está condicionada por la cualidad de los correspondientes bienes del orden inferior. El análisis de la esencia y de la conexión causal de los bienes expuesto en las dos primeras secciones nos lleva al conocimiento de una nueva ley, a la que se hallan sujetos los bienes en cuanto tales, es decir, prescindiendo de su carácter económico. Hemos mostrado que la presencia de necesidades humanas es un presupuesto o condición esencial de la cualidad de bien y que en el caso de que desaparezcan totalmente aquellas necesidades a cuya satisfacción está causalmente ordenado un bien, sin que surjan en su lugar nuevas necesidades de dicho bien, éste pierde inmediatamente su cualidad de tal. A tenor de cuanto hemos venido diciendo sobre la esencia de los bienes es evidente que los bienes del primer orden pierden inmediatamente esta cualidad en el momento mismo en que desaparecen las necesidades a cuya satisfacción se ordenaban, sin que surjan nuevas necesidades de estos bienes.

Ampliemos la pregunta, incluyendo en ella la totalidad de los bienes que tienen un nexo causal con la satisfacción de una necesidad humana y preguntémonos cuál es la repercusión de la ausencia de esta necesidad sobre la cualidad de bien de los bienes de órdenes superiores que tienen una relación causal con la satisfacción de dicha necesidad.

Supongamos que, en virtud de una modificación en los gustos generales de los hombres, queda completamente eliminada la costumbre de fumar y que desaparecen al mismo tiempo todas las restantes necesidades para cuya satisfacción se requerían actividades relacionadas con la elaboración del tabaco. Es indudable que en tal caso perderían su cualidad de bien todas las plantaciones de tabaco, en todas y cada una de sus variedades.

¿Qué ocurriría entonces, con los bienes correspondientes de un orden superior? ¿Qué ocurriría con las hojas de tabaco sin elaborar, con los aparatos y las instalaciones necesarias para la fabricación de los distintos tipos de labores, con las fuerzas laborales especializadas en la fabricación, en una palabra, con la totalidad de los bienes de segundo orden puestos al servicio de la producción del tabaco de que antes disfrutaban los hombres? ¿Qué ocurriría, prosiguiendo el razonamiento, con las semillas y plantaciones de tabaco, con las fuerzas laborales empleadas en la producción de las hojas, con la maquinaria y las instalaciones necesarias para estas tareas y con todos los restantes bienes que nosotros, con referencia a la necesidad del disfrute del tabaco, podemos denominar bienes del tercer orden? ¿Y qué ocurriría, en fin, con los correspondientes bienes del cuarto, del quinto y de otros órdenes superiores? Ya hemos visto que la cualidad de bien de una cosa está condicionada por el hecho de que pueda establecerse una conexión causal entre ella y la satisfacción de las necesidades humanas.

Hemos visto también que el nexo causal inmediato entre el bien y la satisfacción de una necesidad no es en modo alguno presupuesto necesario de la cualidad de bien de una cosa, sino que más bien hay un gran número de cosas cuya cualidad de bien se deriva sencillamente de que se encuentran en una conexión causal más o menos inmediata con la satisfacción de las necesidades humanas.

Es, pues, evidente que la presencia de necesidades humanas que satisfacer es presupuesto esencial de todas y cada una de las cualidades de bien. Pero esto equivale también a decir que los bienes, ya puedan inscribirse en una conexión causal inmediata con la satisfacción de las necesidades humanas o deriven su cualidad de bien de un nexo causal más o menos directo con dicha satisfacción, pierden inmediatamente su cualidad, si desaparecen en su totalidad las necesidades a cuya satisfacción servían hasta ahora.

Es, en efecto, patente que al desaparecer las necesidades desaparece también a la vez el fundamento total de aquella relación sobre la que, como hemos visto, se basa la cualidad de bien de las cosas. Si desaparecieran todas las enfermedades para cuyo remedio se emplea la quinina, esta sustancia dejaría de ser un bien, porque ya no existiría aquella necesidad con cuya satisfacción mantenía una relación causal. Ahora bien, la desaparición de la finalidad de la utilización de la quinina tendría como consecuencia que también una gran parte de los bienes correspondientes del orden superior perderían su cualidad de bien.

Los habitantes de los países productores de quinina, que hasta entonces habían obtenido su sustento a través de la búsqueda y el descortezamiento de los árboles de la quina, descubrirían de pronto que perdían su cualidad de bien no sólo sus provisiones de quinina, sino, obviamente, también sus árboles de la quina, los instrumentos y las instalaciones utilizadas en la producción de quinina y, sobre todo, las fuerzas laborales específicas con las que se habían venido procurando hasta ahora el sustento, ya que, en virtud de la modificación de las circunstancias, todas estas cosas dejan de tener una relación causal con la satisfacción de necesidades humanas.

Si una modificación de los gustos eliminara totalmente la costumbre de fumar, la consecuencia sería no sólo que perderían su cualidad de bien todas las reservas de tabaco de que disponen los hombres, en la forma en que suelen cultivarlo, sino que se producirían repercusiones de más amplio alcance, que incluirían la pérdida de la cualidad de bien de las hojas sin elaborar, de las máquinas e instalaciones empleadas exclusivamente en su elaboración, de las fuerzas laborales dedicadas a esta actividad, de las provisiones de semillas de la planta, etc.

Los trabajos, hoy tan bien remunerados, de los agentes de Cuba, Manila, Puerto Rico y otras zonas, que han desarrollado una especial habilidad para valorar la calidad del tabaco y las compras de este, dejarían de ser un bien, no menos que los trabajos específicos de numerosas personas empleadas en la fabricación de puros tanto en aquellos lejanos países como en Europa.

Perderían también su cualidad de bien los numerosos libros, de tanta utilidad para las tareas prácticas, sobre las plantaciones y la industria del tabaco. Las ediciones se cubrirían de polvo en los almacenes, carentes de posibilidades de venta. Y no es esto todo. Perderían también su condición de bienes las cajetillas de tabaco, las cigarreras, todos los tipos de pipas y sus fábricas, etc.

Este fenómeno, al parecer tan complicado, tiene su sencilla explicación en el hecho de que todos los bienes antes mencionados deben su cualidad de tales a su conexión causal con la satisfacción de la necesidad humana del disfrute del tabaco.

Al desaparecer esta necesidad se elimina uno de los fundamentos en que se asienta la cualidad de bien. No pocas veces los bienes del primer orden y casi siempre los de los órdenes superiores derivan su cualidad de bien no sólo de una relación causal aislada, sino de varias, más o menos numerosas, respecto de la satisfacción de necesidades humanas. En este último caso, su cualidad de bien no se pierde porque desaparezca una o incluso varias de las necesidades que satisfacen.

Al contrario, es patente que este resultado sólo se produce cuando se eliminan todas las necesidades con cuya satisfacción mantenían estos bienes una relación causal. En efecto, conservan su cualidad de tales respecto de las necesidades todavía existentes para cuya satisfacción siguen teniendo una relación causal también en las circunstancias modificadas, y además de una manera enteramente natural.

También en este caso conservan su cualidad de bienes sólo en cuanto que mantienen dicha relación causal con la satisfacción de necesidades humanas. Pero aquella cualidad desaparecerá apenas desaparezcan también estas últimas necesidades. Si se diera este caso y desapareciera por entero la necesidad de fumar que sienten los hombres, entonces perderían también su cualidad de bienes, por ejemplo, todas las reservas de tabaco ya elaboradas así como las reservas de hojas sin elaborar, las semillas y otros muchos bienes de orden superior unidos por relación causal con la satisfacción de la mencionada necesidad.

Pero este resultado no se produciría necesariamente respecto de todos los bienes de orden superior, por ejemplo, respecto de los campos de cultivo del tabaco y de los enseres agrícolas empleados en ellos. Y lo mismo puede decirse respecto de los utensilios y maquinaria utilizada en la industria del tabaco, ya que podrían utilizarse para la satisfacción de otras necesidades humanas una vez eliminada la necesidad de fumar. Todas estas colas conservarían su cualidad de bienes.

Debe contemplarse no como una modificación que afecte a la esencia del principio antes enunciado, sino tan sólo como una forma más concreta del mismo, la ley que establece que los bienes de orden superior están condicionados, en sus cualidades de tales, por los bienes del orden inferior a cuya producción sirven. Si basta ahora hemos analizado la totalidad de los bienes que tienen, hablando en términos generales, una conexión causal con la satisfacción de las necesidades humanas y el objeto de nuestro análisis fue, por tanto, el conjunto de la cadena causal, hasta llegar a su efecto último, es decir, la satisfacción de las necesidades humanas, ahora, al formular el anterior principio, tenemos en cuenta sólo algunos de los eslabones de dicha cadena, cuando prescindimos, por ejemplo, del nexo causal de los bienes del tercer orden con la satisfacción de necesidades humanas y sólo tenemos en cuenta la conexión causal de los bienes de este orden con los bienes correspondientes de un orden cualquiera de tipo superior.

Tiempo-error

El proceso mediante el cual los bienes de un orden superior se van transformando gradualmente en los de los órdenes inferiores, hasta servir, al fin, para la satisfacción de las necesidades humanas, no es, como hemos visto en las secciones anteriores, un fenómeno atípico, sino que, al igual que todos los restantes procesos de transformación y cambio, se halla sujeto a las leyes de la causalidad. Ahora bien, la idea de causalidad está inseparablemente unida a la del tiempo. Todo proceso de cambio significa un surgir, un hacerse, un devenir y esto sólo es imaginable en el tiempo. Es también indudable que no podemos comprender a fondo el nexo causal de cada uno de los fenómenos de este proceso si no lo consideramos en el tiempo y según la medida de este.

También en el proceso de cambio mediante el cual los bienes de un orden superior se van transformando gradualmente en otros de órdenes inferiores, hasta alcanzar al final el estadio que llamamos de satisfacción de las necesidades humanas, es el tiempo un elemento esencial de nuestro análisis. Si disponemos de los bienes complementarios de un orden superior cualquiera tenemos que comenzar por transformarlos en bienes del orden inmediatamente inferior y llevar adelante, paso a paso, este proceso, hasta convertirlos en bienes del primer orden, que ya podemos utilizar para la satisfacción directa de nuestras unidades.

Los espacios de tiempo que median entre cada una de las fases de este proceso pueden a veces parecer muy cortos y de hecho los progresos de la técnica y del intercambio comercial tienden a reducirlos cada vez más —pero con todo no cabe pensar en su total eliminación—. Es, en efecto, imposible, transformar instantáneamente los bienes de un orden superior en los correspondientes del orden inferior. Es bien seguro lo contrario, es decir, que quien dispone de bienes de un orden superior sólo puede disponer de los bienes correspondientes del orden inferior al cabo de un cierto espacio de tiempo, más o menos largo según la naturaleza de cada uno. Y lo que decimos de cada uno de los eslabones de la cadena causal es válido, a fortiori, para la totalidad del proceso.

El espacio temporal exigido por este proceso varía mucho de unos casos a otros y depende de la naturaleza de cada uno de ellos. Quien disponga de todo cuanto es necesario para plantar un bosque de encinas, es decir, los terrenos, las fuerzas laborales, la maquinaria, las simientes, tendrá que esperar cien años para poder disponer de un solo tronco maderable.

En la inmensa mayoría de los casos, serán sus herederos o sus sucesores jurídicos quienes se beneficien de la plantación. Por el contrario, quien dispone de los ingredientes para comidas o bebidas y de los enseres, capacidad laboral, etc, necesarios podrá, muchas veces, disponer de dichos alimentos y bebidas en el espacio de unos segundos. Pero por muy grande que pueda ser la diferencia, una cosa es segura: que nunca puede eliminarse totalmente el espacio temporal que media entre la disposición sobre los bienes de un orden superior y la disposición sobre los bienes correspondientes del orden inferior.

Así pues, los bienes de un orden superior piden y afirman su cualidad de bienes no con referencia a necesidades del presente inmediato, sino únicamente respecto a necesidades que, a tenor de las expectativas humanas, sólo aparecerán en unos momentos en los que ya habrá llegado a su fin el proceso de producción de que hemos hablado en las líneas precedentes.

De acuerdo con lo dicho, es seguro que siempre que tengamos a la vista un determinado objetivo de uso, la disposición sobre bienes de un orden superior se distingue de los correspondientes bienes del orden inferior ante todo porque podemos hacer el correspondiente uso de estos últimos inmediatamente, mientras que los primeros entrañan un nivel anterior en el proceso de la formación del bien y, por tanto, sólo podemos transformarlos en uso inmediato al cabo de un cierto período de tiempo, más o menos corto según los casos. Y esto implica otra diferencia, de gran importancia, entre la disposición inmediata de un bien y la disposición mediata (esto es, mediante la posesión de los bienes correspondientes del orden superior).

Quien dispone inmediatamente de unos bienes determinados está seguro de su cantidad y calidad. Quien dispone de dichos bienes sólo de un modo mediato, es decir, mediante la posesión de los correspondientes bienes del orden superior, no puede determinar con la misma certeza la cantidad y calidad de los bienes de orden inferior, sobre los que sólo puede disponer al final del proceso de producción de bienes. Quien tiene cien celemines de grano dispone de estos bienes, por lo que hace a la cantidad y calidad, con aquella seguridad y certeza que ofrece la posesión inmediata de bienes.

Quien, por el contrario, posee una extensión de terreno, y de las semillas, abonos, fuerzas laborales y aperos agrícolas, etc., de los que de ordinario cabe esperar una cosecha de cien celemines de grano, se enfrenta con la eventualidad de obtener una cantidad mayor de cereal, pero también una cantidad menor. Ni siquiera puede excluirse la posibilidad de una pérdida total de lo sembrado. Se encuentra, además, expuesto a una cierta inseguridad respecto de la calidad del producto. Esta inseguridad respecto de la cantidad y la calidad del producto, cuando se poseen los bienes correspondientes del orden superior, es más o menos grande según las diferentes ramas de la producción.

Quien dispone de los materiales, instrumentos y fuerzas laborales necesarios para fabricar zapatos puede determinar con bastante seguridad, a partir de la cantidad y calidad de estos bienes de orden superior de que dispone, la calidad y cantidad de los zapatos que tendrá al final del proceso de producción.

Quien dispone en cambio de un terreno apto para el cultivo de colzas y de los correspondientes aperos agrícolas, así como de la necesaria fuerza laboral, de la simiente, abonos, etc., no puede hacerse una idea exacta de la cantidad de frutos oleosos que cosechará al final del proceso de producción, ni tampoco de su calidad. Aun así, en ambos aspectos su inseguridad es menor que la de un cultivador de lúpulo, un cazador o un pescador de perlas.

Pero por grande que sea la diferencia entre las diversas ramas de producción —y a pesar de la creciente tendencia de nuestra cultura a aminorar la incertidumbre de que venimos hablando— no es menos cierto que se da un cierto grado de inseguridad —mayor o menor según los casos— respecto de la cantidad y la calidad del producto que se obtendrá al final de todo proceso y toda rama de la producción. La razón última de este fenómeno se halla en la peculiar posición del hombre respecto del proceso causal que llamamos producción de bienes. Los bienes de un orden superior se transforman, siguiendo las leyes de la causalidad, en bienes del orden inmediatamente inferior y éstos en el siguiente hasta llegar a convertirse en bienes del primer orden y, finalmente, alcanzar aquel estado que llamamos satisfacción de las necesidades humanas.

Los bienes del orden superior son los elementos más importantes de este proceso causal, pero no constituyen la totalidad de este. Además de estos elementos pertenecientes al círculo de los bienes, actúan sobre la cualidad y la cantidad del producto de los procesos causales que llamamos producción de bienes otros elementos cuya conexión causal con nuestro bienestar no conocemos todavía o elementos cuyo influjo sobre el producto conocemos muy bien, pero que, por las razones que fueren, escapan a nuestro control.

Así, por ejemplo, hasta no hace mucho, los hombres no conocían la influencia de los diferentes tipos de terrenos, de la proporción de salitre, de los abonos, sobre el crecimiento de las diversas plantas, de modo que dichos terrenos daban resultados finales más o menos favorables, tanto en cantidad como en calidad, una vez acabado el proceso de producción. Hoy día, y gracias a la investigación de las condiciones químicas del suelo, se ha conseguido eliminar, en parte, aquella incertidumbre. El hombre puede ya, hasta donde llegan las investigaciones, introducir factores beneficiosos y eliminar los perniciosos en cada caso concreto.

Los cambios climáticos ofrecen un ejemplo del segundo caso. En términos generales, los agricultores saben muy bien cuál es el clima más adecuado para el crecimiento de las plantas, pero carecen del poder de introducirlo o de impedir la presencia de factores climáticos que arruinen los sembrados. Por consiguiente, respecto de la calidad y cantidad del resultado de las cosechas dependen, en muy amplia medida, de influjos que, aunque están sometidos, al igual que todos los restantes, los agricultores creen que, porque se hallan fuera de su esfera de poder, son debidos al azar.

El grado mayor o menor de certidumbre en la previsión de la cualidad y cantidad del producto que puede conseguir el hombre en virtud de la posesión de los bienes de orden superior necesarios para su producción depende del mayor o menor conocimiento de los elementos del proceso que tienen conexión causal con la producción de aquellos bienes y del mayor o menor sometimiento de estos a la capacidad de disposición del hombre. El grado de incertidumbre en las dos perspectivas antes mencionadas está condicionado por los factores contrarios.

Cuanto más numerosos sean los elementos desconocidos por nosotros que intervienen en el proceso causal de la producción de bienes o que, aunque conocidos, escapan a nuestro control, es decir, cuanto mayor sea el número de dichos elementos que no poseen la cualidad de bien, tanto mayor es también la incertidumbre del hombre sobre la calidad y la cantidad del producto de todo el proceso causal, esto es, de los bienes correspondientes del orden inferior. Esta incertidumbre es uno de los elementos más esenciales de la inseguridad económica de los hombres. Tal como se verá en las líneas que siguen, tiene una gran importancia práctica para la economía humana.

Sobre las causas del creciente bienestar de los hombres

"El enorme aumento de la capacidad productiva laboral", dice Adam Smith, "y el crecimiento de la habilidad, destreza y comprensión con que por doquier se dirigen o se llevan a cabo las tareas parece ser resultado de la división del trabajo".— Y el mismo autor: "El gran aumento de los productos introducido por la división del trabajo en las más diversas industrias produce en una sociedad bien regida aquel bienestar que se extiende hasta las capas más humildes de la población".— Así pues, Adam Smith hacía de la creciente división del trabajo el punto cardinal del progreso económico de los hombres, de total acuerdo con la destacada importancia que asignaba al elemento laboral en la economía humana.

Creo, sin embargo, que este destacado investigador, cuya opinión estamos citando, en su capítulo sobre la división del trabajo ha puesto de relieve sólo una de las causas del creciente bienestar de los hombres y que han escapado a su observación otras no menos eficaces. Imaginemos, por ejemplo, que una tribu australiana distribuye entre sus miembros su trabajo de ocupación de la manera más adecuada posible, y según el principio de la división del trabajo. Una parte se dedica a la caza; otra, a la pesca; otros se ocupan exclusivamente de las plantas que crecen de forma espontánea. De las mujeres, una parte se dedica únicamente a la preparación de los alimentos; otras, a la confección de piezas de vestido.

Llevemos con nuestra imaginación esta división del trabajo de este pueblo aún más lejos, de suerte que todas las instituciones especiales sean también dirigidas por funcionarios especiales y preguntémonos si tan acusada división del trabajo tendrá el efecto multiplicador sobre los medios de disfrute a disposición de los miembros de la tribu que Adam Smith describe como resultado de la división del trabajo.

Es evidente que este pueblo, como cualquier otro en las mismas circunstancias, conseguirá su anterior eficacia laboral con menor esfuerzo que antes y que, con el mismo esfuerzo, alcanzará mejores rendimientos. Es decir, mejorará su situación siempre que sea de hecho posible organizar de forma más racional y eficaz su trabajo de ocupación.

Pero no es menos cierto que esta mejora será muy diferente de la que podemos observar en los pueblos de economía desarrollada. Si, por el contrario, un pueblo decide desbordar el ámbito de una actividad exclusivamente de ocupación, es decir, de simple acumulación de los bienes del orden inferior (en los estadios más rudos de la civilización, casi siempre bienes del primer orden y unos pocos del segundo) para pasar a los bienes del tercero, del cuarto y de otros órdenes superiores, sigue conquistando órdenes cada vez más elevados en su búsqueda de bienes encaminados a la satisfacción de sus necesidades, podremos comprobar, sobre todo cuando se da una razonable y lógica división del trabajo, aquel progreso en su bienestar que Smith atribuye exclusivamente esta última circunstancia.

Veremos entonces que el cazador que perseguía a la pieza con un garrote se transforma en cazador armado de arco y redes, en ganadero y, con una ulterior secuencia hacia formas cada vez más intensivas de esta última actividad, veremos que aquellos hombres que vivían de las plantas que crecían en estado salvaje pasan a formas cada vez más intensivas de agricultura, que surgen los tejidos, perfeccionados por el empleo de herramientas, y que, en íntima conexión con todo ello, se multiplica también el bienestar de este pueblo.

Cuanto más avanzan los hombres en esta dirección, más se diversifican las clases de bienes y, por consiguiente, más diversas son las funciones y más necesaria y, al mismo tiempo, más económica la creciente división del trabajo. No es, con todo, menos claro que la creciente multiplicación y diversificación de los medios de que puede gozar el hombre no es el efecto exclusivo de esta última circunstancia y que ni siquiera puede afirmarse que ésta sea la causa más importante del progreso económico humano, sino que, dicho con exactitud, sólo puede concebírsele como un factor de aquellas grandes repercusiones que llevan al género humano desde la rudeza y la miseria a la cultura y el bienestar.

No es, llegados aquí, tarea difícil explicar la creciente eficacia que la progresiva utilización de bienes de órdenes superiores tiene sobre los alimentos (bienes del primer orden) de que puede disfrutar el hombre. La forma más ruda de economía de ocupación se limita a la recolección de los bienes del orden ínfimo que la naturaleza ofrece espontáneamente. Los hombres en cuanto sujetos económicos no ejercen ninguna influencia en la producción de estos.

Su nacimiento y desarrollo no depende ni de la voluntad ni de la necesidad humana. Son accidentales, bienes al servicio del hombre sólo por azar. Pero si los hombres abandonan esta forma ruda de economía, si exploran las cosas a través de cuya conexión dentro del proceso causal surgen los productos alimenticios y se apoderan de ellos, lo que equivale a transformarlos en bienes de un orden superior, entonces estos alimentos aparecen, al igual que antes, en virtud de la ley de la causalidad, pero ahora ya no son casuales, accidentales, respecto de los deseos y las necesidades de los hombres, sino que constituyen un proceso sujeto al poder humano, regido a tenor de los objetivos humanos, aunque siempre dentro de los límites puestos por las leyes naturales.

Los alimentos, que antes eran el producto de la coincidencia casual de las condiciones precisas para su nacimiento y desarrollo, son ahora, en la medida en que el hombre conoce y domina estas condiciones, y dentro siempre de los límites trazados por las leyes naturales, un producto de su voluntad. Las cantidades de que los hombres disponen no tienen más límites que los de su comprensión de la conexión causal de las cosas y la amplitud de su dominio sobre las mismas.

Así pues, el creciente conocimiento de las interconexiones causales de las cosas con su propio bienestar y el progresivo dominio de las condiciones cada vez más remotas de las mismas han elevado a los hombres del estado de rudeza y de la más profunda miseria al estadio actual de cultura y bienestar, han permitido que amplias zonas hasta hace poco habitadas por pocos hombres, que arrastraban además una vida trabajosa y miserable, se conviertan en tierras de cultivo densamente pobladas. Nada más Cierto que la afirmación de que tambіén en el futuro el progreso económico del hombre no tendrá otro límite que el de los progresos antes mencionados.

La posesión de bienes

El hombre tiene múltiples necesidades. Ni su vida ni su bienestar están asegurados si sólo dispone de los medios para la satisfacción de alguna de dichas necesidades, aunque éstas queden abundantemente cubiertas. Por consiguiente, el modo y manera como los hombres satisfacen sus necesidades apunta, para que esta satisfacción sea perfecta, a una diversidad que, considerada en su conjunto, es poco menos que ilimitada.

De donde se deduce que es punto menos que imprescindible una cierta armonía en la satisfacción de estas, incluso para la conservación de su vida y de su bienestar. El uno puede vivir en palacios y consumir los más exquisitos manjares y vestirse con los más preciosos vestidos, mientras que otro puede buscar en el oscuro rincón de una miserable cabaña el lugar donde pasar la noche, alimentarse de las sobras y cubrirse de harapos, pero los dos tendrán que esforzarse por satisfacer su necesidad de vivienda, alimentos y vestido. Es, en efecto, absolutamente claro que ni siquiera la más completa satisfacción de una sola necesidad puede mantener nuestra vida y nuestro bienestar.

En este sentido, puede decirse con razón que la totalidad de los bienes de que dispone un sujeto, en cuanto agente económico, están mutuamente condicionados en su cualidad de bien, porque ninguno de ellos puede, por sí solo, alcanzar el objetivo total a que sirven todos ellos, es decir, la conservación de nuestra vida y nuestro bienestar. Esto sólo puede hacerlo en unión con los restantes bienes.

En una economía aislada, o allí donde el intercambio entre los hombres es muy pequeño, esta conexión y correlación de los bienes requeridos para el mantenimiento de la vida y del bienestar de los hombres se manifiesta también en la totalidad de los bienes de que dispone cada uno de los individuos en cuanto agentes económicos. La armonía con que se esfuerzan por satisfacer sus necesidades se refleja asimismo en los bienes que poseen. — En altas culturas, y sobre todo en nuestras desarrolladas relaciones de intercambio, en las que la posesión de una cantidad suficiente de cualquier bien económico pone en nuestras manos las correspondientes cantidades de los restantes, es a primera vista algo confuso el cuadro antes descrito respecto de la economía de cada individuo concreto. Pero el hecho aparece en su total claridad cuando consideramos la economía nacional.

Vemos por doquier que no son los bienes aislados, sino la totalidad de bienes de las más diferentes especies la que sirve a los objetivos del hombre económico. Una totalidad de bienes, puesta a disposición de los individuos bien de forma directa, como en las economías aisladas, bien, como ocurre en nuestras circunstancias altamente evolucionadas, en parte de forma directa y en parte indirectamente. Sólo gracias a esta totalidad se alcanza el objetivo que nosotros llamamos garantía frente a la necesidad y, en una secuencia más amplia, seguridad de la vida y del bienestar humanos.

A la totalidad de los bienes de que dispone un individuo para la satisfacción de sus necesidades lo designamos cómo su posesión de bienes. No se presenta, pues, ante nosotros como una cantidad de bienes caprichosamente acumulada, sino como el reflejo de sus necesidades, como un todo articulado, que no puede ser aumentado o disminuido de forma sustancial sin que se vea comprometida la realización del objetivo total.

53

CAPÍTULO II
ECONOMIA Y BIENESTAR ECONOMICO

Las necesidades surgen de nuestros instintos y éstos se enraízan en nuestra naturaleza. La insatisfacción total de las necesidades tiene como consecuencia la aniquilación de nuestra naturaleza y una satisfacción parcial o insuficiente su atrofia. En cambio, satisfacer las necesidades significa vivir y desarrollarse.

Preocuparse por la satisfacción de nuestras necesidades equivale, por consiguiente, a preocuparse por nuestra vida y nuestro bienestar. Es el más importante de todos los esfuerzos humanos, ya que es el presupuesto y fundamento de todos los restantes. Esta preocupación se manifiesta en la vida práctica de los hombres en el hecho de que procuran tener en su poder aquellas cosas de que depende la satisfacción de sus necesidades.

Si poseemos, efectivamente, los bienes necesarios para esta satisfacción, entonces aquellas necesidades dependen únicamente de nuestra voluntad y ya tenemos todo lo suficiente para nuestro fin práctico, porque nuestra vida y nuestro bienestar están en nuestras manos. A la cantidad de bienes que un hombre necesita para la satisfacción de sus necesidades lo llamamos su necesidad.

Así pues, la preocupación de los hombres por la conservación de su vida y de su bienestar se convierte en la preocupación por cubrir su necesidad. Si la satisfacción de las necesidades y, por consiguiente, la vida y el bienestar de los hombres estuvieran muy mal asegurados, no pensarían sino en cubrir su necesidad de bienes, cuando la necesidad de estos últimos se deje sentir ya de forma inmediata. Supóngase el caso de los habitantes de una región que, al irrumpir un riguroso invierno, carecieran totalmente de provisiones, alimentos y vestidos; es bien evidente que la mayoría de ellos estarían condenados a morir, a despecho de los más denodados esfuerzos por satisfacer sus necesidades.

Ahora bien, cuanto más avanza la cultura y más capacitados están los hombres para conseguir mediante un largo proceso de producción, los bienes necesarios para satisfacer sus necesidades (cf. Capítulo I, apartado 3), tanto más urgente es para ellos la necesidad de prever aquella satisfacción, esto es, de cubrir su necesidad para los siguientes tramos temporales. Y así, ni siquiera el salvaje australiano se dedica a la caza sólo cuando tiene hambre, o construye su choza sólo cuando ya ha comenzado el crudo invierno y se halla inmediatamente expuesto a los calamitosos rigores del clima.

Pero lo que distingue a los hombres de elevadas culturas de los restantes agentes económicos es que prevén la satisfacción de sus necesidades no sólo para cortos períodos de tiempo sino para espacios temporales mucho más prolongados, procuran poner a seguro esta satisfacción por muchos años, incluso para toda su vida y, de ordinario, su preocupación va incluso más lejos, de modo que tampoco a sus descendientes les falten los medios necesarios para que a su vez puedan alcanzar esto objetivo.

Doquiera dirigimos nuestra mirada, vemos que los pueblos de avanzada cultura han puesto en marcha un sistema de amplias previsiones para la satisfacción de las necesidades humanas. Mientras todavía estamos utilizando ropas de abrigo para combatir el frío invernal, las ropas para la próxima primavera están ya camino de las tiendas de los detallistas y en las fábricas se tejen las ligeras telas que vestiremos en el verano y se preparan los hilados para la pesada ropa que nos pondremos en el siguiente invierno. Si caemos enfermos, necesitamos los servicios de un médico y, si tenemos un pleito, los consejos de un abogado. Si alguien se halla en semejante caso, necesitaría demasiado tiempo para adquirir por sí mismo las habilidades y conocimientos médicos o jurídicos necesarios o para hacer que otras personas los adquieran por él, suponiendo que tuviera medios para ello.

En los países de avanzada cultura se ha previsto también, con mucha antelación, la necesidad que de estos y similares servicios tiene la sociedad. Por eso, hay ya hombres probados y experimentados, formados en su profesión tras largos años de estudios, que han acumulado además ricos conocimientos a través del ejercicio práctico, y ponen sus servicios a disposición de los restantes miembros de la comunidad.

Así, mientras que por un lado gozamos de los frutos de la previsión de tiempos pasados, por el otro formamos ya desde ahora en nuestros centros superiores a numerosos hombres para atender a las necesidades que de estos bienes tendrá la sociedad en el futuro. La preocupación de los hombres por satisfacer sus necesidades se convierte, pues, en previsión para cubrir sus necesidades de bienes en los tiempos por venir. En consecuencia, llamamos necesidad de un hombre la cantidad de bienes que le son necesarios para satisfacer sus necesidades dentro del período de tiempo a que se extiende su previsión. — Para que esta previsión alcance la meta apetecida, se requiere un doble conocimiento.

Debemos, efectivamente, tener ideas claras: a) sobre nuestra necesidad, es decir, sobre la cantidad de bienes que necesitaremos para satisfacer nuestras necesidades durante el período de tiempo previsto; b) sobre las cantidades de bienes de que disponemos para el mencionado objetivo. La actividad previsora de los hombres encauzada hacia la satisfacción de sus necesidades se apoya, considerada en su conjunto, en el conocimiento de estas dos magnitudes. Si se desconociera la primera, sería una actividad ciega, porque los hombres no tendrían clara conciencia de su objetivo. Si se desconociera la segunda, sería una actividad desordenada, sujeta al azar, porque los hombres no sabrían de qué medios disponen. En las páginas siguientes analizaremos el modo cómo los hombres llegan a conocer su necesidad para el futuro, cómo calculan las cantidades de bienes de que disponen para estos períodos y, finalmente, qué tipo de actividad desarrollan respecto del objeto de nuestra exposición y qué esfuerzos llevan a cabo para conseguir que las cantidades de bienes de que disponen (bienes de consumo inmediato y medios de producción) sirvan de la manera más eficaz posible al objetivo de la satisfacción de sus necesidades.

La necesidad humana

a) La necesidad de bienes del primer orden (bienes de consumo inmediato) De una forma directa e inmediata, los hombres sólo sienten la necesidad de los bienes del primer orden, es decir, de aquellos bienes que pueden ser inmediatamente empleados para la satisfacción de las necesidades humanas (cf. Capítulo I, apartado 2). Si no hay ninguna necesidad de bienes de este tipo, tampoco surgirá la necesidad de bienes de un orden superior. Esta última depende, por tanto, de nuestra necesidad de bienes del primer orden; la investigación de estos bienes constituye de hecho el fundamento de nuestros análisis sobre la necesidad humana en general.

Debemos comenzar, pues, por el estudio de la necesidad de bienes del primer orden de los hombres y, a partir de aquí, desarrollar los principios que regulan la necesidad humana de bienes de órdenes superiores. La cantidad de un bien de primer orden necesaria para la satisfacción de una concreta necesidad humana y, por tanto, también la cantidad de un bien de primer orden requerida para satisfacer la totalidad de las necesidades dentro de un período dado de tiempo viene determinada de manera inmediata por la necesidad o necesidades y en éstas encuentra su medida.

Si los hombres poseyeran, amparados en una visión retrospectiva, información cabal y completa de las necesidades concretas con que se han de enfrentar en los períodos de tiempo a que se extiende su previsión y de la intensidad de estas necesidades, entonces, de la mano de las experiencias anteriores, nunca tendrían la menor duda acerca de las cantidades de bienes necesarias para la satisfacción de dichas necesidades, es decir, nunca ignorarían la magnitud de su necesidad de bienes del primer orden.

Pero lo que la experiencia nos enseña es que, respecto de los períodos de tiempo por venir, hay casi siempre una mayor o menor incertidumbre sobre si dentro de dichos períodos se dejaran sentir o no unas determinadas necesidades. Sabemos bien que, dentro de un concreto espacio de tiempo del futuro, necesitaremos alimentos, bebidas, vestidos, vivienda y otras cosas similares. Pero no puede decirse lo mismo respecto de otras necesidades, por ejemplo, respecto de los servicios médicos, medicinas y otras cosas, ya que la cuantía de estos bienes requerida para satisfacer nuestras necesidades depende a menudo de influjos sobre nuestras personas que no podemos determinar de antemano.

Aquí se añade además la circunstancia de que incluso respecto de aquellas necesidades de las que sabemos con antelación que se nos presentarán durante el período de tiempo a que alcanza nuestra previsión, existe una incertidumbre en lo referente a su cantidad, en el sentido de que nos consta que aquellas necesidades se presentarán, pero ignoramos de antemano y con exactitud su medida, es decir, ignoramos la cantidad de bienes necesaria para su satisfacción. Y precisamente el problema es la cantidad.

Respecto de esta nuestra incertidumbre sobre la circunstancia de si se presentaran, en el período de tiempo que intentamos prever, unas determinadas necesidades, hay que comenzar, por decir, a tenor de lo que la experiencia nos enseña, que este deficiente conocimiento no excluye en modo alguno la previsión humana encaminada a una eventual satisfacción de estas necesidades.

Incluso las personas sanas que viven en el campo tienen, en la medida en que sus medios se lo permiten, una farmacia doméstica o en todo caso un cierto número de medicinas para los casos imprevistos; los fondistas y hoteleros tienen sus propios extintores de incendios para conservar su propiedad si se produce fuego, armas para defenderla en caso necesario, armarios y cajas fuertes a prueba de fuego y de robos con fractura y otros muchos bienes similares.

Estoy persuadido de que incluso las personas más pobres poseen algunas cosas que sólo les sirven para casos imprevistos. Así pues, la incertidumbre existente sobre si la necesidad de un bien se presentará o no dentro del plazo de tiempo de nuestra previsión no excluye la preocupación por la eventual satisfacción de esta.

Por consiguiente, de esta circunstancia no se sigue que se ponga en duda nuestra necesidad de los bienes precisos para su satisfacción. Al contrario, los hombres procuran, en la medida en que disponen de los medios necesarios, atender a la satisfacción eventual de esta necesidad y, siempre que se trata de determinar el volumen de su necesidad total, incluyen también en sus previsiones los bienes requeridos para alcanzar los objetivos antes mencionados. — Lo que aquí se ha dicho respecto de aquellas necesidades acerca de las que existe incertidumbre sobre si se presentarán o no es igualmente válido cuando no existe la menor duda sobre la necesidad de un bien y lo único inseguro es la medida o la cantidad de dicho bien.

También en este caso consideran los hombres —y con razón— que su necesidad sólo se halla totalmente cubierta cuando pueden disponer de cantidades de bienes suficientes para todos los casos previsibles.

Otra circunstancia que también debe tenerse en cuenta es la capacidad de desarrollo de las necesidades humanas. Si estas necesidades pueden crecer y, como a veces se observa, pueden hacerlo hasta el infinito, podría parecer que los límites de las cantidades de bienes requeridas para su satisfacción se amplían sin cesar y hasta que alcanzan amplitudes totalmente indeterminadas y que, por consiguiente, es de todo punto imposible que el hombre consiga una previsión que cubra la totalidad de sus necesidades.

Pero, para empezar, cuando se habla de la infinita capacidad de desarrollo de las necesidades humanas, el concepto de infinitud sólo puede aplicarse, a mi parecer, al progreso ilimitado del desarrollo de las necesidades humanas, no a la cantidad de bienes necesaria para su satisfacción de un determinado período de tiempo. Y aun admitiendo que la fuera infinita, cada uno de los eslabones de la cadena es finito. Incluso en el caso de que el desarrollo de las necesidades humanas evolucione sin impedimentos hasta los espacios de tiempo más distantes, lo cierto es que respecto de los períodos temporales que el hombre puede someter de hecho a su consideración, y más en concreto respecto de los que puede contemplar desde una perspectiva económica, estas necesidades son cuantitativamente mensurables.

Aun admitiendo la hipótesis de un progreso ininterrumpido de la evolución de las necesidades humanas, tenemos que enfrentarnos siempre —dado que sólo podemos tener ante los ojos unos determinados períodos de tiempo— con magnitudes finitas, nunca infinitas ni, por tanto, totalmente indeterminables.

Si observamos la actividad emprendida por los hombres en orden a la satisfacción de sus necesidades para el futuro, advertiremos fácilmente que éstos, lejos de pasar por alto la capacidad de desarrollo de sus necesidades, trabajan afanosamente por introducirlas en sus cálculos.

Quien espera que su familia aumente o confía en conseguir una más alta posición social, al construir sus edificios y acomodar su vivienda, al fabricar sus carros y otros bienes durables, tiene muy en cuenta el aumento de sus necesidades en el futuro y, de ordinario, y en la medida en que sus medios se lo permiten, intenta ya desde ahora acomodarse a las mayores exigencias futuras y esto no en una sola dirección, sino respecto de sus posesiones totales.

Un fenómeno similar podemos observar también en la vida municipal. Vemos que los ayuntamientos de las ciudades planifican la conducción de agua, los edificios públicos (escuelas, hospitales, etc.), la construcción de jardines, calles y otras cosas similares no debido a las necesidades del presente, sino teniendo también en cuenta el aumento de las necesidades en el futuro. Esta tendencia no hace sino poner bajo más clara luz el hecho de que la actividad humana se dirige también, de forma espontánea, a la satisfacción de las necesidades públicas. Sintetizando cuanto se ha venido diciendo, se deduce que la necesidad humana de bienes de consumo directo es una magnitud para cuya determinación cuantitativa respecto del futuro no existen dificultades de principio.

Se trata de una magnitud a propósito de la cual los hombres se esfuerzan por tener ideas claras a través de una actividad enderezada a la satisfacción de sus necesidades y que se halla en realidad dentro de los límites de lo posible cuando lo que se analiza es su necesidad práctica.

Así se deduce, en primer lugar, del hecho de que los espacios temporales a que se extiende la previsión del hombre son limitados y, en segundo lugar, de que también es limitado el grado de exactitud requerido para que esta actividad previsora consiga sus objetivos prácticos. b) La necesidad de bienes de órdenes superiores (medios de producción) Si, respecto de un espacio de tiempo futuro, está ya totalmente cubierta nuestra necesidad de bienes del primer orden en las cantidades necesarias, no hay por qué hablar del modo de satisfacer esta necesidad mediante bienes de un orden superior. Pero si esta necesidad no está cubierta, o no lo está totalmente, por bienes del primer orden, es decir, de forma inmediata, entonces surge, respecto del período en cuestión, una necesidad de bienes de órdenes superiores.

Esta última necesidad se mide, en definitiva, por nuestra necesidad de bienes del primer orden, atendido el nivel de la técnica en las distintas y correspondientes ramas de la producción. Con todo, la sencilla relación que acabamos de exponer a propósito de nuestra necesidad de medios de producción, sólo se presenta a nuestra observación, como en seguida veremos, en muy contados casos. Hay, en efecto, una circunstancia, derivada del nexo causal existente entre los bienes, que introduce una importante modificación. Ya hemos descrito con detenimiento (pág. 54) el hecho de que a los hombres les resulta imposible utilizar un bien cualquiera de un orden superior para la producción de los respectivos bienes de orden inferior si no se dispone al mismo tiempo de los correspondientes bienes complementarios.

Lo que antes se ha dicho de los bienes en general alcanza aquí su más acusada precisión si consideramos los bienes bajo el aspecto de las cantidades disponibles de los mismos. Ya hemos visto antes que sólo podemos transformar los bienes de un orden superior en bienes de un orden inferior y sólo podemos, por tanto, utilizarlos para la satisfacción de las necesidades humanas, si disponemos a la vez de los bienes complementarios.

Por consiguiente, este principio reviste, desde el anterior punto de vista, la siguiente forma: no podemos aprovechar unas determinadas cantidades de bienes de un orden superior para la producción de determinadas cantidades de bienes de un orden inferior y con ello, en definitiva, para cubrir nuestras necesidades, si no disponemos al mismo tiempo da las cantidades complementarias de los bienes de órdenes superiores.

Así, por ejemplo, no podemos aprovechar ni la mayor cantidad de fincas que queramos imaginar para la producción de la más mínima cantidad de cereales si no disponemos a la vez de las cantidades (complementarias) necesarias para la producción de esta pequeña cantidad de bienes, tales como simiente, fuerzas laborales y otras cosas similares. Nunca surge, pues, la necesidad de un bien de orden superior aisladamente considerado. Hay que tener en cuenta más bien el hecho de que cuando no está cubierta la necesidad de un bien de orden inferior, o no lo esté completamente, la necesidad del bien concreto correspondiente del orden superior surge siempre y sólo a una con la necesidad cuantitativamente adecuada de los bienes complementarios del orden superior.

Supongamos que existe, para un período determinado, la necesidad todavía no cubierta de 10,000 pares de zapatos. Y supongamos también que disponemos de la cantidad precisa de herramientas, fuerzas laborales, etc., requeridas para la producción de estos zapatos, pero que sólo tenemos cuero para 5,000 pares. O bien, al revés, que disponemos de la totalidad de los bienes de orden superior requeridos para la producción de los 10,000 pares, pero sólo contamos con fuerzas laborales para la fabricación de 5,000. Es indudable, en tal caso, que respecto del período de tiempo antes citado, nuestra necesidad total se extiende, tanto antes como después, a las cantidades de bienes concretos de los órdenes superiores necesarios para la producción de la mencionada cantidad de zapatos.

Pero, en cambio, nuestra necesidad real se reduciría, teniendo en cuenta los restantes bienes complementarios, tan sólo a las cantidades necesarias para producir 5,000 pares. La necesidad restante no pasaría de ser latente; sólo se convertirá en efectiva cuando podamos disponer de hecho de las cantidades complementarias que ahora nos faltan.

De cuanto venimos diciendo se deduce la ley de que, respecto de unos espacios temporales futuros determinados, nuestra necesidad efectiva de cada uno de los bienes concretos de orden superior está condicionada por el hecho de que dispongamos o no también de las cantidades complementarias de los bienes correspondientes del orden superior. Cuando, a consecuencia de la guerra civil norteamericana, disminuyeron considerablemente las exportaciones de algodón con destino a Europa, es evidente que la necesidad de algodón apenas sufrió modificaciones, ya que la citada guerra no podía cambiar esencialmente la necesidad que de estos bienes tenían los europeos.

En la medida en que esta necesidad de algodón para los períodos de tiempo dados no fue cubierta por los productos manufacturados acabados, se produjo una necesidad de las consiguientes cantidades de los bienes de orden superior necesarios para la producción de algodón. Es claro que la guerra civil no pudo en modo alguno influir perniciosamente en esta necesidad, considerada en su conjunto. Pero dado que disminuyó considerablemente la cantidad disponible de uno de los bienes de orden superior indispensables, a saber, la materia prima del algodón la consecuencia ineludible fue que una parte de la necesidad hasta entonces existente de los bienes complementarios del algodón en orden a la producción de telas de este material (prestaciones laborales, máquinas, etc.) quedó en estado latente.

La necesidad real de los bienes complementarios del algodón en bruto se redujo a las cantidades de algodón en bruto de que realmente se disponía. Pero en cuanto aumentaron de nuevo las importaciones de esta materia prima, aumentó también inmediatamente la necesidad efectiva de aquellos bienes, de modo que en la ecuación disminuyó el factor de la necesidad latente. Los emigrantes incurren a menudo en el error, derivado de las perspectivas que traen de sus países de origen, altamente evolucionados, y pasando por alto otras consideraciones más importantes, de adquirir grandes extensiones de terreno, sin pararse a pensar si tienen a su disposición los restantes bienes complementarios de los terrenos adquiridos.

Y, sin embargo, nada hay tan seguro como que al apropiarse de terrenos para la satisfacción de sus necesidades, sólo podrán prosperar en la medida en que sean capaces de hacerse con las correspondientes cantidades complementarias de semillas, ganado, instrumentos de labranza, fuerzas laborales agrícolas y cosas similares.

En su modo de proceder hay un desconocimiento de la ley superior que sale inexorablemente por sus fueros y a la que o bien se pliegan los hombres en su ámbito de vigencia o bien tendrán que arrostrar las perniciosas consecuencias de su olvido.

Cuanto más progresan los hombres por la senda de la cultura, tanto más suelen las personas concretas, en virtud del avanzado proceso de división del trabajo, producir cantidades de bienes del orden superior bajo el supuesto tácito y, de ordinario también correcto, de que otras personas producirán por su parte las correspondientes cantidades de los bienes complementarios.

Los que fabrican gemelos de teatro, en muy raros casos producen las lentes, los estuches de marfil o de concha de tortuga y los bronces con que se adornan estos objetos. Es bien sabido que los productores de gemelos compran de ordinario cada una de las piezas de estos a otros fabricantes o artesanos especializados y que se limitan a ensamblarlas y, por así decirlo, a dar la última mano.

El pulidor de vidrio que prepara las lentes, el especialista en artículos de fantasía que elabora los estuches de marfil o de concha de tortuga y e! broncista que se dedica a los adornos en bronce, todas estas personas actúan bajo el tácito supuesto de que existe una necesidad de sus productos. Con todo, nada hay tan seguro como que la necesidad efectiva de los productos de cada uno de ellos está condicionada por la producción de las cantidades complementarias, de tal modo que si la producción de lentes sufriera una interrupción, también la necesidad real de los restantes bienes de orden superior requeridos para la producción de prismáticos, gemelos de teatro y otros bienes similares pasaría a ser latente y, por consiguiente, aflorarían perturbaciones económicas que en la vida cotidiana suelen calificarse de completamente anormales, pero que, en realidad, obedecen leyes muy estrictas. c) Los límites de tiempo dentro de los cuales se dejan sentir las necesidades humanas Nos resta aún considerar, en esta investigación, el factor tiempo y poner en claro cuáles son los límites temporales dentro de los cuales se manifiesta de hecho nuestra necesidad de bienes.

Para empezar, es claro que nuestra necesidad de bienes del primer orden aparece cubierta, respecto de un momento temporal dado del futuro, siempre que dentro de este espacio temporal podamos disponer inmediatamente de la correspondiente cantidad de bienes del primer orden en cuestión. La situación es diferente si nuestra necesidad de estos bienes del primer orden, o incluso de un orden inferior, sólo queda cubierta de forma mediata, es decir, mediante los correspondientes bienes de los órdenes superiores, debido en concreto a los intervalos temporales a que, como ya se dijo antes, está inexorablemente sujeto cada proceso de producción.

Llamemos Período I al espacio de tiempo que media entre el instante presente y el momento en que ya se pueden producir, a partir de los bienes de segundo orden que tenemos a nuestra disposición, los bienes correspondientes del primer orden. Llamaremos Período II al siguiente espacio que, arrancando del final del anterior, llega hasta el momento en que, a partir de los bienes del tercer orden de que disponemos, podemos ya producir bienes del primer orden. A los respectivos espacios temporales siguientes les llamaremos Período III, IV y así sucesivamente.

Pues bien, respecto de cada uno de los tipos de bienes se registra una secuencia de períodos temporales en los cuales tenemos una necesidad inmediata y directa de bienes del primer orden, una necesidad que queda de hecho cubierta debido a que dentro de ese espacio temporal disponemos inmediatamente de las correspondientes cantidades de bienes del primer orden. Pero supongamos ahora el caso de que deseamos cubrir nuestra necesidad de bienes del primer orden dentro del Período II con bienes del cuarto orden.

Es claro que esto sería físicamente imposible y que la necesidad de bienes del primer orden dentro del período de tiempo dicho sólo puede satisfacerse con bienes del primer o del segundo orden. La anterior observación es válida no sólo respecto de nuestra necesidad de bienes del primer orden, sino también respecto de nuestra necesidad de todos los bienes disponibles de órdenes superiores.

No podemos, por ejemplo, cubrir nuestra necesidad de bienes del tercer orden dentro del Período V por el hecho de que dentro de este período dispongamos de la correspondiente cantidad de bienes del orden sexto. Se advierte bien que para alcanzar este fin deberíamos poder disponer de estos últimos bienes ya dentro del Período II. Si en el tardío otoño la necesidad de cereales de una población para el año en curso no estuviera cubierta de forma inmediata, con las adecuadas cantidades sería ya demasiado tarde pretender recurrir para cubrir este objetivo, a los terrenos disponibles, a los aperos agrícolas, las fuerzas laborales y cosas similares. Pero sí sería el momento adecuado para, mediante los mencionados bienes del orden superior, cubrir la necesidad de cereales del próximo año. De igual manera, para poder satisfacer la necesidad de estudiantes inteligentes y bien formados para las prestaciones profesionales del próximo decenio, debemos comenzar a preparar ya desde ahora a los individuos aptos.

Así pues, la necesidad humana de bienes del orden superior es, al igual que la de los bienes del primor orden, no sólo una magnitud cuya relación cuantitativa se regula por normas estrictas, de modo que puede calcularse de antemano la necesidad práctica que los hombres tienen de ella, sino que es además una necesidad que aparece dentro de un determinado período de tiempo de tal forma que los hombres, basados en la experiencia de sus necesidades pasadas y de los procesos de producción de bienes, cuentan con la capacidad suficiente para calcular de antemano y de forma suficiente para sus necesidades prácticas no sólo la cantidad de bienes concretos, sino también los períodos de tiempo en que dichas necesidades se presentarán. Y pueden hacerlo, además, tal como enseña la experiencia, con una exactitud total.

Las cantidades disponibles

Es, por otra parte, muy cierto que en todo tipo de actividades humanas tener ideas claras sobre el objetivo que se persigue es un factor esencial del éxito del sujeto que actúa. Y no es menos cierto que el conocimiento de la necesidad de bienes de los periodos de tiempo por venir se nos aparece como el primer presupuesto de toda actividad humana enderezada a la previsora satisfacción de sus necesidades. Fueran cuales fueran las circunstancias exteriores bajo las que se desarrolla la antes mencionada actividad, el éxito de esta está esencialmente condicionado por la exactitud de los cálculos respecto de las cantidades de bienes necesarias en el futuro; es decir, de su necesidad.

Es también claro que unos cálculos totalmente erróneos harían de todo punto imposible la actividad previsora encaminada a la satisfacción de sus necesidades. El segundo factor que condiciona el éxito de la actividad humana es que el agente se forme una idea cabal de los medios de que dispone para conseguir su objetivo.

Dondequiera los hombres desarrollan su actividad en orden a la satisfacción de sus necesidades vemos que se afanan por alcanzar la comprensión más exacta posible de la cantidad de bienes de que disponen para el mencionado objetivo. El modo cómo preceden en este campo será objeto del análisis de esta sección. La magnitud de la cantidad de bienes de que dispone cada uno de los miembros de un pueblo viene ya dada por la situación misma. A la hora de determinar las cantidades de que estamos hablando, estos miembros no tienen otra tarea que la de inventariar y medir los bienes que tienen a su disposición.

La meta ideal de estos dos actos de una actividad previsora de los hombres es llevar a cabo un registro completo de los bienes disponibles en un momento dado, clasificados en cantidades exactamente iguales y asignar a estas últimas unos fines determinados. Pero en la vida práctica los hombres están muy lejos de perseguir esta meta ideal. En la mayoría de los casos ni siquiera intentan lograr la total exactitud que permite el estado actual del arte de inventariar y medir los bienes. Se contentan con aquel grado de aproximación que basta para sus objetivos prácticos.

Es, con todo, claro indicio de la gran importancia práctica que tiene un exacto conocimiento de la cantidad de bienes de que dispone un individuo el hecho de que una parte muy importante de comerciantes, industriales y, en general, de personas que desarrollan una alta actividad previsora tienen buen cuidado de adquirir aquel conocimiento. Más aún, nos encontramos con un cierto conocimiento de las cantidades de bienes disponibles, incluso en los peldaños inferiores de las culturas. Es, en efecto, evidente que la total ausencia de este conocimiento haría del todo imposible una actividad previsora humana dirigida a la satisfacción de sus necesidades.

Si, pues, los hombres se esfuerzan, según el grado de la evolución de su actividad, orientada a la previsora satisfacción de sus necesidades, por tener ideas claras sobre la magnitud de las cantidades de bienes de que disponen, podemos también percibir, doquiera existe un intercambio de bienes digno de mención, su deseo de formarse un juicio adecuado de las cantidades de bienes de que disponen los restantes miembros del pueblo con quienes están unidos por el intercambio.

Cuando los intercambios son insignificantes, los sujetos que intervienen en ellos tienen evidentemente escaso interés en saber qué cantidades de bienes poseen las otras personas. Pero apenas se desarrolla un amplio intercambio —sobre todo como consecuencia de la división del trabajo— y respecto de la satisfacción de sus necesidades, los hombres dependen en buena medida del mismo, experimentan, como es natural, un evidente interés por conocer no sólo los bienes que poseen, sino también los que tienen las personas con las que intercambian, ya que los bienes de estas últimas estén en buena parte a su disposición no de forma directa, sino indirecta (por medio del intercambio).

Apenas la cultura de un pueblo ha alcanzado un cierto nivel, suele surgir, de la mano de la creciente división del trabajo, una clase profesional especial, que actúa como intermediaria del intercambio y que libera a los restantes miembros de la sociedad no sólo de la preocupación por los aspectos mecánicos de las operaciones (expedición, división, conservación de los bienes, etc.), sino también de la tarea de tener en cuenta las cantidades disponibles.

Asistimos así al fenómeno de que una cierta clase de personas tiene un interés especial, vinculado a su profesión, aparte otras circunstancias generales de que tendremos ocasión de hablar más adelante, por conocer de la manera más exacta posible la situación de las cantidades de bienes (los llamados stocks en el sentido más amplio de la palabra) de que disponen los pueblos o algunos sectores determinados de los pueblos con los que hacer intercambios. Se trata de una actividad que, a tenor de la actitud que adopten las personas que actúan de intermediarias en la vida de los negocios, abarca unas regiones más o menos amplias, municipios, provincias o también países y continentes enteros.

Cuando este deseo de conocer las cantidades de bienes disponibles se extiende a grandes grupos de individuos, o incluso a pueblos enteros o grupos de pueblos, tropiezan con no pequeñas dificultades. En efecto, una comprobación exacta del nivel de existencias de que aquí estamos hablando sólo podría alcanzarse a través de una encuesta o investigación. Y esta tarea requiere un amplio aparato de funcionarios públicos extendido por todas las zonas a que llegan los intercambios y dotado de los poderes necesarios, un aparato, en suma, que sólo los gobiernos pueden poner en marcha y aun esto sólo dentro de sus propios territorios.

E incluso dentro de estas fronteras se trata de un aparato de nula eficacia, como todos los especialistas en la materia saben, cuando se refiere a bienes cuya cantidad disponible escapa fácilmente al control público. Añadamos además que estas encuestas y pesquisas sólo pueden hacerse de vez en cuando, y que de ordinario se abren grandes intervalos de tiempo entre unas y otras, de tal modo que aun admitiendo que los datos obtenidos para un momento determinado sean fiables, pierden a menudo su valor práctico o éste queda muy reducido cuando llegan al conocimiento del público, al menos respecto de aquellos bienes cuyas cantidades disponibles están sujetas a fuertes oscilaciones.

Vemos, pues, que la actividad pública encaminada a comprobar la cantidad de bienes de que dispone un pueblo o una parte del pueblo queda reducida, por su propia naturaleza, a aquellos bienes cuyas cantidades no experimentan cambios excesivos, como es el caso de las fincas, edificios, establos, medios de comunicación, etc. De este modo, los datos registrados en el catastro en un momento determinado siguen teniendo validez también para épocas posteriores. La investigación pública se aplica asimismo a aquellos otros bienes cuya cantidad disponible está de tal modo sujeta al control de la

Administración que queda en cierto modo garantizada la exactitud de las cifras obtenidas. Dado el destacado interés que, bajo las circunstancias arriba descritas, tiene el mundo de los negocios por conocer de la manera más exacta posible las cantidades de bienes disponibles en determinadas zonas de intercambio, se comprende bien que no se contente con los incompletos resultados de la actividad gubernamental, muchas veces desempeñada por personas de escasos conocimientos económicos, y, además, reducida siempre a unas determinadas regiones o comarcas.

En consecuencia, procura alcanzar con sus propios medios, y no raras veces con grandes sacrificios, un conocimiento exacto de las cantidades de que hablamos.

Para llevar a cabo esta tarea ha creado órganos al servicio de estos intereses especiales, cuya misión consiste en buena parte en informar a los miembros de aquella rama de los negocios sobre el estado actual de las existencias en las diversas regiones en las que se llevan a cabo los intercambios.— Estos informes se apoyan en datos oficiales de todo tipo, de los que, una vez demostrada su fiabilidad, procura servirse inmediatamente el mundo de los negocios, en informaciones adquiridas sobre el lugar por los corresponsales especializados y en parte también en combinaciones hechas por los comerciantes experimentados sobre la base de datos antiguos, pero seguros, que se extienden no sólo al nivel de existencias actualmente disponibles, sino también a las cantidades de bienes de que previsiblemente dispondrán los hombres en épocas posteriores.— Los datos así obtenidos bastan de ordinario para que el mundo de los negocios tenga una visión clara de las cantidades disponibles de unos bienes determinados en unas zonas de intercambio más o menos extensas, y para que pueda formarse un juicio sobre las modificaciones previsibles en los niveles de las existencias.

Les permiten asimismo advertir en qué puntos concretos existen incertidumbres y dónde, por consiguiente, el éxito de determinadas operaciones depende de la mayor o menor cantidad disponible de un bien concreto. Los negociantes pueden entonces calcular el riesgo de tales operaciones

El origen de la economía humana y de los bienes económicos

a) Los bienes económicos En las dos secciones precedentes hemos visto cómo tanto los individuos aislados como los habitantes de regiones enteras o de grupos de regiones, unidos entre sí por el intercambio, se esfuerzan de una parte por formarse una idea de las necesidades que tendrán en tiempos futuros y, de la otra, por calcular la cantidad de bienes de que disponen para cubrirlas.

Consiguen así el indispensable fundamento para su actividad, dirigida a la satisfacción de las necesidades. Nos toca ahora exponer cómo, sobre la base de los anteriores conocimientos, los hombres emplean las cantidades de bienes disponibles (bienes de consumo inmediato y medios de producción) para satisfacer sus necesidades de la manera más completa posible. Como resultado de la anterior investigación sobre la necesidad y sobre la cantidad de bienes disponibles puede darse una triple posibilidad: a) La necesidad es mayor que la cantidad disponible. b) La necesidad es menor que la cantidad. c) La necesidad y la cantidad disponible son iguales. Pues bien, podemos observar que, respecto de la gran mayoría de los bienes, se registra siempre la primera de las posibilidades, de modo que forzosamente debe quedar insatisfecha una parte de las necesidades cubiertas por los bienes correspondientes.

No me refiero aquí a objetos lujosos, ya que respecto de ellos la anterior afirmación es en sí misma evidente. Entran también en este capítulo los vestidos más ordinarios, las viviendas y edificaciones más comunes, los alimentos más usuales. De ordinario, ni siquiera disponemos de tierra, piedras y ni aun de los más insignificantes desechos en tales cantidades que podamos utilizarlos despreocupadamente.

Cuando, respecto de un determinado período de tiempo, advierten los hombres que se produce esta circunstancia, es decir, que la necesidad de un bien es mayor que la cantidad disponible, comprenden también al mismo tiempo que no puede disminuirse una parte importante de las cualidades útiles de la cantidad disponible, o no puede ser sustraída a la disposición de los hombres, sin que quede insatisfecha una concreta necesidad humana que hasta ahora había sido cubierta, o que quede satisfecha menos perfectamente que si no se diera tal caso.

La más inmediata consecuencia que se deriva de este conocimiento en orden a la actividad humana tendente a la más perfecta satisfacción posible de sus necesidades es que los hombres se esfuerzan por: 1. Mantener aquella cantidad parcial de los bienes de que disponen en la relación cuantitativa anteriormente existente. 2. Conservar las propiedades útiles de dichos bienes. Otra de las consecuencias derivadas del conocimiento de la mencionada relación entre necesidad y cantidad disponible es que, por un lado, los hombres adquieren conciencia de que, sean cuales fueren las circunstancias, una parte de las necesidades de los bienes de que hablamos queda insatisfecha y, por el otro, que toda utilización inadecuada de cantidades parciales de estos bienes tiene como consecuencia inevitable que también quedará insatisfecha una parte de aquellas necesidades que podrían haber sido cubiertas con una utilización racional de la masa total de bienes disponibles.

Así pues, respecto de la relación cuantitativa de los bienes, los hombres pretenden con su actividad previsora, encaminada a la satisfacción de sus necesidades, los siguientes fines: 3. Hacer una elección entre las necesidades más importantes, que satisfacen con las cantidades de bienes de que disponen, y aquellas otras que tienen que resignarse a dejar insatisfechas. 4. Alcanzar con una cantidad parcial dada dentro de la relación cuantitativa de bienes, y mediante un empleo racional, el mayor éxito posible, o bien, un éxito determinado con la menor cantidad posible.

Dicho con otras palabras, utilizar las cantidades de bienes de consumo directo y sobre todo las cantidades de medios de producción de que disponen de una manera objetiva y racional, para satisfacer sus necesidades del mejor modo posible. A la actividad humana encaminada a la consecución de los mencionados fines la denominamos, considerada en su conjunto, economía.

A los bienes que se hallan en la relación cuantitativa antes descrita, y que constituyen su objeto exclusivo, los llamamos bienes económicos, en contraposición a aquellos otros de los que los hombres no tienen ninguna necesidad para su actividad económica y ello debido a razones que, como veremos más adelante, se explican de lleno en virtud de la relación cuantitativa tomada en su sentido más estricto, como acabamos de indicar a propósito de los bienes económicos.— Pero antes de pasar a la exposición de esta relación y de los fenómenos vitales que hallan en ella su último fundamento, queremos reflexionar sobre un fenómeno de la vida social que tiene una incalculable importancia para el bienestar de los hombres y cuyas causas ultimas se derivan asimismo de la relación cuantitativa que acabamos de mencionar.

Hasta ahora hemos presentado en términos muy generales los fenómenos vitales que resultan del hecho de que respecto de un grupo de bienes la necesidad de los hombres es mayor que la cantidad disponible de los mismos, sin prestar especial atención a la articulación social de estos hombres. Así pues, lo que se ha venido diciendo tiene aplicación tanto para el individuo aislado como para una sociedad en su conjunto, sea cual fuere su organización. Pero la convivencia de los hombres que persiguen sus intereses también como miembros de la sociedad, fomenta y pone de relieve respecto de todos aquellos bienes que se encuentran en la repetidamente mencionada relación cuantitativa, un fenómeno especial, que debe ser estudiado en este lugar.

Si se aplica, en efecto, la antedicha relación cuantitativa a una determinada sociedad, es decir, si una sociedad concreta no dispone de las cantidades de un bien requeridas para satisfacer una necesidad específica, entonces, tal como antes se acaba de decir, es imposible que satisfagan completamente sus necesidades todos los individuos que componen aquella sociedad.

Nada hay entonces tan seguro como que no se podrán satisfacer, o sólo de un modo incompleto, las necesidades de una parte de los miembros de la colectividad. El egoísmo humano encuentra aquí un impulso para hacer valer sus derechos y cada individuo se esforzará —allí donde la cantidad disponible no alcanza para todos— por cubrir sus propias necesidades de la manera más completa que le sea posible, excluyendo a los demás. Cada individuo concreto coronará con muy diversa fortuna este intento. Sea cual fuere la distribución de los bienes que se encuentran en la antes mencionada relación cuantitativa, lo cierto es que siempre resultará que la necesidad de una parte de los miembros de la sociedad no podrá ser cubierta o lo será de forma incompleta.

Estos últimos mantendrán, por tanto, respecto de aquella cantidad parcial de la masa total de bienes disponibles, una actitud opuesta a la de los actuales poseedores. Y esto equivale a decir que los individuos concretos que poseen estos bienes se enfrentan con la necesidad de que la sociedad les proteja contra todos los posibles actos de violencia de los otros individuos. Llegamos aquí al origen económico de nuestro actual ordenamiento jurídico y en primer término de la llamada "protección de bienes y hacienda", fundamento de la propiedad.

Así pues, la economía humana y la propiedad tienen un mismo y común origen económico, ya que ambos se fundamentan, en definitiva, en el hecho de que la cantidad disponible de algunos bienes es inferior a la necesidad humana. Por consiguiente, la propiedad, al igual que la economía humana, no es una invención caprichosa, sino más bien la única solución práctica posible del problema con que nos enfrenta la naturaleza misma de las cosas, es decir, la antes mencionada defectuosa relación entre necesidad y masa de bienes disponibles en el ámbito de los bienes económicos.

Por esto mismo, es también imposible eliminar la institución de la propiedad sin eliminar al mismo tiempo las causas que llevan forzosamente a ella, es decir, sin multiplicar al mismo tiempo las cantidades disponibles de todos los bienes económicos hasta tal punto que pueda quedar realmente cubierta la necesidad de todos los miembros de la sociedad o sin disminuir hasta tal extremo les necesidades de los hombres que los bienes de que de hecho disponen basten para cubrir aquellas necesidades. Si no se consigue un equilibrio de este tipo entre necesidad y masa disponible, un nuevo orden social podrá conseguir, sin duda, que sean otras personas —en vez de las actuales— las que pueden utilizar las cantidades disponibles de bienes económicos para la satisfacción de sus necesidades, pero nada ni nadie podrá impedir que siga habiendo personas cuyas necesidades de bienes económicos no son cubiertas, o lo son incompletamente, y frente a cuyas siempre posibles acciones violentas tendrán que ser defendidos los nuevos propietarios.

La propiedad, en el sentido mencionado, es, pues, inseparable de la economía en su forma social y todos los planes de reforma social sólo pueden tender, si quieren ser razonables, a una distribución adecuada de los bienes económicos, no a la supresión de la institución de la propiedad.

b) Los bienes no económicos En la sección precedente hemos descrito los fenómenos de la vida que aparecen como consecuencia de que la necesidad de ciertos bienes es mayor que la cantidad de que se dispone. Nos toca ahora exponer los hechos que se producen cuando la relación es inversa, es decir, cuando la necesidad de bienes es menor que la cantidad de bienes de que se dispone.

La primera consecuencia de esta relación es que el hombre advierte no sólo que dispone de cuantos bienes necesita para satisfacer sus necesidades en este punto concreto, sino que jamás agotará las cantidades de bienes requeridas para aquella satisfacción. Supongamos el caso de un arroyo de montaña que discurre junto a una aldea, con un caudal medio diario de 200,000 cántaros, aunque con la diferencia de que en épocas de lluvia y en primavera, cuando se funden las nieves de las montañas, la cantidad llega a los 300,000, mientras que en épocas de gran estiaje no pasa de 100,000. Supongamos también que los habitantes de dicha aldea necesitan, para satisfacer todas sus necesidades de este bien (agua para beber, etc.), un consumo normal de 200 cántaros diarios, y de 300 como máximo. Tendremos que frente a una necesidad máxima de 300 cántaros disponen al menos de 100,000 cántaros.

En éste y en todos los casos similares, que presentan una idéntica relación cuantitativa, es claro no sólo que esté completamente prevista la satisfacción de la totalidad de las necesidades cubiertas por estos bienes, sino que los sujetos económicos sólo pueden consumir una parte de la cantidad total disponible. Puede además retirarse una cantidad parcial de estos bienes o pueden disminuirse sus propiedades útiles sin que por eso se perjudique la satisfacción de las necesidades, mientras la relación cuantitativa no se modifique en sentido contrario.

Así pues, respecto de estos bienes, los buenos administradores no tienen la necesidad práctica ni de reservarse una cantidad parcial ni de conservar las propiedades útiles de los mismos.

Tampoco se registran las antes mencionadas formas tercera y cuarta de la actividad económica de los hombres cuando se trata de bienes cuyas cantidades disponibles son mayores que la necesidad que se tiene de ellos. ¿Qué sentido tendría, por ejemplo, cuando se da esta circunstancia, la preocupación por elegir entre satisfacer las necesidades con la cantidad de bienes de que se dispone o renunciar a ello, allí donde ni siquiera con la más completa satisfacción se disminuye la cantidad total de bienes disponibles? ¿Ni qué podría mover a los hombres a conseguir los mejores resultados posibles con una cantidad dada de bienes, o alcanzar un determinado resultado empleando la menor cantidad posible de estos bienes?

Es, pues, claro que respecto de aquellos bienes cuya cantidad disponible es superior a las necesidades, queda excluida la actividad económica de los hombres de esta natural y necesaria manera en que aparece cuando los bienes se hallan en la relación cuantitativa opuesta. No constituyen en el primer caso objetos de la economía humana y, por ende, los llamamos bienes no económicos.

Hasta ahora hemos considerado la relación sobre la que se fundamenta el carácter no económico de los bienes en términos generales, es decir, sin hacer una referencia específica a la actual situación social de los hombres. Sólo nos resta aludir a los peculiares fenómenos sociales que se producen como consecuencia de la antes citada relación cuantitativa.

La tendencia de cada uno de los miembros de una sociedad a disponer de correctas cantidades de bienes, con exclusión de todos los demás miembros, tiene su origen, como ya vimos, en el hecho de que la cantidad de determinados bienes de que dispone la sociedad es menor que la necesidad y, como resultado de esta circunstancia, la satisfacción plena de la necesidad de todos los individuos resulta imposible, por lo cual uno de ellos se siente impulsado a cubrir sus necesidades excluyendo a los demás sujetos económicos.

Al competir todos los miembros de la sociedad por una cantidad de bienes que bajo ninguna circunstancia alcanza a satisfacer plenamente las necesidades de todos, ya vimos en líneas anteriores que la única solución práctica respecto de estos encontrados intereses es que unos individuos económicos concretos se apropien de cantidades parciales de la cantidad total de que dispone la sociedad y que estos propietarios sean protegidos por la misma sociedad, excluyendo al mismo tiempo a los restantes sujetos económicos.

La situación es esencialmente distinta respecto de aquellos bienes que no tienen carácter económico. Aquí, la cantidad de bienes de que dispone la sociedad es mayor que su necesidad, de modo que incluso una vez que todos los individuos hayan satisfecho totalmente sus necesidades, siguen quedando cantidades parciales de la masa total, que se pierden sin provecho ninguno.

En estas circunstancias, ningún individuo se enfrenta con la necesidad práctica de asegurarse, para la satisfacción de sus necesidades, una cantidad parcial suficiente, porque el simple conocimiento de la relación cuantitativa sobre la que se fundamenta el carácter económico de los mencionados bienes garantiza a todas las personas las cantidades necesarias, incluso aunque todos los demás miembros de la sociedad cubran por entero sus necesidades de tales bienes, ya que siempre quedarán cantidades sobrantes más que suficientes. La tendencia de los individuos concretos no está orientada, tal como enseña la experiencia, a asegurase cantidades parciales de bienes no económicos excluyendo a las restantes personas de la satisfacción de sus necesidades individuales.

De hecho, estos bienes, que no constituyen objeto de la economía, tampoco son objeto de la voluntad de propiedad de los hombres. Podemos, más bien, observar de hecho, en el caso de estos bienes que se hallan insertos en la relación fundamental de su carácter no económico, una imagen del comunismo, porque los hombres son comunistas dondequiera ello es posible, atendidos siempre los actuales fundamentos naturales.

En aquellos lugares donde los ríos llevan más agua de la que los habitantes necesitan pata satisfacer sus necesidades de este bien, todos y cada uno de ellos van al río y toman la cantidad de agua que quieren.

En las grandes selvas, cada uno toma, sin impedimento alguno, la cantidad de leña que necesita y cada cual tiene en su casa cantidad de luz y de aire que le apetece. Este comunismo tiene en la antes mencionada relación cuantitativa un fundamento no menos natural que la propiedad en la relación opuesta.

c) Relación entre los bienes económicos y no económicos En las dos secciones precedentes hemos considerado la naturaleza y el origen de la economía humana y hemos defendido la opinión de que la diferencia entre los bienes económicos y no económicos se fundamenta, en definitiva y en el más exacto sentido de la palabra, en la diferente relación existente entre la necesidad y la cantidad disponible de dichos bienes. Una vez esto bien establecido, no es menos claro que el carácter económico —o respectivamente no económico— de los bienes no es algo innato en ellos, no es una cualidad intrínseca de estos bienes y que, por consiguiente, todo bien adquiere su carácter económico, con independencia de sus cualidades intrínsecas o de factores exteriores, — cuando se halla inserto en la relación cuantitativa que hemos expuesto, y lo pierde cuando la relación se invierte. La experiencia nos enseña también que hay bienes de una misma naturaleza que en un lugar determinado no tienen carácter económico, mientras que lo tienen en otro.

Más aún, los bienes de una misma naturaleza y en un mismo lugar unas veces tienen valor económico y otras no, según sean las circunstancias. Y así mientras que en las regiones ricas en manantiales el agua potable no tiene valor económico, como tampoco lo tienen los troncos de árboles sin desbastar en las grandes zonas boscosas, e incluso los terrenos en algunos países, lo tienen, en cambio, en otros lugares. Abundan también los ejemplos de bienes que en un tiempo y lugar determinados no tuvieron ningún carácter económico, pero que acabaron por adquirirlo en aquel mismo lugar, y en otro tiempo.

Estas diferencias y estos cambios no pueden estar, por consiguiente, enraizados en las cualidades mismas de los bienes. Al contrario, tras atento análisis de las relaciones existentes podemos llegar a la convicción de que en todos los casos en que unos bienes del mismo tipo tienen a un mismo tiempo en dos lugares distintos distinto carácter, es distinta la relación existente en estos lugares entre necesidad y masa de bienes disponible. Podemos afirmar de igual modo que siempre que en dichos lugares unos bienes que originariamente no tenían carácter económico han pasado a adquirirlo —o a la inversa— se ha producido un cambio en la antes mencionada relación cuantitativa.

A tenor de cuanto se ha venido diciendo, las causas por las que unos bienes no económicos pasan a ser económicos son de dos clases. O se deben a un aumento de la necesidad o a una disminución de las cantidades disponibles. Las causas más importantes de las que se deriva un aumento de la demanda son: 1. el aumento de la población, sobre todo cuando se produce una acumulación local de la misma; 2. el desarrollo de las necesidades humanas, en virtud del cual aumentan las necesidades de una misma población, y 3. los progresos humanos en el conocimiento de la conexión causal entre las cosas y su bienestar, a través del cual surgen nuevas aplicaciones utilitarias de estos bienes. No es preciso insistir en que se trata, en todos los casos, de fenómenos concomitantes del paso de los hombres de niveles inferiores de cultura a niveles superiores.

De donde se sigue naturalmente que, a una con la elevación de la cultura, los bienes no económicos muestran tendencia a adquirir el carácter de bienes económicos, debido sobre todo a que uno de los factores que ejercen aquí su influencia, a saber, la necesidad humana, aumenta con la evolución cultural. Si a esto se añade la disminución de la cantidad disponible de aquellos bienes que hasta entonces no tienen carácter económico (por ejemplo, de la madera, provocada por la tala o devastación de bosque, tal como ocurre en la evolución de algunas culturas) nada hay más natural que los bienes cuya cantidad disponible sobrepasaba con mucho las necesidades en un estadio cultural anterior y que por consiguiente no tenían carácter económico, se tornen en económicos con el correr del tiempo. En numerosos lugares, sobre todo del Nuevo Mundo, puede documentarse históricamente este paso del carácter no económico al económico de algunos bienes, sobre todo de la madera y de las tierras.

El fenómeno puede incluso observarse en nuestros días y, en mi opinión, y aunque las noticias a este respecto son fragmentarias, llegará el momento en que en Alemania, otrora tan rica en bosques, se encontrarán pocos lugares en los que sus habitantes no den un paso similar, por ejemplo, respecto de la leña y la madera. A tenor de cuanto se viene diciendo resulta claro que también el cambio en virtud del cual los bienes económicos se convierten en no económicos —y a la inversa, cuando estos últimos pasan a ser económicos— debe atribuirse única y exclusivamente a un cambio de relación entre necesidad y cantidad disponible.

Revisten un peculiar interés científico aquellos bienes que, respecto de estos fenómenos, se sitúan en una posición a medio camino entre los bienes económicos y los no económicos. Deben mencionarse aquí en primer término aquellos que en una cultura altamente evolucionada, y debido a su especial importancia, son producidos por la sociedad y ofrecidos a la utilidad pública en tan gran cantidad que pueden ponerse a disposición hasta de los miembros más pobres de la comunidad y en las cantidades que se quiera y que, por consiguiente, no tienen para los consumidores carácter económico.

Uno de estos bienes suele ser, en las altas culturas, la enseñanza primaria. Incluso un vaso de agua pura es para los habitantes de muchas ciudades un bien tan importante que, cuando no existe una abundancia natural, instalan conducciones que van a dar a las fuentes públicas y en tan grandes cantidades que no sólo queda cubierta por completo la necesidad de los habitantes, sino que de ordinario hay agua de sobra.

Mientras que en los niveles culturales inferiores las clases de un maestro son, para los necesitados de instrucción, un bien económico, en las culturas evolucionadas, y gracias a la previsión de la sociedad, esta enseñanza no es un bien económico para los que viven en el campo, del mismo modo que no lo es el vaso de agua pura para los habitantes de las grandes ciudades. Así, lo que antes era un bien económico para los consumidores, pierde ahora este carácter. A la inversa, puede darse el caso de que haya algunos bienes que la naturaleza produce espontáneamente en cantidades superiores a las requeridas por la de los hombres, pero que adquieren para los consumidores de los mismos carácter económico si un déspota excluye a los demás sujetos económicos de la libre disposición de tales bienes.

En las regiones ricas en arbolado son muy numerosos los lugares que la naturaleza ha rodeado de frondosos bosques, de tal medo que la cantidad de leña disponible supera con mucho la necesidad de los habitantes y, por consiguiente, los troncos sin desbastar no tendrían, por la propia esencia de las cosas, ningún valor económico. Pero si un déspota se apodera de todo el bosque o de grandes partes de este puede regular de tal modo las cantidades de leña de que de hecho disponen los habitantes del lugar que ya la leña adquiere para éstos un carácter económico.

En los bosques de los Cárpatos hay, por ejemplo, numerosas aldeas en las que los pequeños propietarios, antiguos dueños de los terrenos, se ven obligados a comprar a los grandes terratenientes la leña que necesitan, mientras que estos últimos, por su parte, dejan pudrirse todos los años los troncos por millares, porque las cantidades de que disponen superan ampliamente las necesidades presentes. En este caso se trata de bienes que, según el curso normal de las cosas, no deberían tener carácter económico, pero que llegan a tenerlo debido a maniobras artificiales. También en ellos pueden observarse los fenómenos de la vida económica que son propios de los bienes económicos. — Deben mencionarse aquí finalmente aquellos bienes que, respecto del presente, no tienen aún carácter económico pero que, con la mirada puesta en las evoluciones futuras, los agentes de la economía consideran ya desde algún punto de vista como pertenecientes a esta categoría.

Si, por ejemplo, disminuye constantemente la cantidad disponible de un bien no económico o, respectivamente, aumenta constantemente la necesidad del mismo, y la relación entre ambas cosas es tal que puede preverse el paso definitivo del carácter no económico del bien en cuestión al carácter económico, los agentes de la economía suelen convertir algunas cantidades parciales concretas del mismo —todavía cuando está presente la relación cuantitativa que fundamenta su carácter no económico— en objeto de su actividad económica, con la mirada puesta en tiempos futuros. Suelen además, asegurar, bajo determinadas circunstancias sociales, sus necesidades individuales de dichos bienes apoderándose de las correspondientes cantidades.

Lo mismo cabe decir de aquellos bienes no económicos cuya cantidad disponible está sujeta a fuertes oscilaciones, de tal modo que sólo la disposición de una cierra abundancia en épocas normales asegura la satisfacción para tiempos de escasez. Pero entran aquí, sobre todo, aquellos bienes no económicos en los que las fronteras entre necesidad y cantidad disponible están ya tan cercanas), que el abuso o la mala comprensión de unos determinados individuos económicos puede ser funesta para los restantes.

Puede ocurrir asimismo que ciertas circunstancias especiales (como la comodidad, la pereza, etc.) aconsejen adquirir la propiedad de algunas concretas cantidades parciales de bienes que de momento no son económicos. Estas y otras similares razones pueden provocar el fenómeno de la propiedad sobre bienes que, respecto de las restantes manifestaciones de la vida económica, se nos presentan aún como no económicos.

Podríamos ahora dirigir la atención de nuestros lectores a una circunstancia que tiene una gran importancia para la valoración del carácter económico de los bienes. Nos referimos a la diferencia de calidad de estos. En efecto, si la cantidad toral disponible de un bien no puede cubrir la necesidad que existe del mismo, entonces cada una de sus concretas cantidades parciales se convierte en objeto de la economía humana, es decir, en bien económico, prescindiendo de su mayor o menor calidad.

Pero si, por el contrario, la cantidad disponible de un bien es mayor que la necesidad de este y existen, por consiguiente, cantidades parciales que no pueden ser utilizadas para la satisfacción de ninguna necesidad, entonces, y a tenor de cuanto se ha venido diciendo sobre la esencia de los bienes no económicos, todas las cantidades parciales de dicho bien adquieren el carácter de no económicas y tendrían, consideradas en su conjunto, una misma condición.

Pero dado que las cantidades parciales de la masa disponible de un bien tienen ciertas ventajas sobre las restantes, de modo que por medio de ellas pueden satisfacerse las correspondientes necesidades de los hombres mejor o más completamente que mediante otras, puede ocurrir que los bienes de más alta calidad tengan carácter económico, mientras que los restantes, menos cualificados, muestren un carácter no económico. Y así, por ejemplo, en un país en el que hay sobreabundancia de terrenos, aquellos que, debido a la composición del suelo o de la situación, son más ventajosos han adquirido ya el carácter económico, mientras que los otros no tienen aún este carácter.

O bien, en una ciudad situada junto a un río, que lleva agua potable de menor calidad, las cantidades de agua de manantial pueden ser ya objeto de la actividad económica de los individuos, mientras que el agua del río no tiene aún este carácter.

Si, pues, algunas veces nos sale al encuentro el fenómeno de que diferentes cantidades parciales de un mismo bien tienen al mismo tiempo un distinto carácter, la razón estriba en que también en este caso la cantidad disponible de bienes altamente cualificados es menor que la necesidad, mientras que la cantidad de bienes de menor calidad de que se dispone supera la necesidad aún no cubierta por los bienes de mejor calidad. Por consiguiente, estos casos no son excepciones, sino más bien confirmación de los principios expuestos. d) Las leyes que regulan el carácter económico de los bienes Nuestras investigaciones sobre las leyes que regulan la necesidad humana nos han llevado a la confusión de que esta necesidad, en la medida en que se refiere a bienes de un orden superior, está condicionada, en primer lugar, por nuestra necesidad de los bienes correspondientes de órdenes inferiores y, además, también por el hecho de que nuestra necesidad de estos últimos todavía no ha sido satisfecha o sólo lo ha sido en parte.

A aquellos bienes cuya cantidad disponible no cubre enteramente la necesidad los hemos calificado de económicos. De donde se deriva el principio de que nuestra necesidad de bienes de un orden superior está condicionada por el carácter económico de los bienes correspondientes de orden inferior. En aquellos lugares en los que la cantidad de agua potable pura y sana supera las necesidades de la población y en los que, por consiguiente, el agua no tiene carácter económico, no existe ninguna necesidad de todas aquellas instalaciones y medios de transporte exclusivamente ordenados a la conducción y el filtrado o respectivamente al aprovisionamiento de agua potable.

De igual modo, en aquellas regiones en las que hay una sobreabundancia natural de leña para alimentar el fuego (propiamente hablando de troncos de árboles), este bien no tiene carácter económico y, evidentemente, queda excluida de antemano toda necesidad de los bienes de orden superior encaminados exclusivamente a la producción de leña. En cambio, en aquellas otras regiones en las que el agua potable o respectivamente la leña tienen carácter económico, aparece la necesidad de los antes mencionados bienes de orden superior. Es, pues, seguro que la necesidad humana de bienes de orden superior está condicionada por el carácter económico de los correspondientes bienes de orden inferior.

Esta necesidad de bienes de orden superior ni siquiera puede presentarse si no sirven para la producción de bienes económicos. En todo caso, la necesidad de esta producción nunca puede ser mayor que la cantidad disponible —por pequeña que sea— de los correspondientes bienes de orden superior, de modo que el carácter económico de estos últimos queda excluido de antemano. De donde se deduce el principio general de que el carácter económico de los bienes de orden superior está condicionado por el de los bienes de orden inferior a cuya producción sirven, o dicho con otras palabras, ningún bien de orden superior puede alcanzar o reclamar para sí carácter económico si no es apto para la producción de bienes económicos de orden inferior.

Si, por tanto, se someten a nuestra valoración los bienes de orden inferior que manifiestan tener carácter económico, y se plantea la pregunta de las causas últimas del carácter económico de los mismos, se invertiría la verdadera relación, si alguien quisiera admitir que tales bienes son bienes económicos porque los bienes utilizados para su producción tienen carácter económico antes incluso de ser sometidos a los procesos de producción. Esta suposición estaría en contradicción con toda la experiencia, que nos enseña que a partir de bienes de orden superior, cuyo carácter económico está por encima de toda duda, pueden producirse y de hecho se producen, como consecuencia de la ignorancia económica, totalmente inútiles, que no tienen ni siquiera la cualidad de bienes, y menos aún carácter económico.

Pueden imaginarse también casos en los que a partir de bienes económicos de orden superior podrían producirse cosas que tendrían ciertamente la cualidad de bienes, pero no carácter económico. Así ocurriría, por ejemplo, si en zonas boscosas hubiera personas que decidieran hacer leña a base de despilfarrar bienes económicos, o en regiones con sobreabundancia de agua potable la extrajeran con dispendio de bienes económicos, o produjeran aire utilizando para ello materias preciosas. El carácter económico de un bien no puede ser, pues, consecuencia de la circunstancia de que sea producido a partir de bienes de un orden superior. De ser así, habría que rechazar la explicación del antes mencionado fenómeno de la vida económica de los hombres bajo todas las circunstancias, y llevaría además implícita en sí misma una contradicción interior.

Efectivamente, explicar el carácter económico de los bienes de un orden inferior aduciendo que son producidos por otros bienes de orden superior es sólo una explicación aparente y ni siquiera cumple —prescindiendo de su inexactitud y de su contradicción con lo que la experiencia enseña— las condiciones formales de la explicación de un fenómeno. Si recurrimos, efectivamente, a explicar el carácter económico de los bienes del primer orden por el de los bienes del segundo orden, y los de éste por el carácter económico de los bienes del tercer orden, y el de éste por el de los bienes del cuarto orden y así sucesivamente, no avanzamos, en el fondo, un solo paso en la solución del problema, porque siempre quedaría sin respuesta el problema de la causa última y propia del carácter económico de los bienes.

De la precedente exposición se deduce claramente que es el hombre, con sus necesidades y su poder sobre los medios para la satisfacción de estas, el punto de partida y el objetivo de toda humana economía. El hombre experimenta en primer lugar la necesidad de bienes del primer orden y convierte en objeto de su actividad económica aquellos bienes cuya masa disponible es inferior a la necesidad, es decir, los convierte en bienes económicos, mientras que no encuentra ningún motivo práctico para introducir a los restantes en el círculo de dicha actividad.

Más tarde la reflexión y la experiencia llevaron a los hombres a un conocimiento cada vez mayor y más profundo de la conexión causal de las cosas y más en concreto su conexión con el bienestar humano, de modo que aprendieron a distinguir bienes del segundo, del tercer y de otros órdenes superiores. Ahora bien, también respecto de estos bienes de órdenes superiores ocurre lo mismo que con los del primer orden, es decir, que algunos de ellos están disponibles en cantidades superiores a las requeridas por la necesidad, mientras que otros se hallan en la relación opuesta. Y así, también en esta clase de bienes distinguen los hombres entre los que incluyen en el círculo de su actividad económica y aquellos otros de los que no tienen ninguna necesidad práctica de hacer tal inclusión. Y éste es el origen del carácter económico de los bienes de orden superior.

La riqueza

En líneas anteriores (cf. apartado 3) hemos denominado a la totalidad de los bienes de que dispone una persona su posesión de bienes y hemos designado a la totalidad de los bienes económicos de que dispone— un sujeto económico como su riqueza. — Por consiguiente, no pueden considerarse como partes de su riqueza los bienes no económicos de que dispone un sujeto o agente económico, ya que no son objeto de su actividad.

Hemos visto también que bienes económicos son aquellos cuya cantidad disponible es menor que la necesidad que se tiene de los mismos. Así pues, la riqueza podría también definirse como "la totalidad de aquellos bienes de que dispone un sujeto económico, cuya cantidad es menor que la necesidad de estos". Por consiguiente, en una sociedad en la que pudiera disponerse de todo tipo de bienes en cantidades siempre superiores a su necesidad no habría ni bienes económicos ni "riqueza".

La riqueza es, pues, una medida para el grado de plenitud con que una persona que desarrolla su actividad económica en igualdad de situación con otras puede satisfacer sus necesidades. Pero no es una medida absoluta, — porque el supremo bienestar de todos los individuos de una sociedad se alcanzaría cuando las cantidades de bienes disponibles de esta sociedad fueran tan grandes que nadie necesitara poseer riquezas.

Estas observaciones podrían contribuir a la solución de un problema que, debido a las aparentes antinomias de que adolece, es muy adecuado para suscitar desconfianza sobre la exactitud de los principios básicos de nuestra ciencia. Ya se ha aludido antes al hecho de que una continua multiplicación de los bienes puestos a disposición de los agentes económicos acabaría por despojarlos de su carácter económico, de modo que las partes constitutivas de la riqueza tendrían que ir disminuyendo continuamente.

Surgiría entonces la auténtica contradicción de que una continuada multiplicación de los objetivos-riqueza tendría como consecuencia inevitable la disminución de estos mismos objetos. — Supongamos, por ejemplo, que la cantidad de agua mineral disponible en una población es menor que su necesidad. En consecuencia, las cantidades parciales de este bien de que disponen las concretas personas económicas, así como los manantiales, son bienes económicos, partes constitutivas de la riqueza.

Pero sigamos suponiendo que, repentinamente, de algunos arroyos comienzan a manar aguas salutíferas en tal cantidad que pierden su anterior carácter económico. Entonces, es bien seguro que las cantidades de agua mineral a disposición de los sujetos económicos antes de la producción de dicho suceso, y los manantiales mismos, dejarían de ser partes constitutivas de la riqueza y se produciría el caso de que la continuada multiplicación de dichas partes tendría como consecuencia ineludible una disminución de la riqueza total.

Esta paradoja, a primera vista tan sorprendente, demuestra ser, bajo un atento análisis, sólo aparente. Los bienes económicos son, como ya vimos antes, aquellos cuya cantidad disponible es inferior a la necesidad de estos, es decir, bienes de los que hay una ausencia parcial. La riqueza de los agentes económicos no es otra que la totalidad de estos bienes.

Pero si la cantidad disponible de los mismos aumenta constantemente, hasta que acaban por perder su carácter económico, entonces ya no hay carencia de estos y salen del círculo de aquellos bienes que forman parte de la riqueza de los hombres económicos, es decir, del círculo de aquellos bienes de los que hay carencia parcial. No existe evidentemente ninguna contradicción en la circunstancia de que la continuada multiplicación de un bien de la que hubo antes escasez acabe en definitiva por eliminar dicha escasez.

Más bien cabe decir que el principio de que la continuada multiplicación de los bienes económicos desemboca finalmente en la disminución de aquellos bienes de los que hubo antes escasez es algo tan evidente para cualquiera como el principio opuesto de que la continuada disminución, durante un tiempo prolongado, de los bienes que sobreabundaban (de los bienes no económicos), llevará también finalmente a que estos bienes, de los que ahora hay escasez parcial, acaben por convertirse en partes constitutivas de la riqueza y que aumente por tanto el círculo de estas últimas.

Así pues, la mencionada paradoja, que, por lo demás, no se presenta sólo en el ámbito de los objetos de riqueza, sino de forma análoga también en el ámbito del valor y de los precios de los bienes económicos, — es sólo aparente y descansa en último término en el desconocimiento de la esencia de la riqueza y de sus partes constitutivas. Hemos definido la riqueza como la totalidad de los bienes económicos de que dispone un sujeto económico.

Así pues, toda riqueza supone un sujeto económico o al menos un sujeto que puede llegar a serlo. Las cantidades de bienes económicos destinadas a un objetivo determinado no son, por tanto, riqueza en el sentido económico de la palabra, porque la ficción de una persona jurídica puede ser útil para los objetivos jurídicos prácticos o para las construcciones jurídicas teóricas, pero es inoperante para nuestra ciencia, que rechaza las ficciones.

Y así, las llamadas "riquezas fundacionales" son cantidades de bienes económicos destinadas a fines concretos, pero no son riqueza en el sentido económico de la palabra. El anterior problema nos lleva al otro de la esencia de la riqueza nacional.

Los Estados, cada una de las partes de un país, los municipios y comunidades disponen, de ordinario, para satisfacer sus necesidades y poder alcanzar sus objetivos, de cantidades de bienes económicos. Aquí los economistas políticos no necesitan recurrir a la ficción de una persona jurídica. Para ellos existe, sin ficción, un agente económico, una sociedad que administra mediante sus propios órganos ciertos bienes económicos, de los que dispone para la satisfacción de sus necesidades, asignándoles un destino.

No existe, pues, inconveniente en admitir que hay una riqueza del Estado, del "Land" o región, del municipio, de una corporación. Otro es el caso cuando se utiliza la expresión "riqueza nacional". Aquí no se trata de la totalidad de los bienes económicos de que dispone un pueblo para la satisfacción de sus necesidades, que administra a través de sus propios órganos y a los que asigna su destino, sino de la totalidad de aquellos bienes que están a disposición de cada uno de los individuos y de las sociedades económicas de un pueblo y de este mismo pueblo, para sus fines individuales.

Se trata, pues, de un concepto que se diferencia en algunos puntos esenciales de lo que hemos llamado riqueza. Si se acepta la ficción de que la totalidad de las personas de un pueblo que desarrollan, actividades económicas para la satisfacción de sus especiales necesidades y están movidas no raras veces por intereses contrapuestos constituyen un gran sujeto económico; si se acepta además que las cantidades de bienes económicos de que dispone cada uno de los agentes económicos están destinadas no a la satisfacción de las necesidades específicas de estos últimos, sino a la satisfacción de la totalidad de los individuos económicos de que se compone un pueblo, entonces se llega al concepto de una totalidad de bienes económicos puestos a disposición de un agente económico (en nuestro caso un pueblo) para el objetivo de la satisfacción de sus necesidades es decir, al concepto de lo que podría llamarse muy bien riqueza del pueblo o riqueza nacional.

Pero dadas nuestras actuales circunstancias sociales, la totalidad de los bienes económicos de que disponen las personas económicas en el seno de un pueblo, con el objetivo de satisfacer sus específicas necesidades, no constituye, evidentemente, una riqueza en el sentido económico de la palabra, sino más bien un conjunto de dichos bienes, relacionados entre sí a través del intercambio humano.

Sin embargo, la necesidad de una denominación científica para la mencionada totalidad de bienes está tan justificada y la expresión de "riqueza nacional" para designar el mencionado concepto está tan admitida y sancionada por el uso, que no hay necesidad ninguna de renunciar a ella, sobre todo porque nos permite comprender con mayor claridad la naturaleza auténtica de la llamada riqueza nacional. Es, de todas formas, necesario evitar el error que podría derivarse de un razonamiento que no tuviera en cuenta la antes mencionada diferencia.

Cuando los problemas se refieren exclusivamente a la determinación cuantitativa de la llamada riqueza nacional, puede considerarse como riqueza nacional la totalidad de las riquezas de los individuos que componen un pueblo o una nación. Pero cuando, a partir de la magnitud de la riqueza nacional, se pretende sacar conclusiones sobre el nivel de bienestar de un pueblo, o cuando se trata de aquellos fenómenos que son resultado del contacto de cada uno de los agentes económicos, la concepción de riqueza nacional, entendida en el sentido literal de la palabra, desembocará forzosamente en frecuentes errores. En todos estos casos deberíamos más bien considerar la riqueza nacional como el conjunto de las riquezas de los individuos de un pueblo y deberíamos también prestar atención a la diferente medida de estas riquezas individuales.

CAPÍTULO III

LA TEORÍA DEL VALOR

Sobre la esencia y el origen del valor de los bienes

Cuando la necesidad de un bien, dentro del espacio temporal a que se extiende la actividad previsora humana, es mayor que la cantidad de dicho bien dentro de este espacio de tiempo, los hombres se esfuerzan por satisfacer sus necesidades de la forma más completa que les es posible en la situación dada. Y precisamente de este esfuerzo en torno al bien en cuestión surge el impulso hacia la actividad descrita en páginas precedentes y que hemos designado como su economía.

Ahora bien, el conocimiento de la anterior relación promueve la aparición de otro fenómeno, cuya más exacta comprensión tiene una decisiva importancia para nuestra ciencia. Nos referimos al valor de los bienes. Cuando, efectivamente, la necesidad de un bien es mayor que la cantidad disponible del mismo se comprueba al mismo tiempo que, puesto que una parte de las correspondientes necesidades ha de quedar irremediablemente insatisfecha, no se puede disminuir ninguna cantidad parcial de cierta importancia práctica sin que, al hacerlo, deje ya de satisfacerse, o no se satisfaga por completo, una necesidad que quedaba cubierta antes de que se produjera la citada eventualidad.

En todos los bienes que se hallan en la relación cuantitativa descrita, la satisfacción de una determinada necesidad humana depende, pues, de que se disponga o no de una cantidad concreta y prácticamente significativa de aquellos bienes. Si los sujetos económicos adquieren conciencia de esta situación, es decir, si conocen que la posibilidad de satisfacer una necesidad depende con mayor o menor plenitud de la disposición sobre una cantidad parcial de los bienes de que estamos hablando o respectivamente de la relación cuantitativa concreta en que se encuentran estos bienes, entonces tales bienes adquieren para estos hombres aquella significación que llamamos valor. Por consiguiente, valor es la significación que unos concretos bienes o cantidades parciales de bienes adquieren para nosotros, cuando somos conscientes de que dependemos de ellos para la satisfacción de nuestras necesidades.— Por tanto, aquel fenómeno vital que llamamos valor de los bienes brota de la misma fuente que el carácter económico de estos últimos, es decir, de la antes descrita relación entre necesidad y masa de bienes disponible.— La diferencia entre ambos fenómenos radica en que el conocimiento de aquella relación cuantitativa impulsa por un lado nuestra actividad previsora y, con ello, los bienes que se hallan en esta relación se convierten en objetos de nuestra economía, es decir, en bienes económicos.

Por otro lado, este conocimiento nos lleva a la conciencia de la significación que tiene para nuestra vida o, respectivamente, para nuestro bienestar, el poder disponer de cada cantidad parcial concreta— de la masa de bienes que poseemos. De este modo, los bienes que se encuentran en la relación antedicha adquieren valor para nosotros. — La relación que fundamenta el carácter no económico de los bienes consiste en que la necesidad de estos bienes es menor que la cantidad disponible de los mismos.

Hay, pues, siempre cantidades parciales de bienes no económicos frente a los cuales no existe ninguna necesidad humana que deba satisfacerse y que pueden, por tanto, perder su cualidad de bienes sin que por ello quede amenazada la satisfacción de necesidades humanas. Así pues, esta satisfacción no depende de nuestra disposición sobre bienes concretos desprovistos de carácter económico; de donde se desprende que aquellas cantidades concretas inmersas en esta relación, es decir, en la relación de bienes no económicos, tampoco tienen valor para nosotros. Si el hombre que habita en una selva dispone de varios cientos de miles de troncos de árboles, mientras que sólo necesita veinte, por ejemplo, para satisfacer plenamente sus necesidades de madera o leña, es evidente que no sentirá la más mínima preocupación si el fuego destruye unos cuantos miles de troncos, ya que con los restantes puede cubrir sus necesidades tan perfectamente como antes del incendio.

En esta situación, la satisfacción de sus necesidades no depende de unos troncos concretos y, por tanto, no tienen para este hombre ningún valor. Pero si, en esta misma selva, hay tan sólo diez árboles frutales a disposición del mencionado habitante y si suponemos que la cantidad de fruta de estos árboles no es mayor que la necesidad que tiene de este bien entonces no podría perderse ninguno de los árboles sin que. como consecuencia de esta circunstancia, se viera condenado a pasar hambre o al menos a no poder satisfacer su necesidad de estos frutos tan completamente como antes.

Por tanto, en esta segunda hipótesis cada uno de los frutales tiene su propio valor. Si los habitantes de una aldea necesitan mil cántaros diarios de agua para satisfacer sus necesidades, y disponen de un arroyo cuyo caudal se eleva a cien mil cántaros por día, para estos habitantes una cantidad parcial concreta de agua, por ejemplo, un cántaro, no tendría para aquellos habitantes ningún valor, porque aunque se les prive de esta cantidad o ésta pierda su calidad de bien, pueden seguir satisfaciendo plenamente sus necesidades.

De hecho, estos aldeanos dejan que diariamente se pierdan en el mar muchos miles de cántaros de agua, sin que su satisfacción de esta necesidad sufra el menor menoscabo. Mientras se mantenga la relación que fundamenta el carácter no económico del agua, la satisfacción de sus necesidades no depende de un cántaro hasta el punto de que si no dispusieran de él no podrían satisfacerla y ésta es la razón por la que esta cantidad de agua no tiene para ellos ningún valor.

Pero si, a consecuencia de una extraordinaria sequía, o de cualquier otro accidente de la naturaleza, el caudal del arroyo se redujera a 500 cántaros diarios y los habitantes de la aldea de nuestro ejemplo no pueden acudir a otras fuentes, de tal modo que la cantidad total de agua de que ahora disponen no basta para la plena satisfacción de sus necesidades, es evidente que no permitirán que se perdieran cantidades de alguna importancia práctica del total de que aún disponen, por ejemplo, de un solo cántaro, pues en caso contrario se vería menoscabada alguna parte de la satisfacción de sus necesidades.

Así, pues, en la nueva situación cada una de las porciones concretas de la cantidad total disponible tendría valor para ellos. Se advierte, por tanto, que los bienes no económicos no solo tienen, como se ha admitido hasta ahora, ningún valor de intercambio, sino que en realidad no tienen ningún tipo de valor y, por tanto, tampoco valor de uso. Más adelante — y una vez hayamos adquirido algunos presupuestos científicos— intentaremos exponer la relación existente entre el valor de uso y el valor de intercambio.

Baste aquí con advertir, provisionalmente, que tanto el valor de intercambio como el de uso están subordinados al concepto general de valor, es decir, que se trata de dos conceptos coordinados entre sí y que, por consiguiente, todo cuanto hemos venido diciendo sobre el valor en general es aplicable también tanto al valor de uso como al de intercambio. Si, pues, un gran número de economistas políticos admite que los bienes no económicos no tienen valor de intercambio, pero sí valor de uso, e incluso algunos economistas ingleses y franceses contemporáneos destierran de nuestra ciencia el concepto de valor de uso y proponen sustituirlo por el concepto de utilidad, esta actitud se basa en el desconocimiento de la importante diferencia entre los dos conceptos antes mencionados y los fenómenos vitales sobre los que se fundamenta.

Utilidad es la capacidad que tiene una cosa de servir para satisfacer las necesidades humanas y, por consiguiente (en el caso de la utilidad conocida), un presupuesto general de la cualidad de los bienes. También los bienes no económicos son útiles, en cuanto que tienen tanta capacidad como los económicos para la satisfacción de nuestra necesidad. Esta capacidad debe ser reconocida por los hombres, pues en caso contrario tampoco podrían adquirir la cualidad de bienes.

Lo que distingue a un bien no económico de otro económico, esto es, de otro que se halla inserto en la relación cuantitativa sobre la que se fundamenta el carácter económico, es la circunstancia de que la satisfacción de las necesidades humanas no depende de la disposición sobre unas cantidades concretas del primero, y sí, en cambio, de cantidades concretas del segundo tipo.

Por consiguiente, aunque los primeros tienen, desde luego, utilidad para nosotros, sólo los segundos tienen además de utilidad aquella significación que hemos llamado valor. Ciertamente, el error del que parte la confusión entre utilidad y valor de uso no tiene ninguna influencia sobre la actividad práctica humana.

En condiciones normales, el agente económico no concede ningún valor a un pie cúbico de aire, o a un cántaro de agua en regiones de abundantes manantiales. El hombre práctico sabe distinguir perfectamente entre la capacidad de une cosa para satisfacer sus necesidades y el valor de esta cosa. Pero el mencionado error es, en todo caso, un duro impedimento para la formación de la teoría general de nuestra ciencia. — La circunstancia de que un bien tenga valor para nosotros radica en que, como hemos visto, disponer del mismo significa que podemos satisfacer unas necesidades que, sin dicha disposición, no quedarían cubiertas.

Aunque nuestras necesidades pueden depender en parte, al menos en su origen, de nuestra voluntad o de nuestros hábitos, una vez que se hacen presentes ya no es arbitrario el valor que tienen para nosotros los bienes que pueden satisfacerlas, sino que es la inevitable consecuencia del conocimiento de la significación que tienen para nuestra vida o nuestro bienestar. Sería, pues, inútil que nos esforzáramos en considerar como sin valor un bien del que tenemos conciencia que su posesión es imprescindible para satisfacer nuestras necesidades.

En vano intentaríamos, por el lado contrario, adscribir valor a los bienes de que tenemos conciencia que no son necesarios para dicha satisfacción. El valor de los bienes no es, por tanto, arbitrario, sino siempre la secuencia necesaria del conocimiento que tiene el hombre de que la conservación de su vida y su bienestar dependen de su disposición sobre un bien o una cantidad de bienes o de una parte al menos, por mínima que sea, de los mismos. Por lo que hace a este conocimiento, es evidente que los hombres pueden equivocarse al calcular el valor de unos bienes, lo mismo que se dan errores en todos los objetos del conocimiento humano y que pueden, por tanto, atribuir valor a cosas que en realidad no lo tienen dentro de unas concretas circunstancias económicas. Pueden, por tanto, opinar erróneamente que la satisfacción más o menos completa de una necesidad depende de un bien o de una cantidad de bienes, cuando de hecho no existe tal relación. Nos enfrentamos entonces con el fenómeno de un valor imaginado.

El valor de los bienes se fundamenta en la relación de los bienes con nuestras necesidades, no en los bienes mismos. Según varíen las circunstancias, puede modificarse también, aparecer o desaparecer el valor. Para los habitantes de un oasis, que disponen de un manantial que cubre completamente sus necesidades de agua, una cantidad de esta no tiene ningún valor a pie de manantial. Pero si, a consecuencia de un terremoto, el manantial disminuye de pronto su caudal, hasta el punto de que ya no pueden satisfacerse plenamente las necesidades de los habitantes del oasis y la satisfacción de una necesidad concreta depende de la disposición sobre una determinada cantidad, esta última adquiriría inmediatamente valor para cada uno de los habitantes.

Ahora bien, este valor desaparecería apenas se restableciera la antigua situación y la fuente volviera a manar la misma cantidad que antes. Lo mismo ocurriría en el caso de que el número de habitantes del oasis se multiplican de tal forma que ya la cantidad de agua no bastara para satisfacer la necesidad de todos ellos. Este cambio, debido a la multiplicación del número de consumidores, podría incluso producirse con una cierta regularidad, por ejemplo, cuando numerosas caravanas hacen su acampada en este lugar.

Así pues, el valor no es algo inherente a los bienes, no es una cualidad intrínseca de los mismos, ni menos aún una cosa autónoma, independiente, asentada en sí misma. Es un juicio que se hacen los agentes económicos sobre la significación que tienen los bienes de que disponen para la conservación de su vida y de su bienestar y, por ende, no existe fuera del ámbito de su conciencia.

Y así, es completamente erróneo llamar "valor" a un bien que tiene valor para los sujetos económicos, o hablar, como hacen los economistas políticos, de "valores", como si se tratara de cosas reales e independientes, objetivando así el concepto. Lo único objetivo son las cosas o, respectivamente, las cantidades de cosas, y su valor es algo esencialmente distinto de ellas, es un juicio que se forman los hombres sobre la significación que tiene la posesión de estas para la conservación de su vida o, respectivamente, de su bienestar. La objetivación del valor de los bienes, que es por su propia naturaleza totalmente subjetivo, ha contribuido en gran manera a crear mucha confusión en torno a los fundamentos de nuestra ciencia.

La medida más primordial del valor de los bienes

Hasta ahora hemos venido considerando la naturaleza y las causas últimas del valor, así como los factores comunes a todos los valores. Aparece ahora ante nuestras miradas el hecho de que el valor de cada uno de los bienes es una magnitud muy diferente, que no pocas veces cambia incluso respecto de un mismo bien.

La investigación de las causas de esta diferencia del valor de los bienes y la medida de estos constituye el objeto de la presente sección. El camino por seguir para este análisis viene determinado por la siguiente consideración. Los bienes de que disponemos no tienen valor para nosotros debido a sí mismos. Hemos visto, por el contrario, que lo único que importa es su capacidad para satisfacer nuestras necesidades, porque de esto dependen nuestra vida y nuestro bienestar. Hemos dicho también que los hombres trasladan esta significación a aquellos bienes sin cuya disposición no podrían cubrir sus necesidades, es decir, la trasladan a los bienes económicos. Por consiguiente, respecto de todo valor de los bienes, lo único que nos sale al paso es la significación que nosotros damos a la satisfacción de nuestras necesidades, es decir, a nuestra vida y nuestro bienestar.

Una vez, pues, exhaustivamente descrita la naturaleza del valor de los bienes y establecido que, en definitiva, para nosotros sólo tiene importancia satisfacción de nuestras necesidades y que todo valor no es sino una traslación de esta significación a los bienes económicos, se deduce claramente que la diferencia de la magnitud del valor de cada bien concreto se fundamenta —tal como podemos observarlo en nuestras propias vidas- en la diferencia de la magnitud de la significación que tienen para nosotros aquellas necesidades cuya satisfacción depende de aquel bien. Para reducir a sus últimas causas la diferencia de la magnitud del valor de cada uno de los bienes —tal como nos lo enseña nuestra propia experiencia— debemos enfrentarnos con una doble tarea.

Debemos investigar: Primero: ¿Hasta qué punto es diferente la importancia que tiene para los hombres la satisfacción de unas necesidades concretas? (factor o elemento subjetivo), y Segundo: ¿Qué satisfacciones de necesidades concretas dependen, en cada caso dado, de la disposición sobre un bien determinado? (elemento objetivo). Si en el curso de nuestra investigación se descubre que la satisfacción de cada una de las necesidades concretas tiene para los hombres una diferente significación y, además, que de nuestra disposición sobre cada uno de los bienes económicos dependen satisfacciones de muy diversa significación, queda al mismo tiempo solucionado el anterior problema, es decir, queda explicado por sus últimas causas aquel fenómeno de la vida económica cuya solución nos hemos propuesto como punto capital de este análisis. Es decir, queda explicada la razón de la diferencia de magnitud del valor de los bienes.

Con la respuesta al problema de las causas últimas de la diferencia de valor de los bienes queda al mismo tiempo solucionado el problema de cómo y por qué está también sujeto a cambios el valor de los bienes concretos. Todo cambio no es otra cosa sino una diferencia en el tiempo. Con el conocimiento de las causas últimas de la diferencia de una categoría de magnitudes se da también a la vez una comprensión más profunda del cambio de estas. a) Diferencias de la magnitud de la significación de cada una de las satisfacciones de necesidades (elemento subjetivo)

Por lo que hace, en primer término, a la diferencia de la significación que tiene para nosotros la satisfacción de cada una de nuestras necesidades, es un hecho de la más común experiencia que los hombres suelen atribuir la máxima importancia a la satisfacción de aquellas necesidades de las que depende la conservación de su vida y que la medida de la significación de las restantes satisfacciones responde al grado (duración e intensidad) del bienestar que se alcanza con ellas.

Cuando los sujetos económicos se encuentran en una situación en la que deben elegir entre la satisfacción de una necesidad de la que depende la conservación de su vida y otra de la que únicamente depende un mayor o menor bienestar, suelen inclinarse por la primera. De igual modo, respecto de las necesidades del segundo tipo, eligen aquellas de las que depende un mayor grado de bienestar, es decir, aquellas que, a igual intensidad, tienen una mayor duración o, a igual duración, un grado más intenso de bienestar y no lo contrario.

La conservación de la vida depende de la satisfacción de nuestra necesidad de alimentos y, en climas fríos, también del vestido para nuestro cuerpo, y de la vivienda, mientras que de la posesión, por ejemplo, de una carroza o de un tablero de ajedrez sólo depende un grado mayor de bienestar. De acuerdo con ello, podemos observar que los hombres temen mucho más la carencia de alimentos, vestidos y vivienda que la falta de una carroza, de un tablero de ajedrez o cosas semejantes.

En consecuencia, atribuyen a la seguridad de la satisfacción de las primeras necesidades una importancia incomparablemente superior que la que prestan a la satisfacción de las mencionadas en segundo lugar, ya que de éstas sólo depende un placer pasajero, o una mayor comodidad o, en general, un grado más elevado de bienestar. Pero también dentro de estas últimas satisfacciones son desiguales las significaciones.

La conservación de nuestra vida no depende ni de un cómodo lugar para pasar la noche ni de un tablero de ajedrez, pero la utilización de estos bienes contribuye —aunque en muy diverso grado— al mantenimiento y elevación de nuestro bienestar. Precisamente por ello está fuera de toda duda que cuando los hombres tienen que elegir entre privarse de la utilización de un cómodo lugar para pasar la noche o de un tablero de ajedrez, prescinden mucho más fácilmente del segundo que no del primero.

Vemos, pues, que para los hombres tiene muy diversa significación la satisfacción de sus diversas y concretas necesidades ya que algunas son de suma importancia para la conservación de sus vidas, otras elevan en grado considerable su nivel de bienestar y finalmente otras lo elevan en menor medida, hasta llegar finalmente a las que sólo aportan un pequeño y breve placer. Un cuidadoso análisis de los fenómenos de la vida nos revela que la diferente significación de cada una de las satisfacciones de necesidades puede darse no sólo respecto de la satisfacción de las diversas necesidades consideradas en su conjunto, sino también respecto de la satisfacción más o menos completa de las mismas. Nuestra vida depende, en términos generales, de la satisfacción de nuestra necesidad de alimentos.

Pero sería craso error pretender calificar a todos los alimentos que los hombres suelen consumir como absolutamente necesarios para la conservación de su vida, o de su salud, esto es, de su prolongado bienestar. Todo el mundo sabe cuán fácil es prescindir de una de las comidas habituales, sin que esto entrañe riesgo alguno para la vida o la salud. Más aún, la experiencia enseña que la cantidad de alimentos absolutamente necesaria para conservar la vida es sólo una pequeña parte de lo que de ordinario consumen las personas pudientes. No pocas veces se ingieren más alimentos y bebidas de los que serían aconsejables para su salud.

Así pues, los hombres toman alimentos primero para conservar su vida, luego añaden otras cantidades para conservar su salud, porque una alimentación demasiado escasa, reducida a la simple conservación de la vida, está acompañada, tal como la experiencia enseña, de trastornos de nuestro organismo; finalmente, tras haber tomado las cantidades necesarias para la conservación de la vida y de la salud, consumen otras por mero placer. A tenor de ello es también muy diferente la significación que tienen para los hombres los actos concretos y aislados con que satisfacen su necesidad de alimentos.

La satisfacción de esta necesidad hasta aquel punto en el que queda del todo asegurada la vida tiene para cada uno de los seres humanos la plena significación de una cosa vital. El subsiguiente consumo adquiere la significación de la conservación de la salud, es decir, de su prolongado y permanente bienestar.

El consumo ulterior ya sólo tiene—como enseña la experiencia— la significación del disfrute de un placer cada vez menos importante, hasta que llegamos finalmente al estadio en el que el consumo se mueve dentro de unos límites, en los que la satisfacción de la necesidad de alimentos es ya tan completa que toda nueva consumición no contribuye ni a la conservación de la vida, ni de la salud, y ni siquiera garantiza al consumidor un placer, sino que comienza a serle indiferente, y hasta penoso, e incluso puede llegar a constituir una amenaza para su salud y su propia vida. Similares observaciones podemos hacer respecto de la satisfacción más o menos completa de cualquier otra necesidad humana.

En los climas fríos es de todo punto necesaria una vivienda o al menos un lugar para dormir protegido contra los rigores del invierno; y para conservar la salud es también necesario que la vivienda esté dotada de ciertas comodidades. Aparte esto, suelen los hombres, en la medida en que sus medios se lo permiten, añadir otros espacios destinados únicamente al placer o la comodidad (salones para recibir, salas de fiestas, salones de juego y recreo, pabellones y palacios para la caza, y cosas similares).

No resulta, pues, difícil advertir que también en el ámbito de la satisfacción de la necesidad de vivienda es muy diferente la significación que tiene para los hombres cada uno de los actos concretos destinados a esta satisfacción. Nuestra vida depende hasta un cierto punto de la satisfacción de esta necesidad; de una satisfacción más completa de la misma depende nuestra salud; una satisfacción todavía más elevada aporta un placer mayor o menor, según los casos, hasta que finalmente, y respecto de cada persona, puede imaginarse un punto a partir del cual toda ulterior utilización de las habitaciones de que dispone le resulta indiferente o incluso fastidiosa.

Podríamos, pues, hacer, respecto de la mayor o menor plenitud del grado de satisfacción de una misma necesidad, una observación similar a la ya hecha a propósito de las diversas necesidades humanas. Hemos visto efectivamente, que para los hombres reviste muy desigual importancia la satisfacción de sus diversas necesidades y que esta significación depende a su vez, de la importancia que tienen, desde las que son necesarias para la conservación de nuestra vida, hasta aquellas otras, en escalón descendiente, que sólo contribuyen a proporcionar un pequeño y fugitivo placer.

Ahora vemos, además, que la satisfacción de una necesidad concreta tiene en un punto determinado de su plenitud, una significación relativa máxima y que toda satisfacción que desborde este punto va teniendo una importancia cada vez menor, hasta llegar a un estadio en el que una satisfacción aún más plena de la necesidad correspondiente puede llegar a ser indiferente y, finalmente, todo nuevo acto, aun revistiendo el aspecto exterior de satisfacer una necesidad, no sólo no tiene ya para los hombres ninguna importancia, sino que les hastía y les causa tormento.

Para facilitar la comprensión de las siguientes y difíciles investigaciones, vamos a intentar dar una expresión numérica a las distintas magnitudes de que hemos venido hablando. Señalaremos con un 10 la importancia de la satisfacción de aquellas necesidades de que depende nuestra vida y luego, en numeración decreciente, con un 9, un 8, un 7, un 6 y así sucesivamente, las siguientes necesidades. Obtendremos una escala de significaciones de las distintas satisfacciones de necesidades que comienza con el 10 y termina con el 1.

Asignemos también a la significación de cada uno de los actos con que se satisface una necesidad un valor numérico, decreciente a medida que dicha necesidad se va ya satisfaciendo. Tenemos así para cada una de las necesidades de cuya satisfacción depende hasta cierto punto nuestra vida, un valor que está en relación decreciente con el grado de plenitud de la satisfacción conseguida y del bienestar inherente a dicha satisfacción. Resulta entonces una escala que empieza en 10 y termina en 0.

Para aquella satisfacción cuya significación suprema es 9, se obtiene una escala que empieza con 9 y termina también en 0, y así sucesivamente. Las diez escalas que se derivan del anterior planteamiento pueden plasmarse de la siguiente manera: Supongamos que la escala I expresa la significación de la satisfacción de la necesidad de alimentos, en grado descendente a medida que se va satisfaciendo dicha necesidad, y que la escala V representa la significación de la satisfacción del placer de fumar de una persona. Es claro que la satisfacción de la necesidad de tomar alimentos tiene, hasta que no alcanza un determinado grado de plenitud, una significación decididamente más elevada para cualquier individuo que la satisfacción de la necesidad de fumar.

Pero cuando la necesidad de alimentos ha sido ya satisfecha hasta un cierto punto, de tal modo que una ulterior satisfacción sólo tiene ya para aquel individuo la significación que hemos señalado con la cifra 6, entonces el disfrute del tabaco empieza a adquirir ya para él la misma importancia que la ulterior satisfacción de la necesidad de alimentos. Por consiguiente, a partir de este punto se esforzará por satisfacer su necesidad de tabaco con el mismo empeño que la de satisfacer su necesidad de alimentos.

Aunque evidentemente, y en términos generales, la significación de esta última necesidad es, para nuestro individuo, mucho mayor que la satisfacción de la de tabaco, con todo, tras la continuada satisfacción de la necesidad de alimentarse se inicia —tal como expresa plásticamente nuestra escala numérica— un estadio en el que los siguientes actos de dicha satisfacción tiene una menor significación que los primeros actos de satisfacción — mucho menos importante en términos generales, pero no plenamente satisfecha— de la necesidad de fumar. Creemos haber explicado con suficiente claridad, mediante este ejemplo tomado de la vida ordinaria, el sentido de las cifras antes dadas, con la única intención de facilitar la visión de un campo de la psicología tan difícil como poco elaborado hasta ahora.

La diferente significación que tiene para el hombre la satisfacción de las concretas necesidades no es en modo alguno ajena a la conciencia de los agentes económicos, a pesar de que hasta ahora el fenómeno que hemos analizado ha despertado poco la atención de los investigadores. Doquiera los hombres vivan, y sea cual fuere el nivel de su evolución cultural, podemos observar en todas partes cómo los agentes económicos contrapesan cuidadosamente la importancia relativa de todos y cada uno de los actos concretos que llevan a la satisfacción de sus diferentes necesidades en general y a la satisfacción más o menos completa de las necesidades de cada individuo y cómo guían hasta donde les es posible la actividad encaminada a la plena satisfacción de sus necesidades (economía) por los resultados de esta comprobación.

Más aún, esta ponderación de la diferente importancia de las necesidades, la elección entre aquellas que permanecen insatisfechas y aquellas otras que, a tenor de los medios disponibles, pueden satisfacerse, y la determinación del grado en que estas últimas pueden llegar a la satisfacción, forma aquella parte de la actividad económica humana que llena sus espíritus más que ninguna otra, que ejerce un sin igual influjo en sus esfuerzos económicos y es casi interrumpidamente practicada por todo sujeto económico.

El conocimiento de la distinta significación que tiene para los hombres la satisfacción de las diversas necesidades y cada uno de los actos concretos de la misma es la primera causa de la diferencia del valor de los bienes. b) Dependencia entre unas determinadas satisfacciones de necesidades y unos bienes concretos (elemento objetivo).

Si pasa la satisfacción de cada una de las necesidades concretas de los hombres sólo se dispusiera de un bien y este bien sólo estuviera capacitado para cubrir dicha necesidad, de tal modo que por un lado no se alcanzaría esta satisfacción si no se pudiera disponer de este bien determinado y, por el otro, este bien sólo tuviera capacidad para satisfacer esta necesidad concreta y ninguna otra, entonces sería muy fácil determinar el valor de un bien de estas características.

Equivaldría, en efecto, a la importancia que la satisfacción de dicha necesidad tiene para nosotros. Es claro, en este caso, que en la medida en que para la satisfacción de una necesidad dependemos de nuestra disposición sobre un bien determinado, de modo que esta satisfacción no puede lograrse si no disponemos del citado bien y, al mismo tiempo, este bien no tiene ninguna otra aplicación práctica que no sea la de la satisfacción de aquella necesidad, entonces puede alcanzar la plena significación —pero sólo esto— que corresponde a la satisfacción de la necesidad de que hablamos. Según sea, pues, mayor o menor la significación que la satisfacción de dicha necesidad tenga para nosotros, será también mayor o menor el valor del bien correspondiente.

Si, por ejemplo, un individuo miope es arrojado por una tempestad a una isla desierta y, entre los bienes que ha logrado salvar, hay unas gafas que remedian su miopía, pero no tiene otras de repuesto, es indudable que tienen para él la plena significación que nuestro individuo atribuya a la capacidad de ver bien, pero nada más, ya que las gafas sólo sirven para la satisfacción de esta concreta y expresa necesidad.

Ahora bien, en la vida normal la relación entre los bienes disponibles y nuestras necesidades es, de ordinario, mucho más complicada. Para empezar: no se trata de necesidades concretas, sino de un conjunto de necesidades; no de un bien concreto, sino de una cantidad de bienes, de modo que unas veces es grande y otras pequeño el número de satisfacciones de necesidades de muy diversa significación entre sí que dependen de nuestra disposición sobre una cantidad de bienes.

Además, cada uno de estos bienes tiene la capacidad de llevar a la satisfacción de necesidades de diversa importancia, tal como se acaba de indicar. Un campesino aislado dispone, tras una abundante cosecha, de doscientos celemines de grano. Una parte de esta cantidad sirve para el mantenimiento de su vida y la de su familia hasta la próxima cosecha; otra parte para la conservación de la salud, un tercera porción le asegura la semilla necesaria para la siembra siguiente; una cuarta puede emplearla en la fabricación de cerveza, alcohol y otros fines placenteros, y una quinta para el engorde de su ganado.

Y aún le sobran algunos celemines, que no puede emplear en la satisfacción de otras necesidades importantes y que destina, por consiguiente, al alimento de animales de recreo, con objeto de sacar algún provecho del grano.

Hay, pues, satisfacciones de necesidades de la máxima importancia, respecto de las cuales el campesino depende del grano que tiene en su poder. Con él asegura, en primer lugar, su vida y la de su familia; luego su salud y la de los suyos; a continuación el mantenimiento de su economía, es decir, una base importante de su bienestar permanente. Utiliza finalmente una parte de su grano para la satisfacción de algunos placeres.

También respecto de estos últimos puede comprobarse que es muy grande la diferencia que cada uno de ellos tiene para nuestro labrador. Se plantea, pues, a nuestra consideración, un caso —y ésta es la situación normal de la vida— en el que la satisfacción de necesidades de muy diversa importancia depende de la disposición sobre una cantidad de bienes de la que —para simplificar al máximo el problema— admitiremos que todas sus partes integrantes tienen una misma naturaleza y composición. Y nos preguntamos: ¿Qué valor tiene para nuestro agricultor, en las circunstancias descritas, una determinada cantidad de grano? ¿Tendrán para él aquellos celemines de grano que aseguran su vida y la de su familia mayor valor que los que aseguran su salud y la de los suyos y éstos mayor valor que los que le permiten la siembra de sus campos y estos últimos mayor valor que aquellos celemines que pensaba emplear en fines de placer o de recreo? Y así sucesivamente. Nadie negará que la significación de la satisfacción de necesidades a que parecen destinarse cada una de las concretas cantidades parciales del grano disponible es muy diversa, según una gradación que, en la escala numérica antes consignada, va desde el 10 al 1.

Pero, por otro lado, nadie podrá tampoco afirmar que unos celemines de grano (por ejemplo aquellos con los que el labriego intenta mantenerse a sí mismo y a su familia hasta la próxima cosecha) tengan una calidad distinta y superior a los celemines que piensa destinar a la fabricación de bebidas y que, por tanto, estos últimos tengan para él menor valor.

En éste y en todos los casos similares, en los que la satisfacción de unas necesidades de diversa significación depende de la disposición sobre unas determinadas cantidades de bienes, nos enfrentamos con el difícil problema de determinar qué concreta satisfacción de una necesidad depende de una concreta cantidad de bienes. La solución de este importantísimo problema de la teoría del valor se obtiene a través del análisis de la economía humana y de la naturaleza del valor de los bienes. Ya hemos visto que el esfuerzo humano se orienta a la satisfacción completa —o, donde esto es asequible, hacia la mayor posible— de sus necesidades.

Si ahora una cantidad de bienes se contrapone a unas necesidades cuya satisfacción es de muy diversa significación para los hombres, éstos comenzarán por cubrir o intentar al menos cubrir aquellas necesidades cuya satisfacción tiene para ellos la máxima importancia. Si después les sobra algo, lo emplearán en la satisfacción de aquellas necesidades que siguen, en orden de importancia, a las primeras ya satisfechas, y seguirán así con las posibles porciones restantes, según el grado de importancia de las necesidades.

Si nos preguntamos ahora qué valor tiene, para un agente económico que se halla en posesión de una cantidad de bienes, una parte concreta de los mismos, la pregunta, referida a la esencia del valor, cristaliza en esta otra: ¿qué necesidad no podría satisfacerse cuando el mencionado sujeto económico no pudiera ya disponer de aquella cantidad parcial, es decir, cuando ya sólo tuviera en su poder la cantidad total, previa sustracción de aquella cantidad parcial? La respuesta se deduce de nuestra anterior exposición sobre la naturaleza de la economía humana y nos indica que en este caso toda persona económica procuraría satisfacer, con la cantidad de bienes restante, sus necesidades más perentorias, renunciando a las menos importantes y que, por consiguiente, sólo dejarían de satisfacerse, de entre las necesidades hasta entonces aseguradas, aquellas que tuvieran para esta persona una menor significación.

Así pues, en cada caso concreto, sólo dependen de la disposición sobre una determinada cantidad parcial de la masa de bienes de que dispone una persona económica aquellas satisfacciones de necesidades aseguradas por la cantidad total que para ella tienen la menor significación en el conjunto de sus necesidades.

El valor de una cantidad parcial de la masa de bienes disponibles es, para una persona determinada, igual a la significación que para ella tienen las satisfacciones de necesidades menos importantes de entre las que están aseguradas por la cantidad total y que podrían satisfacerse con una igual cantidad parcial. — El análisis de algunos casos concretos arrojará mayor luz sobre los principios que se vienen exponiendo. Se trata, en mi opinión, de un tema tan importante que me arriesgo a acometer esta tarea, aun sabiendo que para algunos la exposición ha de resultar prolija y tediosa. Siguiendo el ejemplo de Adam Smith, estimo preferible pecar de aburrido, con tal de conseguir una mayor claridad en la secuencia de las ideas. Imaginemos —para comenzar por el caso más sencillo— un sujeto económico aislado que habita en una isla rocosa en medio del mar, en la que hay un solo manantial, del que depende totalmente para las satisfacciones de sus necesidades de agua dulce.

Supongamos ahora que este hombre aislado necesita para sí un cántaro diario de agua y 19 cántaros para los animales que le proporcionan la leche y la carne más indispensables para conservar su vida. Supongamos, además, que necesita otros 40 cántaros para mantenerse en plena salud, para su higiene personal, para la limpieza de sus vestidos y aperos y, en fin, para alimentar algunos animales, cuya leche y carne le proporcionan una alimentación suplementaria. De las cosas enumeradas dependen la conservación de su salud y su permanente bienestar.

Finalmente, necesita otros 40 cántaros diarios más, en parte para las flores de su jardín, y en parte para algunos animales, que no le son necesarios para la conservación de su vida y su salud, pero le ofrecen diversión, o le permiten una dieta más variada o, sencillamente, le dan compañía. Todo esto hace 100 cántaros de agua al día. Si la cantidad de agua de que dispone fuera mayor, no tendría en qué emplearla. Mientras el manantial sea tan rico que le proporciona agua para cubrir todas sus necesidades y además vierte al mar diariamente varios miles de cántaros, en una palabra, mientras que la satisfacción de sus necesidades no dependa de la disposición sobre una determinada cantidad, por ejemplo, de un cántaro más o menos de agua, esta cantidad no tendrá para él — como ya hemos visto— ni carácter económico ni valor y, en consecuencia, no puede hablarse tampoco de una medida de este último.

Pero supongamos que un acontecimiento natural hace que de pronto el manantial disminuye su caudal hasta el punto de que nuestro isleño sólo dispone de 90 cántaros diarios. mientras que, como sabemos, necesita 100 para la plena satisfacción de sus necesidades. Se vería entonces claro que la satisfacción de una necesidad dependería de la disposición de cada una de las cantidades parciales de agua y que, por consiguiente, cada cantidad concreta tendría para él aquella significación o importancia que hemos llamado valor.

i nos preguntamos ahora cuál de sus necesidades dependería, en este caso, de una cantidad parcial determinada de los 90 cántaros de agua de que dispone, por ejemplo, qué necesidad depende de 10 cántaros, nos enfrentamos con el siguiente problema: qué necesidades de nuestro aislado sujeto dejarían de cubrirse si no dispusiera ya de esta cantidad parcial, es decir, de los 90 cántaros, sino sólo de 80. Es bien seguro que el mencionado agente económico seguirá destinando, en primer término, igual que antes, a la conservación de su vida, toda la cantidad de agua que le sea necesaria.

Luego, mantendría tantos animales como le fueran absolutamente necesarios para poder atender a esta conservación. Como estos fines sólo requieren 20 cántaros diarios, emplearía los 60 restantes primero para cubrir todas aquellas necesidades de cuya satisfacción depende su salud y su permanente bienestar. Como para alcanzar estos objetivos necesita un total de 40 cántaros, le sobran todavía 20 al día, que puede emplear con menos fines de recreo. Puede, por tanto, mantener las flores de su jardín o bien los animales que posee sólo por placer. Puede elegir entre la satisfacción de estas dos necesidades e inclinarse por la que le parezca más importante, renunciando a la otra.

Así pues, para nuestro Robinson, disponer, además de la cantidad de 90 cántaros de agua, de 10 más o menos, es una cuestión que tiene el mismo significado de si puede, o no, seguir satisfaciendo aquellas necesidades menos importantes que antes satisfacía con 10 cántaros de agua. Mientras siga disponiendo de la cantidad total de 90 cántaros diarios, diez cántaros significarán para él la posibilidad de satisfacer las necesidades últimamente mencionadas, es decir, tendrán la significación de unos placeres relativamente poco importantes. Sigamos suponiendo ahora que el manantial que proporciona agua a nuestro sujeto de economía aislada redujera aún más su caudal, hasta el punto de que ya sólo pudiera disponer de 40 cántaros, al día.

También ahora, al igual que antes, la conservación de su vida y de su bienestar está ligada a la disposición sobre la totalidad de esta cantidad de agua. Pero la situación habría experimentado ahora un cambio en puntos importantes. Mientras que antes una cantidad parcial significativa, por ejemplo, un cántaro de agua, estaba vinculada a un placer o a una comodidad de la persona económica, ahora el problema es muy otro: si tal vez disponer de un cántaro de agua más o menos al día afecta hasta tal punto a la conservación más o menos perfecta de la salud o del bienestar de nuestro Robinson que verse privado de esta cantidad significaría que ya no podría cubrir algunas necesidades de cuya satisfacción dependen su salud y su bienestar permanente.

Mientras que cuando nuestro isleño podía disponer de muchos cientos de cántaros, cada cántaro concreto de este bien no tenía para él ningún valor, más tarde, cuando ya sólo disponía de 90 cántaros, cada uno de ellos tenía la importancia del placer que dependía de él. Y ahora, cada cantidad parcial de los 40 cántaros de que dispone tiene la significación equivalente a la satisfacción de las más importantes necesidades, porque depende de cada una de estas cantidades parciales para la satisfacción de necesidades cuyo incumplimiento implica un peligro para su salud y su permanente bienestar.

El valor de cada cantidad parcial de los bienes es igual a la significación de cada una de las necesidades que se satisfacen con ella. Si el valor de cada cántaro de agua era inicialmente para nuestro Robinson igual a 0 y en la segunda situación descrita era, por ejemplo, igual a 1, al final este valor, expresado en cifras, se sitúa en el 6. Sigamos imaginando que el manantial se seca aún más, hasta que al final sólo arroja un caudal diario que basta justamente para mantener la vida de nuestro isleño (es decir, unos 20 cántaros, que es lo que necesita para sí y para aquella parte del rebaño, sin cuya leche y carne se vería condenado a morir).

Es evidente que en este caso hasta la más insignificante cantidad de agua de que puede disponer tiene para él el pleno significado de la conservación de su vida y que, por tanto, el valor del agua alcanza en nuestra escala la cifra 10. Ya hemos visto que, en el primer caso, y cuando nuestro sujeto disponía de miles de cántaros de agua al día, una cantidad parcial de la misma, por ejemplo, un cántaro, no tenía ningún valor, porque la satisfacción de sus necesidades no dependía de un cántaro aislado.

En el segundo caso, una cantidad parcial concreta de los 90 cántaros de que disponía tenía ya para nuestro hombre la significación de los placeres, porque placeres eran las necesidades menos importantes, a cuya satisfacción tenía que renunciar con un caudal de agua disponible de 90 cántaros.

En la tercera hipótesis, cuando ya sólo disponía de 40 cántaros diarios, dependía de cada cantidad parcial concreta la satisfacción de las necesidades más importantes y, de acuerdo con ello, aumentaba también paralelamente el valor de estas cantidades parciales. En el cuarto supuesto, aumentó aún más este valor, cuando la satisfacción de las necesidades más vitales dependía ya de toda cantidad parcial concreta. Supongamos ahora —para pasar al estudio de unas relaciones más complicadas (sociales)— el caso de un velero, que, cuando se halla a veinte días de distancia de la costa más próxima, sufre un accidente a consecuencia del cual sus provisiones disminuyen hasta tal punto que para poder sobrevivir durante el resto de la travesía los pasajeros tienen que racionar los alimentos, las galletas, por ejemplo.

Se daría entonces el caso de que frente a unas determinadas necesidades, la tripulación del velero sólo dispondría de unos determinados bienes, de tal modo que la satisfacción de dichas necesidades dependería totalmente de la masa de bienes disponible. Sigamos suponiendo que la vida de los viajeros sólo puede conservarse a condición de que cada uno de ellos se contente con media libra de galleta diaria.

Cada uno de ellos dispondría, por consiguiente, de diez libras de galletas, que tendrían para ellos tanto valor como su propia vida. En estas circunstancias, nadie que apreciara en algo su vida se dejaría persuadir a cambiar esta cantidad de bienes o una parte significativa de los mismos por ningún otro bien que no fuera a su vez un alimento, ni tan siquiera por los bienes más apreciados en la vida normal.

Aunque se encontrara, por ejemplo, entre los pasajeros, un hombre muy rico, que, para aplacar el tormento del hambre, estuviera dispuesto a pagar una galleta por su peso en oro, ninguno de sus compañeros de viaje estaría dispuesto a tal intercambio. Pero admitamos el supuesto de que los pasajeros disponen, además de las diez libras de galletas, de otras cinco libras suplementarias. En tal caso, su vida no depende ya de una libra, porque podrían privarse de ella o podrían también cambiarla por otros bienes que no fueran alimentos, sin poner en peligro su existencia.

En esta nueva circunstancia, su vida no depende ya de la disposición de una libra de comida, aunque sí dependen de esta cantidad otros valores, porque puede ser un remedio contra trastornos y desarreglos, e incluso una garantía de su salud, ya que una alimentación tan reducida como la que tendrían que afrontar los que sólo pueden disponer de diez libras, prolongada durante veinte días, tiene efectos nocivos sobre el bienestar físico.

Por consiguiente, en esta situación, aunque una sola libra de galletas no tendría para cada uno de los viajeros la significación de la conservación de la vida, sí tendría aquella otra que cada uno de ellos concede a la conservación de su salud o de su bienestar, pues ambas cosas dependen de aquella cantidad. Supongamos, finalmente, que el restaurante de la nave de nuestro ejemplo ha perdido todas sus provisiones alimenticias y que, por tanto, los pasajeros no disponen de alimentos propios, pero que en las bodegas del navío hay estibados varios miles de quintales de galletas y que el capitán, ante la miserable situación en que se encuentran los pasajeros, como consecuencia del desgraciado accidente, permite que consuman cuanta galleta deseen. Es evidente que los pasajeros se precipitarían sobre este alimento para calmar su hambre.

Pero no lo es menos que, al verse sometidos durante veinte días a una dieta tan monótona, un buen trozo de carne constituiría un bien de bastante valor, mientras que una galleta aislada tendría un valor muy pequeño y hasta nulo. ¿A qué se debe que en el primer caso disponer de una libra de galleta tenía para cada uno de nuestros viajeros la plena significación de la conservación de su vida, mientras que en el segundo caso tendría un valor que, aunque muy elevado, no es tan vital, y en el tercero no tendría ya ninguno o sería en todo caso de muy escasa significación? Las necesidades de los pasajeros son las mismas en los tres casos, porque no ha cambiado su personalidad ni, por consiguiente, tampoco su necesidad.

Lo único que cambia es la cantidad de alimentos con que hacer frente a dicha necesidad, ya que en el primer caso los alimentos se reducen a diez libras por persona, en el segundo es una cantidad mayor y en el tercero es muy elevada. Y así, va disminuyendo de caso en caso la significación de la satisfacción de las necesidades que depende de las cantidades parciales concretas de aquellos alimentos. Lo que hemos podido observar aquí, primero respecto de un individuo aislado y luego de un pequeño grupo, temporalmente alejado del resto de la sociedad, es también aplicable a las relaciones, más complicadas, de un pueblo o de una sociedad humana.

La situación de los habitantes de una región tras una cosecha mísera, otra media y otra ubérrima, refleja circunstancias que son esencialmente análogas a las descritas. También aquí se da, frente a una determinada necesidad, en el primer caso, una pequeña cantidad disponible de alimentos, algo mayor en el segundo y abundante en el tercero. Así pues, también aquí la significación de las satisfacciones de necesidades que dependen de unas concretas cantidades parciales es muy distinta de unos casos a otros. Si en una región, tras un año de extraordinaria cosecha, se quema un almacén con 100,000 celemines de grano, lo más que puede ocurrir como consecuencia de esta desgracia es que se produzca menor cantidad de alcohol o que la parte más pobre de la población tengan que reducir en algo su dieta alimenticia, pero no hasta el extremo de pasar hambre.

Pero si la desgracia acontece tras una cosecha normal, serán muchas las personas que tendrán que renunciar a la satisfacción de necesidades más importantes. Y si la calamidad ocurre tras una cosecha misérrima, perecerán por inanición muchas personas. Sintetizando cuanto hemos venido diciendo, el resultado de nuestras anteriores reflexiones puede expresarse en los siguientes principios: 1. La significación que los bienes tienen para nosotros, y que llamamos valor, es solamente una significación figurada o metafórica. En principio, lo único que tiene significación es la satisfacción de nuestras necesidades, porque de ella depende la conservación de nuestra vida y nuestro bienestar. Pero luego, y con lógica consecuencia, trasladamos esta significación a aquellos bienes de los que sabemos que depende la satisfacción mencionada. 2. La magnitud de la significación que tiene para nosotros la satisfacción de las diversas necesidades (es decir, los actos concretos de las mismas, que nosotros podemos realizar a través de unos bienes determinados) es desigual y la medida de esta se halla en el grado de su importancia para la conservación de nuestra vida y nuestro bienestar. 3. También es diferente la magnitud de la significación de la satisfacción de nuestras necesidades trasladada a los bienes mismos, es decir, la magnitud del valor, y su medida se halla en la magnitud de la significación que tiene para nosotros la satisfacción de las necesidades que depende de los bienes en cuestión. 4. En cada caso concreto, depende de la disposición sobre una determinada cantidad parcial de la cantidad total de un bien de que dispone un sujeto económico tan sólo la satisfacción de aquellas necesidades todavía no garantizadas por dicha cantidad total que para este sujeto tiene menor significación en el conjunto de sus necesidades. 5. El valor de un bien concreto o de una determinada cantidad parcial de la masa total de bienes de que dispone un sujeto económico es igual a la significación que para el mencionado sujeto tiene la satisfacción de las necesidades menos importantes que puede alcanzarse con aquella cantidad parcial y todavía no está asegurada por la cantidad total.

La satisfacción de estas necesidades depende, efectivamente por lo que hace al sujeto económico en cuestión, de la disposición sobre el bien concreto correspondiente o sobre la correspondiente cantidad de bienes. — En nuestras anteriores investigaciones hemos comenzado por reducir la diferencia del valor de los bienes a sus últimas causas y luego hemos descubierto también la medida originaria que utilizan los hombres pan calcular el valor de todos los bienes. Una vez bien entendidas las anteriores afirmaciones, no resulta ya difícil dar con la solución del problema que se plantea a la hora de explicar las causas de la diferencia del valor de dos o más bienes o cantidades concretas de bienes.

Si nos preguntamos, por ejemplo, a qué se debe que una libra de agua potable no tenga para nosotros, en circunstancias normales, apenas ningún valor, mientras que, de ordinario, concedemos un valor elevado a la más pequeña parte de una libra de oro o a los diamantes, obtendremos la respuesta a partir de la siguiente reflexión: Los diamantes y el oro son tan escasos que la totalidad de las cantidades de los primeros en poder de los hombres pueden guardarse en una caja, y cuanto al oro, un sencillo cálculo demuestra que cabe todo él en un salón de amplias proporciones.

En cambio, el agua potable abunda tanto que apenas cabe imaginar un depósito lo suficientemente grande para almacenarla en su totalidad. Por consiguiente, de entre el cúmulo de necesidades cuya satisfacción depende del oro o de los diamantes, los hombres sólo pueden cubrir las más importantes, mientras que, de ordinario, no sólo pueden satisfacer plenamente sus necesidades de agua potable, sino que, además, hay grandes cantidades de este bien que se dejan perder sin provecho alguno, porque no pueden utilizar la cantidad total de que disponen.

No existe, por tanto, ninguna necesidad humana que, en las circunstancias normales, dependa hasta tal punto de una cantidad concreta de agua que no pueda ser satisfecha sin dificultad. En cambio, en el caso del oro y de los diamantes, hasta la más insignificante de las satisfacciones que se aseguran con la cantidad total de que disponen tiene siempre una significación relativamente alta. Las cantidades concretas de agua potable no tienen, de ordinario, para los agentes económicos, ningún valor, mientras que lo tienen, y muy elevado, el oro y los diamantes.

Todo lo dicho es válido en las circunstancias normales de la vida, es decir cuando el agua potable es muy abundante y el oro y los diamantes muy escasos. Pero en el desierto, donde no raras veces la vida del viajero depende de un sorbo de agua, cabe muy bien imaginar el caso de que la satisfacción de las necesidades de un individuo dependa mucho más de una libra de agua que de una libra de oro.

Y, en tal caso, el valor de la primera sería para el individuo en cuestión muy superior al de la segunda. La experiencia nos enseña también que relaciones similares suelen producirse siempre allí donde la situación económica es tal como nosotros acabamos de describirla. c) Influencia de la diversa calidad de los bienes sobre su valor No raras veces las necesidades humanas pueden ser satisfechas con bienes de diferente género y, con mayor frecuencia aún, de diferente especie.

Allí donde de un lado entran en juego unos determinados conjuntos de necesidades humanas y, del otro, las cantidades de bienes disponibles para su satisfacción (como se ha dicho más arriba), no siempre aparecen frente a las primeras unas cantidades de bienes totalmente homogéneas, sino que a menudo se trata de bienes de distinto género y, más a menudo aún, de diferente especie.

En beneficio de una mayor sencillez de la exposición, prescindiremos en las líneas que siguen de la diferencia de estas cantidades de bienes y sólo tendremos en cuenta aquellos casos en los que frente a unas necesidades de un tipo determinado (a cuya significación, decreciente a medida que se van satisfaciendo las necesidades, hemos aludido de forma especial en las páginas precedentes) aparecen unas cantidades de bienes enteramente similares, para que de este modo se perciba con mayor claridad el influjo que la diferencia de las cantidades disponibles ejerce sobre el valor de los bienes.

No necesitaremos, para nuestro propósito, considerar aquellos casos en los que unas determinadas necesidades humanas pueden satisfacerse con bienes de distinto género o especie y en los que, por tanto, una determinada necesidad se enfrenta con unas cantidades de bienes disponibles cuyas cantidades parciales son de diferente estructura interna. Aquí debe observarse, en primer lugar, que una diferencia de los bienes ya sea genérica o específica, no puede afectar al valor de las cantidades parciales concretas de los bienes respectivos cuando esta diferencia no afecta a la satisfacción de las necesidades humanas. Por consiguiente, es absolutamente razonable considerar como homogéneos, desde una perspectiva económica los bienes que satisfacen de una manera enteramente igual las necesidades humanas, aunque debido a su apariencia externa pertenezcan a diferentes géneros o especies.

Para que la diferencia genérica o específica de dos bienes fundamenten una diferencia en su valor se requiere al mismo tiempo que ambos tengan también una distinta capacidad de satisfacer las necesidades humanas, es decir, lo que hemos llamado, desde el punto de vista económico, una diferente cualidad. El objeto de las siguientes, reflexiones gira, pues, en torno al influjo que esta última cualidad ejerce sobre el valor de los bienes concretos.

En una perspectiva económica, la diferencia cualitativa de los bienes puede ofrecer una doble vertiente: con unas mismas cantidades de bienes de diferente cualificación, las necesidades humanas pueden satisfacerse de una manera cualitativa o cuantitativamente diferente. Así, por ejemplo, con una determinada cantidad de madera de haya puede satisfacerse la necesidad humana de calor de una manera cuantitativamente más intensa que con la misma cantidad de madera de abeto. Por el lado contrario, con dos cantidades iguales de alimentos, dotadas de una misma capacidad alimenticia, puede satisfacerse de distinta forma cualitativa la necesidad de alimentos, en el sentido de que, siempre dentro de la misma cantidad, uno de ellos resulta placentero y el otro no, o no con igual intensidad.

En los bienes de la primera categoría, la menor calidad puede compensarse íntegramente con una mayor cantidad, pero en los bienes del segundo tipo esto no es posible. Como medio de calefacción, la madera de haya puede ser sustituida por madera de abeto, la de aliso por la de pino; el carbón de piedra de escasa calidad calorífica, la corteza de encina de poco contenido de tanino, las fuerzas laborales de escasa capacidad pueden reemplazar, aumentando la cantidad, la ausencia de bienes de mayor calidad, siempre que los agentes económicos dispongan de cantidades más elevadas.

Pero las comidas o bebidas insípidas, las viviendas húmedas y oscuras, los servicios de médicos poco capacitados y otras cosas similares nunca pueden satisfacer de forma cualitativamente completa nuestras necesidades, por mucha que sea su cantidad, de una manera tan perfecta como los bienes correspondientes de una mejor calidad. Ahora bien, ya hemos visto que para la apreciación del valor de los bienes los sujetos económicos sólo se fijan en la significación de la satisfacción de aquellas necesidades que dependen de la disposición sobre un bien.

La cantidad del bien mediante el cual puede alcanzarse la satisfacción de una necesidad concreta es aquí un elemento secundario. No es menos claro que cantidades menores de un bien de alta calidad —siempre que tengan la capacidad de satisfacer una necesidad humana por sí misma y de una misma manera (cuantitativa y cualitativa) que otras cantidades mayores de un bien de menor calidad— tienen también para los hombres económicos el mismo valor que estas últimas. Según esto, tienen diverso valor unas mismas cantidades de bienes de diversa cualificación. Si, por poner un ejemplo, para calcular el valor de la corteza de encina sólo se tiene en cuenta su capacidad curtiente, siete quintales de una clase tendrán para un artesano el mismo valor que ocho quintales de otra clase, siempre que ambas cantidades tengan la misma eficacia.

La simple reducción de los bienes citados a cantidades de la misma eficacia económica (un medio que se utiliza de hecho en todos los casos similares que acontecen en la vida económica de los hombres) elimina por completo la dificultad que se deriva de la diferente calidad de los bienes (siempre que su eficacia tenga una diferencia meramente cualitativa) para el cálculo del valor de sus cantidades concretas, ya que los casos más complicados pueden siempre plantearse según la sencilla ecuación que hemos descrito en páginas anteriores

Mayor complicación presenta el problema del influjo que sobre el valor de unos bienes o cantidades de bienes concretos ejerce la diferente calidad cuando, como consecuencia de ella, se satisfacen de manera cualitativamente diferente unas determinadas necesidades.

También aquí es indudable, a tenor de cuanto hemos dicho sobre el principio general de la determinación del valor de los bienes (apartado 2 o de este capítulo), que la significación de aquellas necesidades que deben quedar insatisfechas —en cuanto que no podemos disponer de un bien de determinado tipo o de especial calidad— constituye un elemento determinante de su valor. La dificultad a que nos referimos no radica, por tanto, en el principio general de la determinación del valor de los bienes en cuestión, sino más bien en la determinación de la satisfacción de aquellas necesidades que depende, en las circunstancias dadas, de un bien concreto y determinado, cuando la totalidad de las necesidades se enfrenta con bienes cuyas cantidades parciales pueden satisfacer aquella totalidad de formas cualitativamente diferentes.

Es decir, la dificultad radica en la aplicación práctica del antes mencionado principio de la vida económica humana. A la solución del problema se llega a través de las siguientes reflexiones. Los agentes económicos utilizan las cantidades de bienes de que disponen con la mirada puesta en la diversa calidad de estos, siempre que ésta exista. El agricultor que dispone de granos de diversa calidad no emplea, por ejemplo, los peores para la siembra, ni los granos de calidad media para engorde del ganado, ni los de calidad óptima para alimentarse y para fabricar bebidas, ni tampoco emplea indiscriminadamente las diferentes calidades de granos para diferentes fines. Al contrario, destina, según sus posibilidades, el grano más selecto para el primero de los objetivos mencionados, y de lo que le resta, la parte mejor la destina al último, mientras que el grano de peor calidad lo utiliza para el engorde.

Así pues, en aquellos bienes cuyas cantidades parciales no tienen calidades diferentes la cantidad total disponible se corresponde con la totalidad de las necesidades concretas que pueden ser satisfechas con dichos bienes. Pero cuando las cantidades parciales de un bien satisfacen de manera cualitativamente diferente las necesidades humanas, la totalidad de la cantidad disponible no se enfrenta ya con la totalidad de las respectivas necesidades, sino que cada cantidad concreta dotada de una peculiar cualidad responde a una especial necesidad del hombre económico. Si los bienes de una determinada cualidad no pueden ser sustituidos por otros cualitativamente diferentes en orden a unos determinados usos, entonces tiene plena aplicación la antes mencionada ley de la determinación del valor para las cantidades concretas de estos bienes.

Efectivamente, el valor de estas cantidades concretas es igual a la significación de la satisfacción de las necesidades menos importantes todavía no cubiertas por la cantidad total disponible del bien así cualificado. Ocurre entonces que, de hecho, dependemos de la disposición de un bien concreto de la mencionada calidad para la satisfacción de estas necesidades. Pero si, por el contrario, las necesidades humanas pueden ser cubiertas con bienes cualitativamente diferentes —aunque también bajo diferente forma cualitativa—, de tal modo que los bienes de una cualidad pueden ser sustituidos por otros, aunque no tengan la misma eficacia, entonces el valor de un bien de una concreta calidad o una cantidad parcial del mismo equivale a la significación de la satisfacción de la necesidad menos importante que puede ser cubierta por los bienes de la calidad de que se viene hablando, menos una disminución de la cuota del valor tanto mayor cuanto menor es el valor de los bienes de inferior calidad capacitados para satisfacer la necesidad en cuestión, y cuanto menor es la diferencia entre la significación que tiene para el hombre la satisfacción de la necesidad con el bien más altamente cualificado y la satisfacción de esta misma necesidad con el bien de menor cualificación.

Llegamos así a la conclusión de que también allí donde, frente a un conjunto de necesidades, existe una cantidad de bienes de diversa calidad, pero la satisfacción de necesidades de una determinada intensidad depende de una concreta cantidad parcial de estos bienes o de un bien concreto (y, por tanto, también en todos los casos aquí expuestos), tiene plena aplicación el antes enunciado principio de la determinación del valor de los bienes concretos. d) Carácter subjetivo de la medida del valor. Trabajo y valor. Error. Ya hemos aludido antes, al hablar de la esencia del valor, al hecho que éste no es algo intrínseco, ni es una propiedad o una peculiaridad de los bienes, y mucho menos una cosa autónoma e independiente en sí misma.

Esta afirmación no queda invalidada por la circunstancia de que un bien tenga para un agente económico algún valor y para otro, en diferentes circunstancias, no tenga en cambio ninguno. Añadimos ahora también la medida del valor es totalmente subjetiva y que, por consiguiente, un bien puede constituir para un sujeto económico un gran valor, para otro un valor menor y para un tercero un valor nulo, según sea la diferencia de la necesidad y la masa disponible. Lo que uno desprecia, o aprecia en poco, es deseado por otro. Lo que uno desecha otro lo busca. Puede observarse no raras veces que mientras un sujeto económico concede el mismo valor a una determinada cantidad de un bien que a una mayor de otro, hay personas que juzgan el valor de esta cantidad de forma exactamente opuesta. Así pues, el valor es de naturaleza subjetiva, no sólo cuanto a su esencia, sino también cuanto a su medida.

Los bienes tienen siempre "valor" para unos determinados sujetos económicos y, además, pera estos sujetos sólo tienen un determinado valor. El valor que un bien tiene para un sujeto económico es igual a la significación de aquella necesidad para cuya satisfacción el individuo depende de la disposición del bien en cuestión. La cantidad de trabajo o de otros bienes de orden superior utilizados para la producción del bien cuyo valor analizamos no tiene ninguna conexión directa y necesaria con la magnitud de este valor. Un bien no económico, por ejemplo, una cantidad de madera en un gran bosque no encierra ningún valor para los hombres por el hecho de que se hayan empleado en ella grandes cantidades de trabajo o de otros bienes económicos. Respecto del valor de un diamante, es indiferente que haya sido descubierto por puro azar o que se hayan empleado mil días de duros trabajos en un pozo diamantífero. Y así, en la vida práctica, nadie se pregunta por la historia del origen de un bien; para valorarlo sólo se tiene en cuenta el servicio que puede prestar o al que habría que renunciar caso de no tenerlo.

Y así, no pocas veces, bienes en los que se ha empleado mucho trabajo no tienen ningún valor y otros en los que no se ha empleado ninguno lo tienen muy grande. Puede ocurrir también que tengan un mismo valor unos bienes para los que se ha requerido mucho esfuerzo y otros en los que el esfuerzo ha sido pequeño o nulo. Por consiguiente, las cantidades de trabajo o de otros medios de producción empleados para conseguir un bien no pueden ser el elemento decisivo para calcular su valor.

Es indudable que la comparación del valor del producto con el valor de los medios de producción empleados para conseguirlo nos enseña si y hasta qué punto fue razonable es decir, económica, la producción de este. Con todo, esto sólo sirve para juzgar una actividad humana perteneciente al pasado. Pero respecto del valor mismo del producto, las cantidades de bienes empleados en conseguirlo no tienen ninguna influencia determinante ni necesaria ni inmediata.

Es también insostenible la opinión de que las cantidades de trabajo o de otros medios de producción necesarios para la reproducción de los bienes son el factor determinante del valor de éstos. Existe un gran número de bienes que no se pueden reproducir (por ejemplo, objetos antiguos, cuadros de los viejos maestros, etc.). Hay, pues, una serie de fenómenos de la economía nacional en los que podemos observar que ciertamente tienen valor, pero no la posibilidad de reproducción y, por consiguiente, el principio determinante del valor no puede ser un elemento vinculado a la reproducción.

La experiencia enseña asimismo que el valor de los medios de producción necesarios para la reproducción de numerosos bienes (por ejemplo, rehacer vestidos pasados de moda o máquinas anticuadas) es mucho mayor que el valor del producto mismo, mientras que en algunos casos es inferior. Por tanto, ni la cantidad de trabajo requerida para la producción o reproducción de un bien ni otros bienes constituyen el factor determinante del valor. La medida viene dada por la magnitud de la significación de aquella necesidad para cuya satisfacción dependemos y sabemos que dependemos de la disposición de un bien, ya que el principio de la determinación del valor es aplicable a todo fenómeno de valor.

Este principio no conoce excepciones en el ámbito de la economía humana. La significación que la satisfacción de una necesidad tiene para nosotros no tiene su medida en nuestro capricho, sino, por el contrario, en la significación —independiente de nuestro capricho— que la satisfacción de una necesidad tiene para nuestra vida o nuestro bienestar. Con todo, la significación de las satisfacciones de necesidades o respectivamente los actos concretos de las mismas corre a cargo de y es valorada por los agentes económicos, lo que quiere decir que esta valoración —como cualquier otro conocimiento humano— está sujeta a errores. Ya hemos visto antes que para los hombres tiene la máxima importancia la satisfacción de aquellas necesidades de las que depende su vida. A ésta sigue, por orden de importancia, la satisfacción de aquellas a las que está vinculado su bienestar. Las satisfacciones de que depende un mayor nivel de bienestar (a igual intensidad, las más duraderas, a igual duración las más intensas) tienen una mayor significación que aquellas otras de las que depende un menor grado de bienestar.

Pero esto no impide que algunas personas necias, arrastradas por su ignorancia, juzguen a veces la importancia de la satisfacción de las necesidades concretas de manera contraria y que haya incluso individuos cuya actividad económica es ciertamente razonable, es decir, que se esfuerzan por adquirir una recta comprensión de la auténtica significación de la satisfacción de las necesidades y por tanto de poner un sólido fundamento a su actividad y que, sin embargo, están expuestos a equivocarse, riesgo inseparable de cualquier género de conocimientos humanos.

Los hombres corren en especial el peligro de conceder mayor importancia a aquellas satisfacciones de necesidades que promueven su bienestar de forma más intensa, aunque pasajera, que no a aquellas otras de las que depende una satisfacción menos intensa pero más permanente, es decir, acostumbran a apreciar en más los placeres pasajeros pero intensos que su bienestar permanente y a veces incluso más que a su propia vida. Vemos, pues, que no raras veces los seres humanos cometen equivocaciones debidas al defectuoso conocimiento del factor subjetivo de la apreciación del valor, cuando sólo tienen en cuenta sus estados de ánimo. Con todo, los errores más frecuentes se producen cuando se trata del conocimiento del elemento objetivo de la determinación del valor, y en particular del conocimiento de la magnitud de las cantidades de bienes de que se dispone y de sus diferentes calidades. Justamente esta circunstancia pone bien en claro por qué en el ámbito de la determinación del valor de los bienes concretos se deslizan tantos errores en la vida económica.

No raras veces podemos comprobar la presencia de estas erróneas valoraciones —prescindiendo de aquellas oscilaciones del valor que se deben a cambios en el ámbito de las necesidades humanas, o de las cantidades de bienes de que disponen los hombres o, en fin, de las debidas a la constitución interna de estos bienes— cuya causa última radica exclusivamente en una modificación del conocimiento de la significación que los bienes en cuestión tienen para nuestra vida y nuestro bienestar.

Las leyes que regulan el valor de los bienes de orden superior
a) El principio determinante del valor de los bienes de orden superior Entre los errores fundamentales y de mayores consecuencias para el desarrollo que ha tenido hasta ahora nuestra ciencia debe citarse, en primer término, el siguiente: los bienes tienen valor para nosotros porque para su producción se emplean bienes valiosos. Ya hemos aludido, al hablar del precio de los bienes de orden superior, a las causas especiales que originan o fomentan el mencionado error. Dijimos allí que este error, expresado bajo múltiples variantes, es el fundamento de las teorías predominantes sobre el precio. Comencemos aquí por constatar que este principio pugna tan claramente con la experiencia que debe ser categóricamente rechazado, incluso en el caso de que a partir de él pudiera darse una correcta solución formal al problema de la fijación de un principio del valor de los bienes.

Pero es que, además, este principio no aporta la solución, porque aunque nos ofrece ciertamente una base para la explicación del valor de aquellos bienes que podemos designar como "productos", no la ofrece en cambio para todos los restantes bienes que se nos presentan como los elementos más originarios de la producción, y en particular para el valor de todos los bienes que la naturaleza nos proporciona de manera espontánea e inmediata. Entran en este capítulo, sobre todo, la utilización del suelo, el valor de las prestaciones laborales y, como veremos a continuación, la utilización del capital.

No sólo es inexplicable el valor de todos estos bienes a través del citado principio, sino que, sólo desde él, es además algo incomprensible. Así pues, con este principio no se soluciona ni objetiva ni formalmente el problema de descubrir una base de explicación del valor de los bienes aplicable a todos los casos. En efecto, de un lado, está en contradicción con la experiencia y, del otro, queda excluida su aplicabilidad en todos aquellos ámbitos donde se presentan a nuestra observación bienes que no son el producto de una conexión con bienes de órdenes superiores. El valor que tienen para nosotros los bienes de orden inferior no puede estar condicionado por el valor de los bienes de órdenes superiores utilizados para la producción de los primeros.

Es claro, al contrario, que el valor de los bienes de órdenes superiores está condicionado siempre y sin excepciones por el valor previo de aquellos bienes de órdenes inferior a cuya producción sirven. —Una vez esto bien establecido no es menos claro que tampoco el valor de los bienes de órdenes superiores es el elemento determinante del valor previsible de los bienes de orden inferior; el valor de los bienes de órdenes superiores ya utilizados para la producción de un bien no sólo no es el elemento determinante de su valor efectivo, sino que ocurre a la inversa, esto es, que bajo todas las circunstancias el valor de los bienes de órdenes superiores se calcula a tenor del valor previsible de los bienes de órdenes inferiores a cuya producción los destinan real o presumiblemente los hombres económicos.

Este valor previsible de los bienes de orden inferior es a menudo —como podremos comprobar más adelante— muy distinto de aquel que otros bienes similares tienen para nosotros en el momento actual. Por consiguiente, los bienes de órdenes superiores, a través de los cuales disponemos sobre bienes de orden inferior que pensamos utilizar en un tiempo futuro (Ver capítulo I, apartado 2 o), encuentran la medida de su valor no en estos últimos, sino en los primeros.

Si tenemos por ejemplo, salitre, azufre y carbón, y las fuerzas laborales, provisiones y otras cosas similares necesarias para la fabricación de pólvora y, a través de estas cosas, podemos disponer al cabo de tres meses de una determinada cantidad de pólvora, es evidente que el valor de esta cantidad al cabo del trimestre no será necesariamente igual al valor que tiene hoy, sino que puede ser mayor o menor. De donde se deduce que el valor de los mencionados bienes de órdenes superiores no encuentra su medida en el valor de la pólvora en este momento, sino en el que este producto tendrá previsiblemente al final del plazo requerido para su fabricación.

Cabe incluso imaginar el caso de que una determinada cantidad de un bien de orden inferior, o del primer orden, no tenga en el momento actual ningún valor (por ejemplo, el hielo en invierno), mientras que al mismo tiempo las cantidades correspondientes de bienes de orden superior que nos aseguran unas similares cantidades del citado bien para una época posterior (por ejemplo, los materiales e instalaciones necesarios para hacer hielo artificial, considerados en su conjunto) tengan valor respecto de otras épocas posteriores. Y también a la inversa.

Entre el valor que tienen para nosotros en el presente los bienes de orden inferior o respectivamente del primer orden y el valor que tienen también ahora los bienes de órdenes superiores necesarios para la producción de los primeros no existe, pues, ningún nexo necesario. Es, más bien, patente que los primeros derivan su valor de la relación entre necesidad y cantidad disponible en el momento actual y los segundos de la relación previsible entre necesidad y cantidad disponible respecto de un período futuro, en el que podremos disponer de los bienes del primer orden mediante los bienes de orden superior de que estamos hablando. Si aumenta el valor previsible de un bien de orden inferior para un período futuro, entonces aumenta también, en esta situación, el valor de aquellos bienes de orden superior cuya posesión nos asegura la disposición sobre los bienes de referencia para la época posterior.

En cambio, el aumento o la disminución del valor de un bien de orden inferior en el momento actual no tiene ninguna conexión causal necesaria con el incremento o la disminución del valor de los bienes correspondientes de órdenes superiores de que disponemos en este momento. En conclusión, el valor de los bienes de orden inferior en el momento actual no se rige por el valor de los bienes correspondientes de órdenes superiores, sino que más bien, y bajo todas las circunstancias, el valor previsible del producto es el principio determinante del valor de los bienes correspondientes de órdenes superiores.

b) Sobre la productividad del capital La transformación de los bienes de orden superior en bienes de un orden inferior sigue el mismo ritmo temporal que los restantes procesos de transformación. Así pues, los períodos de tiempo respecto de los cuales disponemos de bienes del orden inferior a través de nuestra posesión de bienes de órdenes superiores se hallan tanto más distantes cuanto más elevado es el orden de estos últimos bienes. La creciente aplicación de bienes de órdenes superiores para la satisfacción de nuestras necesidades tiene, como ya vimos antes, la consecuencia de multiplicar progresivamente las cantidades de medios de bienes de consumo inmediato.

Ahora bien, esto sólo es posible bajo el supuesto de que la actividad previsora de los hombres se extienda a períodos del futuro cada vez más distantes. Un indio salvaje se afana sin descanso por cubrir sus necesidades para el día siguiente; un nómada, que no consume todos los animales útiles de que dispone, sino que se dedica a la cría de animales jóvenes, produce bienes de los que sólo dispondrá al cabo de algunos meses.

En los pueblos de alta cultura, una parte nada desdeñable de los miembros de la sociedad se dedican a la producción de bienes que sólo contribuirán a la satisfacción de necesidades humanas al cabo de varios años y hasta de varios decenios. Los agentes económicos pueden, por tanto —gracias al hecho de que abandonan la economía de ocupación y avanzan por el sendero de la producción de bienes de órdenes superiores para la satisfacción de sus necesidades—, multiplicar los bienes de consumo inmediato de que disponen en virtud y en la medida de este progreso. Pero con una condición, a saber, que amplíen los espacios temporales a que se extiende su actividad previsora en la misma medida en que progresan hacia los bienes de órdenes superiores. Hay en esta condición una importante limitación del progreso económico.

El hombre dirige siempre su temerosa preocupación a asegurarse los medios de consumo necesarios para la conservación de su vida y de su bienestar en el presente y en el próximo futuro. Esta preocupación es débil cuanto más distante es el porvenir a que se extiende. Este fenómeno no es casual, sino que hunde sus raíces en la naturaleza humana. En efecto, en la medida en que la conservación de nuestra vida depende de la satisfacción de nuestras necesidades, es evidente que la seguridad de la satisfacción de las necesidades de los espacios temporales más próximos tiene prioridad sobre la de los espacios más distantes. Incluso en el caso de que de la disposición sobre una determinada cantidad de bienes dependa no nuestra vida, pero sí nuestro bienestar permanente (sobre todo nuestra salud), la conservación de este bienestar en un futuro inmediato es, de ordinario, la condición previa para tenerlo también en épocas posteriores.

De poco nos sirve, efectivamente, disponer de los medios necesarios para la conservación de nuestro bienestar en un remoto futuro si la necesidad y la miseria han destruido ya nuestra salud en el presente o han impedido nuestro desarrollo. Y lo mismo cabe decir respecto de aquellas otras satisfacciones de necesidades que sólo tienen para nosotros la significación de placeres. Tal como enseña la experiencia, los hombres suelen dar mayor importancia a un placer del momento actual o de un próximo futuro que a otro de la misma intensidad pero situado en un futuro más distante. La vida humana es un proceso en el que las fases de desarrollo del futuro están siempre condicionadas por las fases precedentes.

Un proceso que, una vez interrumpido, ya no puede reanudarse y, gravemente perturbado, no puede restablecerse en su total perfección. Según esto, la previsión para conservar nuestra vida y asegurar nuestro desarrollo en las fases posteriores tiene como presupuesto indispensable la preocupación por las épocas vitales anteriores.

Podemos, de hecho, observar que —prescindiendo de fenómenos económicos enfermizos— los sujetos económicos se afanan primero por asegurar la satisfacción de las necesidades del futuro inmediato y sólo después atienden a los del futuro más distante, según unas secuencias temporales. La circunstancia que pone un límite a los esfuerzos de los agentes económicos por hacerse con cantidades de bienes de órdenes superiores cada vez más elevados es la necesidad de utilizar ante todo los bienes de que actualmente disponen para la satisfacción de necesidades del futuro inmediato; sólo después pueden dedicarse a la preocupación y previsión respecto de aquellos otros situados en un futuro más distante.

Dicho de otra forma, la utilidad económica que los hombres pueden conseguir del creciente empleo de bienes de órdenes superiores para la satisfacción de sus necesidades está condicionada por el hecho de que sólo pueden disponer de cantidades de bienes para espacios temporales distantes una vez que han cubierto sus necesidades para un futuro inmediato.

En las primeras etapas de la evolución cultural, y al comienzo de cada una de sus nuevas fases, cuando sólo algunos agentes económicos aislados asumen la tarea de hacerse con bienes de órdenes superiores (los primeros inventores, descubridores o, respectivamente, los primeros empresarios) suele carecer de carácter económico aquella parte de los bienes de este orden que hasta ahora no tenían ninguna aplicación en la economía humana y de los que, por tanto, aún no existía ninguna necesidad.

Así, el suelo en un pueblo cazador que inicia su etapa agrícola, o los materiales de todo tipo hasta entonces no utilizados y que ahora comienzan a ser destinados por vez primera a la satisfacción de necesidades humanas (por ejemplo, la cal, la arena, la madera y las piedras de construcción, etc.), suelen conservar durante algún tiempo después de introducida esta nueva fase su carácter no económico. Vemos, pues, que en los inicios de la cultura, los hombres económicos no dependen de la limitada cantidad de estos bienes para una utilización progresiva de los bienes de órdenes superiores encaminados a la satisfacción de sus necesidades.

Hay otra parte de los bienes complementarios de orden superior que tiene de ordinario la característica de haber servido ya para la satisfacción de necesidades humanas, antes incluso de haber sido introducida, en el nuevo orden de bienes, en una de las ramas de la producción, es decir que tenían ya un carácter económico. Pertenecen, por ejemplo, a este tipo de bienes las simientes y las fuerzas laborales que un individuo necesita para pasar de la economía de ocupación a una economía agraria. Estos bienes, que el individuo en cuestión utilizaba hasta ahora como bienes del primer orden y que también en adelante pueden desempeñar esta función, son necesarios, en la nueva etapa como bienes de un orden superior, en la medida en que este sujeto quiere participar en la utilidad económica antes mencionada. Dicho con otras palabras, nuestro individuo puede elegir entre utilizar estos bienes para la satisfacción de una necesidad inmediata o casi inmediata, o bien reservarlos para tiempos situados en un futuro más distante.

Con la creciente evolución de la cultura y la progresiva utilización de nuevas cantidades de orden superior a cargo de los sujetos económicos va adquiriendo también carácter económico una buena parte de los antes mencionados bienes de órdenes superiores (por ejemplo: los terrenos, la cal, la arena, la madera, etc.).

Ahora bien, la posibilidad de participar de las ventajas económicas vinculadas a la utilización de bienes de órdenes superiores, en contraposición a la actividad de mera ocupación, y, en un estadio ulterior de la cultura, vinculadas incluso a la utilización de bienes de órdenes superiores en contraposición a la limitación a los medios de producción de orden inferior, depende de que un individuo disponga en el presente —y con destino a épocas futuras— de cantidades de bienes económicos de orden superior (en todos aquellos lugares en donde se ha desarrollado ya un activo comercio y pueden intercambiarse bienes o cantidades de bienes económicos de todo tipo).

Dicho con otras palabras: depende de que este individuo posea capital. — Con esta reflexión hemos alcanzado ya una de las verdades más importantes de nuestra ciencia, la que se refiere al principio de la productividad del capital. Pero este principio no debe entenderse en el sentido de que la disposición sobre cantidades de bienes económicos (existentes ya en el período temporal precedente y destinados a otros períodos más distantes) dentro de un determinado período de tiempo pueda contribuir por sí misma y sin ulteriores condiciones a la ampliación de los medios de consumo directo puestos a disposición del hombre.

Tiene sólo el sentido de que la disposición sobre cantidades de bienes económicos dentro de unos determinados períodos de tiempo constituye para un sujeto económico un medio para la mejor y más plena satisfacción de sus necesidades. Se trata, pues, de un bien, y de un bien económico, allí donde las cantidades de utilizaciones del capital de que disponemos son menores que la necesidad de estas.

Así pues, la satisfacción más o menos completa de nuestras necesidades depende tanto de la disposición sobre cantidades de bienes económicos dentro de unos períodos de tiempo determinados (es decir, de las utilizaciones del capital) como de nuestra disposición sobre otros bienes económicos. Por consiguiente, también aquellos bienes son objeto de nuestro juicio sobre el valor y, como veremos a continuación, objeto igualmente del intercambio humano.

c) Sobre el valor de las cantidades complementarias de los bienes de orden superior Para transformar los bienes de orden superior— en otros de orden inferior se requiere un cierto espacio intermedio, es decir, que para la producción de bienes económicos es necesario poder utilizar el capital durante un período de tiempo determinado. Este período difiere de unos casos a otros según sea la naturaleza del proceso de producción y, dentro de una misma rama de producción, es tanto mayor cuanto más alto es el orden de los bienes que deben utilizarse para la satisfacción de las necesidades humanas. Se trata de un período temporal inseparable de cualquier tipo de producción.

Dentro de este período de tiempo, la cantidad de bienes económicos de que aquí hablamos (el capital) está ya asignada, es decir, no puede emplearse en otros objetivos de producción. Por consiguiente, para poder disponer de un bien o de una cantidad de bienes de orden inferior en un determinado momento futuro no basta con poseer de modo pasajero y en un concreto punto temporal los correspondientes bienes de órdenes superiores, sino que depende además de que conservemos en nuestro poder los bienes de orden superior de que estamos hablando durante un período de tiempo más o menos largo, según sea la naturaleza del proceso de producción, y de que los empleemos en los procesos productivos.

En las secciones precedentes hemos visto que la disposición sobre cantidades de bienes económicos dentro de unos períodos de tiempo dados tiene valor para los hombres económicos, como lo tienen otros bienes económicos, y es, por tanto, evidente que dondequiera se trate del valor que tiene para los sujetos económicos —y respecto del presente— la totalidad de los bienes de orden superior necesaria para producir un bien inferior, este valor sólo puede ser igual al valor previsible del producto a condición de que se incluya también en el cálculo el valor de la correspondiente utilización del capital.

Si nos preguntamos, pues, sobre el valor de aquellos bienes de orden superior a través de los cuales dispondremos en el curso de un año de una determinada cantidad de grano, advertiremos que el valor de la si miente, de la utilización del suelo, de los correspondientes trabajos agrícolas, etc., es decir, la totalidad de los bienes de orden superior necesarios para producir la mencionada cantidad de grano, encontrarán su medida en el valor previsible de esta cantidad al cabo del año pero sólo bajo el supuesto de que en el cálculo se haya introducido también el valor que representa el poder disponer de los correspondientes bienes económicos dentro del año y para el correspondiente sujeto económico.

En cambio, el valor de los bienes de orden superior a que nos venimos refiriendo es, de suyo, y en el presente, equivalente al valor del producto previsible, previa deducción del valor de la correspondiente utilización del capital. Supongamos, para dar una expresión numérica a lo que venimos diciendo, que el valor previsible del producto disponible al cabo de un año equivale a 100 y que el valor de la disposición sobre la cantidad de los correspondientes bienes económicos de orden superior dentro del año (el valor de la utilización del capital) equivale a 10.

Es claro entonces que en el momento actual el valor de la totalidad de las cantidades suplementarias de bienes de orden superior requeridas para la producción del mencionado producto, excluida la utilización del capital correspondiente, no equivale para un sujeto económico a 100, sino sólo a 90. Si el valor de la utilización del capital fuera 15, entonces el otro valor sólo sería 85. El valor que para cada uno de los individuos económicos concretos tienen los bienes es, como ya hemos dicho varias veces, la base principal de la formación del precio.

Si, como la experiencia nos enseña, los compradores de bienes de orden superior nunca pagan por los medios técnicos de producción complementarios necesarios para la producción de un bien de orden inferior la totalidad del precio que previsiblemente tendrán aquellos bienes, sino que sólo pueden admitir y admiten de hecho precios algo inferiores, es decir, que la venta de bienes de orden superior tiene un cierto parecido con el descuento— aunque el precio previsible del producto es siempre el fundamento del cálculo—, este fenómeno tiene su explicación en lo que hemos venido diciendo.— El proceso de transformación de unos bienes del orden superior en otros de órdenes inferiores o del primer orden está condicionado además, y bajo cualquier circunstancia —para ser un proceso económico—, por el hecho de que lo prepara y dirige en sentido económico un sujeto asimismo económico. Es decir, se requiere alguien que haga los cálculos económicos arriba mencionados y que encamine al proceso (o haga que otros encaminen) los bienes de orden superior, incluidas las prestaciones laborales técnicas. Esta así denominada actividad empresarial,— que en los primeros estadios de la cultura e incluso después es desempeñada de ordinario, y en el marco de negocios de reducido tamaño, por el mismo sujeto económico que interviene a través de sus personales prestaciones laborales técnicas en el proceso de producción, reclama no raras veces, a una con la creciente división del trabajo y el mayor tamaño de las empresas, la totalidad del tiempo del mencionado sujeto y se convierte en un elemento de la producción de bienes tan indispensable como los servicios laborales técnicos.

Por consiguiente, esta actividad adquiere el carácter de un bien de orden superior, de tal modo que es también un valor, ya que de ordinario tanto la producción como los bienes de orden superior son un bien económico. Dondequiera se plantea el problema del valor que tienen en el momento actual las cantidades complementarias de bienes de orden superior es determinante, para establecer el valor de la totalidad, el valor previsible del producto correspondiente, aunque siempre bajo el supuesto de que en este último valor queda también incluido el valor de la actividad empresarial. Sintetizando cuanto venimos diciendo, se advierte que el valor que tiene para nosotros, en el momento presente, la totalidad de las cantidades complementarias de bienes de orden superior (es decir, la totalidad de materias primas, fuerzas laborales, utilización de terrenos, máquinas, herramientas, etc.) necesarias para la producción de un bien de orden inferior o del primer orden tiene su medida en el valor previsible del correspondiente producto.

En el cálculo de este valor deben incluirse no sólo los bienes de orden superior requeridos para la producción técnica, sino también la utilización del capital y la actividad empresarial, ya que son condiciones previas tan absolutamente indispensables para toda producción económica de bienes como puedan serlo los ya mencionados requisitos técnicos. Por consiguiente, el valor que tienen de suyo y en el momento actual los elementos técnicos de la producción no son igual al valor total previsible del producto, sino que se regula siempre de tal modo que quede abierto un margen para el valor de la utilización del capital y de la actividad empresarial.

d) Sobre el valor que tienen para nosotros cada uno de los bienes de órdenes superiores. El valor de un bien concreto o de una concreta cantidad de bienes, para el sujeto económico que dispone de ellos, es, como ya hemos visto, igual a la significación de aquella satisfacción de necesidades a las que tendría que renunciar en el caso de que no pudiera disponer del bien o de la cantidad de bienes correspondientes.

Hemos podido llegar, sin mayores dificultades, a la conclusión de que también en el caso de los bienes de orden superior el valor de cualquier cantidad parcial de los mismos es igual a la significación que tienen para nosotros aquellas satisfacciones de necesidades cuya seguridad depende de que tengamos a nuestra disposición los bienes en cuestión, a no ser que se oponga a ello la circunstancia de que un bien de orden superior no pueda ser utilizado en la satisfacción de las necesidades humanas por sí mismo, sino sólo en conexión con otros bienes (los complementarios) de orden superior.

En este último caso podría surgir la pregunta de si para la satisfacción de unas necesidades concretas dependemos no de la disposición sobre un bien concreto de orden superior o de una concreta cantidad de este, sino sólo de la disposición sobre cantidades complementarias de estos bienes consideradas en su conjunto.

En tal caso, sólo estas cantidades tendrían valor en sí mismas para el sujeto económico. Es cierto que sólo disponemos de cantidades de bienes de orden inferior mediante las cantidades complementarias de los bienes de órdenes superiores. Pero no es menos cierto también que en el proceso de producción pueden ponerse en contacto no sólo unas determinadas cantidades fijas de cada uno de los bienes de orden superior, al modo como puede observarse en las combinaciones químicas, en las que sólo un determinado número de moléculas de una materia se combina con otro número igualmente determinado de moléculas de otra materia, para producir un determinado producto químico.

La experiencia más universal nos enseña, al contrario, que puede obtenerse una determinada cantidad de un bien cualquiera de orden inferior a partir de bienes de órdenes superiores cuyas relaciones cuantitativas son muy diferentes entre sí. Más aún, no raras veces pueden desaparecer completamente uno o varios bienes de órdenes superiores, que presentan carácter complementario respecto de un grupo de determinados bienes de órdenes superiores, sin que los restantes bienes pierdan por ello la capacidad de producir el bien de orden inferior respecto del cual poseen carácter complementario. Para producir cereales se utilizan terrenos, semillas, fuerzas laborales, abonos, aperos de labranza, etc.

Con todo, nadie admitirá que no pueda producirse también una determinada cantidad de grano incluso sin abonos y sin recurrir a la utilización de una buena parte de los aperos ordinarios de labranza, a condición de que se disponga de las suficientes cantidades de los restantes bienes de orden superior requeridos para la producción del grano. La experiencia nos enseña, pues, que pueden desaparecer a veces totalmente unos concretos bienes complementarios de orden superior sin que se interrumpa la producción de bienes del orden inferior. Y, con mucha mayor frecuencia aún, podemos observar que unos determinados productos pueden obtenerse no sólo a partir de unas determinadas cantidades de bienes de orden superior, sino que más bien hay, de ordinario, un amplio espacio de juego dentro del cual puede moverse y de hecho se mueve la producción. Todo el mundo sabe que, incluso en terrenos de una misma calidad, puede cosecharse una determinada cantidad de granos en fincas de muy distinta extensión, según que el cultivo sea más o menos intenso, es decir, según que se emplee una mayor o menor cantidad de los restantes bienes complementarios de orden superior. Y así, puede compensarse un débil aporte de abono mediante la utilización de una mayor cantidad de fincas o mejor maquinaria o más intenso recurso a fuerzas laborales agrícolas.

En conclusión, una menor cantidad de prácticamente todos y cada uno de los bienes de orden superior puede sustituirse mediante el correspondiente aumento de los restantes bienes complementarios. Pero incluso en el caso de que unos concretos bienes de orden superior no pueden ser sustituidos por las correspondientes cantidades de otros bienes complementarios y, por consiguiente, una disminución de las cantidades disponibles de un bien concreto del orden superior implique la correspondiente disminución del producto (por ejemplo, en la producción de determinadas sustancias químicas), la ausencia de uno de los medios de producción no reduce necesariamente a cero las cantidades de los restantes medios.

De ordinario, estos últimos pueden utilizarse de hecho para la producción de otros bienes y, por ende, en definitiva, para la satisfacción de necesidades humanas, si bien éstas son —también de ordinario— menos importantes que las que podrían haberse satisfecho si se dispusiera de la oportuna cantidad del bien complementario en cuestión. Así pues, la disposición sobre una cantidad concreta de un producto no depende normalmente de una determinada cantidad exactamente igual del bien de orden superior que sirve para producirlo; de este bien depende tan sólo una cantidad parcial y, a menudo, sólo una mejor calidad. El valor de una cantidad de un bien concreto de un orden superior no es, por tanto, igual a la significación de las necesidades cuya satisfacción depende del producto total a cuya creación sirve aquella cantidad, sino que sólo es igual a la significación de la satisfacción de aquellas necesidades que quedan cubiertas por la cantidad parcial del producto a la que habría que renunciar en el caso de que no se dispusiera de la cantidad de bien de orden superior de que se viene hablando.

Pero allí donde la consecuencia de una disminución de la cantidad disponible de un bien de orden superior sería no una disminución de la cantidad, sino solamente una disminución de la calidad del producto, el valor de la cantidad de un bien concreto del orden superior es igual a la diferencia entre la significación de las necesidades que pueden cubrirse con un producto altamente cualificado y otro de menor calidad. En ambos casos, efectivamente, lo que depende de la disposición sobre la cantidad de un bien concreto de orden superior es la satisfacción de necesidades que tienen justamente esta significación.

Pero supongamos que la disminución de la cantidad disponible de un bien concreto de orden superior implique una paralela disminución del producto (por ejemplo, en ciertas sustancias químicas). Pues bien, ni siquiera en este caso perderían su valor las restantes cantidades complementarias de bienes del orden superior, ya que pueden utilizarse para la producción de otros bienes de orden inferior y, por tanto, para la satisfacción de necesidades humanas, aunque tal vez sean necesidades algo menos importantes que en el caso contrario.

Así pues, tampoco en tal caso el valor total del producto de que nos veríamos privados por la falta de un bien concreto del orden superior sería determinante para valorar a este último. Lo único que contaría sería la diferencia entre la significación de la satisfacción de aquellas necesidades que quedarían aseguradas si dispusiéramos de la cantidad del bien de orden superior cuyo valor discutimos aquí, y aquella otra de las satisfacciones de necesidades que se habrían logrado en el caso contrario.

Resumiendo los tres ejemplos anteriores, se desprende como ley de vigencia general para determinar el valor de una cantidad concreta de un bien de orden superior que este valor es igual a la diferencia entre la significación de aquellas satisfacciones de necesidades que podríamos obtener en el caso de que dispusiéramos de la cantidad del bien del orden superior, cuyo valor analizamos, y aquellas otras que, en caso contrario, tendrían que satisfacerse con la utilización económica de la totalidad de los bienes de orden superior de que de hecho disponemos.

La citada ley responde exactamente a la ley general de la determinación del valor, porque la diferencia expresada en la primera de estas leyes caracteriza justamente la significación de aquellas satisfacciones de necesidades que depende de nuestra disposición sobre un bien concreto de orden superior.

Si relacionamos ahora esta ley con la que hemos establecido en páginas anteriores respecto del valor de las cantidades complementarias de bienes de orden superior necesarias para la producción de un bien, obtenemos el principio —de más amplio alcance— según el cual el valor de un bien de orden superior es tanto más elevado cuanto mayor es el valor previsible del producto para un valor igual de los bienes complementarios requeridos para la producción del mismo o cuanto menor es el valor de los últimos cuando permanece igual el valor del producto final.

e) Sobre el valor de la utilización del suelo y del capital y de las prestaciones laborales en particular — Las fincas no ocupan una posición excepcional en el círculo de los restantes bienes. Si se las utiliza para fines de placer o esparcimiento (como jardines de recreo, pistas de carreras, etc.), son bienes del primer orden; si se las utiliza para la producción de otros bienes, son bienes de órdenes superiores, al igual que otros muchos.

Siempre, pues, que se trate de la determinación de su valor o del de la utilización del suelo, tienen aplicación las leyes generales sobre este punto y, en la medida en que tienen el carácter de bienes de orden superior, deben aplicarse en concreto aquellas que hemos desarrollado respecto de este tipo de bienes. Una difundida escuela de economistas políticos ha advertido, con evidente acierto, que no es razonable fundamentar el valor de las tierras o de las fincas sobre el trabajo o sobre los desembolsos de capital. Pero de aquí derivan la conclusión de que las fincas ocupan una situación excepcional en el ámbito de los bienes. Es palpable el error metodológico de que adolece este razonamiento.

El hecho de que un grupo importante y numeroso de fenómenos no pueda ser explicado por las leyes generales de la ciencia que se ocupa de ellos es prueba evidente de que esta ciencia necesita una reforma, pero no es una razón para recurrir a medios metodológicos auxiliares más que discutibles para poner aparte unos casos cuya naturaleza es totalmente similar a la de los restantes objetos de la observación y mucho menos para fijar principios generales diferentes para cada tino de los dos grupos.

Este conocimiento ha dado pie, recientemente, a muy diversas tentativas para incluir las utilizaciones del suelo y de las fincas —al igual que los restantes bienes— en el marco del sistema de la economía política y para fundamentar su valor o, respectivamente, los precios que pueden alcanzar, siguiendo los principios dominantes, en el trabajo humano o en los desembolsos de capital.— Son bien evidentes las violencias a que conduce inevitablemente este intento tanto respecto de los bienes en general como de los terrenos y fincas en particular.

Que una finca haya sido arrancada al mar con inmenso esfuerzo humano o sea el resultado de un proceso de aluvión, sin el menor trabajo del hombre, que estuviera al principio ocupada por la selva virgen o cubierta de piedras y haya debido ser talada, saneada y cubierta con tierra fértil a costa de grandes fatigas y duros sacrificios económicos o bien estuviera ya desde el principio despejada de arbolado y en óptimas condiciones de fertilidad, son cuestiones importantes para valorar su fertilidad natural y también para el problema de si es económicamente razonable destinar a la mejora de esta finca los mencionados bienes económicos.

Pero no tienen ninguna importancia cuando lo que se discute es las relaciones económicas generales de la misma y en particular su valor, es decir, la significación que revisten para nosotros los bienes respecto de la satisfacción de necesidades futuras.— Estos nuevos intentos por fijar el valor de los usos del suelo y respectivamente de las fincas mismas sobre la base del desembolso de capital o del trabajo deben considerarse tan sólo como el resultado del esfuerzo por acomodar la hoy prevaleciente teoría de las rentas (es decir, aquella parte de nuestra ciencia que menos se contradice —en términos relativos— con los fenómenos de la vida real) a los errores en curso introducidos en los principios supremos de la economía. Pero en contra de ellos, y sobre todo bajo la forma en que los ha expuesto Ricardo, — debe alzarse la objeción de que lo que aquí se destaca no es el principio del valor que tienen para los hombres económicos los usos del suelo, — sino que sencillamente se pone de relieve un factor aislado de su diferencia, que luego, erróneamente, se eleva a la categoría de principio general.

Esta diferente índole y situación de las fincas y terrenos es sin duda una de las causas más importantes de la diferencia del valor de los usos del suelo y de los terrenos mismos. Pero aparte ésta, hay otras causas que explican la diferencia del valor de estos bienes. La diferencia no es el principio determinante de dichos bienes y menos aún el principio del valor de los usos del suelo y de los terrenos. Si todas las fincas fueran de una misma índole y tuvieran la misma favorable situación, no podrían, según Ricardo, producir ninguna renta. Y, sin embargo, nada hay tan seguro como que, en casos así, desaparecería un factor concreto de la diferencia de las rentas producidas por los terrenos, pero nunca desaparecerán ni la totalidad de dichas diferencias ni las rentas.

Por otra parte, no es menos claro que en una región en la que exista una gran falta de suelo, hasta los terrenos más desfavorables y menos cualificados producirán una renta, sin que este fenómeno pueda ser explicado por la teoría de Ricardo. La forma concreta en que aparecen los terrenos y los usos del suelo son objeto de nuestro cálculo del valor exactamente igual que todos los bienes restantes. También ellos tienen un valor sólo en cuanto que dependemos de ellos para la satisfacción de nuestras necesidades. Los factores determinantes de este valor no son otros sino aquellos que hemos descubierto ya al referirnos a los bienes en general.— Por consiguiente, también en este caso sólo puede llegarse a una más profunda comprensión de la diferencia de su valor por el camino de contemplar los usos del suelo y de las fincas desde los puntos de vista generales de nuestra ciencia y, en la medida en que son bienes de órdenes superiores, sobre la base de considerarlos en la perspectiva de sus relaciones con los correspondientes bienes de orden inferior y en particular de los bienes complementarios.

Hemos llegado en páginas anteriores al resultado de que la totalidad de los bienes de orden superior necesaria para la producción de un bien (incluida la utilización del capital y la actividad empresarial) encuentra la medida de su valor en el valor previsible del producto. Siempre que se utiliza el suelo para la producción de bienes de orden inferior, encuentra la medida de su valor — en conexión con los restantes bienes complementarios— en el valor previsible del bien de orden inferior o, respectivamente, del primer orden a cuya producción ha sido destinado. Y según que este último valor sea mayor o menor, determina a su vez —dentro de una misma circunstancia—, el mayor o menor valor de los primeros.

Pero por lo que hace al valor que tienen de suyo para los hombres económicos las concretas utilizaciones del suelo o, respectivamente, las fincas concretas, se regula, al igual que todos los demás bienes de orden superior, por el principio de que el valor de un bien de orden superior es tanto mayor cuanto mayor es el valor del producto previsible y tanto menor —bajo unas mismas circunstancias— cuanto menor es el valor de los bienes complementarios de orden superior.— Por consiguiente, el valor de la utilización del suelo se halla sujeto a las mismas leyes generales que regulan, por ejemplo, la utilización de máquinas, herramientas, viviendas, fábricas y de todos los restantes bienes económicos, sea cual fuere su índole.

Pero lo anteriormente dicho no pretende negar las peculiares características que tiene la utilización del suelo o de los terrenos, como las tienen también, por lo demás, otros machos géneros de bienes. Los bienes de que venimos hablando sólo están de ordinario a disposición de un pueblo en unas cantidades determinadas, difícilmente ampliables. Son, además, bienes inamovibles y de calidades extremadamente diferentes. A estas tres causa pueden reducirse todas las peculiaridades de los fenómenos de valor, tal como hemos podido advertir a propósito de la utilización del suelo y de los terrenos.

Estas peculiaridades, tomadas en su conjunto, y en cuanto referidas a las cantidades y cualidades de los terrenos de que disponen los agentes económicos en general y los habitantes de unos determinados territorios en particular, son, por tanto, factores de la determinación del valor que, como ya hemos visto, influyen no sólo en el valor de los usos del suelo y de las fincas, sino también en todos los restantes bienes.

Por tanto, sus fenómenos de valor no revisten ningún carácter excepcional. La circunstancia de que también se quiera incluir el precio de las prestaciones laborales, — al igual que el de las utilizaciones del suelo y con no menores violencias que en este último caso, en el precio de los costes de la producción, ha llevado también respecto de esta categoría de fenómenos del precio a la formulación de principios espaciales.

El más común de los trabajos —se dice— debe ser suficiente para alimentar al trabajador y a su familia, pues en caso contrario no se podrían proporcionar a la sociedad, de forma permanente, los servicios que necesita. Pero el trabajo tampoco puede ofrecer algo que vaya mucho más allá de los medios de subsistencia, pues en caso contrario se produciría una multiplicación de los trabajadores que empujaría de nuevo a la baja —hasta descender al nivel precedente— el precio de las prestaciones laborales.

El mínimo existencial, entendido en el sentido dicho, se convierte así en el principio a tenor del cual se regula el precio del trabajo más común, mientras que el mayor precio de las restantes prestaciones laborales se explicaría por las inversiones del capital o, respectivamente, por las rentas del talento o cosas similares.

Ahora bien, la experiencia nos enseña que existen unas concretas prestaciones laborales que son, para los agentes económicos, totalmente inútiles y hasta perjudiciales y, por tanto, no son bienes, y otras que, aun teniendo la cualidad de bienes, carecen de carácter económico y no manifiestan ningún valor y, por consiguiente, y al igual que las primeras (como veremos adelante) no pueden tener ningún precio. (Entran en este apartado todas aquellas prestaciones laborales de las que, por la razón que fuera, la sociedad dispone de tan grandes cantidades que tienen el carácter de no económicas, por ejemplo, los servicios vinculados a cargos no retribuidos, etc.).

Así pues, las prestaciones no son siempre, por sí mismas y bajo todas las circunstancias, bienes, y menos aún bienes económicos y, por ende, tampoco tienen necesariamente un valor. En conclusión, tampoco puede fijarse para toda prestación laboral un precio, y menos aún un precio determinado.

La experiencia nos enseña asimismo que muchas de las prestaciones laborales de un trabajador no pueden intercambiarse ni siquiera por los medios de subsistencia más imprescindibles, — mientras que hay, en cambio, otros trabajos por los que se reciben cantidades de bienes que superan fácilmente diez, veinte y hasta cien veces lo necesario para garantizar la subsistencia de un ser humano. Pero incluso allí donde las prestaciones laborales de una persona equivalen a sus medios de subsistencia, este hecho es tan sólo la consecuencia de la circunstancia accidental de que estas prestaciones pueden intercambiarse —a tenor de los principios generales de la formación del precio— precisamente contra este precio y no contra otro.

En definitiva, los medios de subsistencia del trabajador, o los mínimos existenciales, no pueden ser ni la causa inmediata ni el principio determinante del precio de las prestaciones laborales. — En realidad, el precio de unas prestaciones laborales concretas se rige también, como veremos, exactamente igual que todos los demás bienes, por su valor. Y este último se regula a su vez —como ya se ha dicho— por la magnitud de la significación de aquellas satisfacciones de necesidades de que nos veríamos privados si no dispusiéramos de las correspondientes prestaciones laborales.

Y, en el caso de que estas prestaciones sean bienes de orden superior, el valor se establece directa e inmediatamente a tenor del principio según el cual estos bienes tienen un valor tanto mayor para los agentes económicos cuanto mayor es el valor previsible del producto para un mismo valor de los bienes complementarios de orden superior o, respectivamente, tanto más bajo cuanto menor es el valor de estos últimos. La teoría según la cual el precio de los bienes se explica por el valor de los bienes de orden superior necesarios para la producción de los primeros es también inadecuada para fijar el precio de las utilizaciones del capital.

Ya hemos explicado antes, por extenso, las causas últimas del carácter económico o, respectivamente, del valor de los bienes de este tipo. Hemos aludido también a los errores de la teoría que considera el precio de las utilizaciones del capital como una compensación al capitalista por su sobriedad. En realidad, y tal corno veremos más adelante, el precio a fijar por las utilizaciones de capital es también una consecuencia de su carácter económico y de su valor. También aquí —como en cualquier otro tipo de bienes— tiene plena vigencia el principio que determinan el valor de los bienes en general.

CAPÍTULO IV
TEORÍA DEL INTERCAMBIO

Los fundamentos del intercambio económico

"Que la tendencia de los hombres a intercambiar, a comerciar, a entregar una cosa para recibir otra, sea uno de los principios insertos en la misma naturaleza humana o la consecuencia necesaria de su inteligencia y de su capacidad de comunicarse mediante el lenguaje", o que sean otras las causas que inducen a los hombres al trueque de sus bienes, es un problema que Adam Smith ha dejado sin respuesta. Lo que sí es seguro —observa el ilustre autor— es que el placer del intercambio es común a todos los seres humanos y que no se encuentran en ninguna otra especie animal.

Supongamos —para presentar bajo meridiana luz esta cuestión— que dos agricultores vecinos dispusieran, tras una rica cosecha, de un gran excedente de cereales de idéntica calidad y que no hubiera obstáculo alguno para que pudieran intercambiar entre sí las cantidades que quisieran. En tal caso, nuestros campesinos podrían dedicarse sin trabas ni limitaciones al placer del intercambio.

El primero entregaría, por ejemplo, al segundo cien celemines de su cosecha por otra cantidad similar. Podrían trocar una y otra vez éstas o similares cantidades, todo el tiempo que lo desearan. Pero aunque nada ni nadie les impidiera esta actividad, bajo el supuesto de que les resulte placentera, me considero autorizado a afirmar que en el caso descrito no habría operaciones de intercambio y que sí, a pesar de todo, nuestros campesinos decidieran intercambiar sus granos, es bien seguro que correrían el peligro inminente de que los restantes agentes económicos les tacharan de locos. Imaginemos ahora otro caso: un cazador tiene una gran abundancia de pieles de animales, es decir, de prendas de abrigo, pero una escasa provisión de víveres.

Puede, por tanto, satisfacer plenamente su necesidad de vestidos, pero sólo de una manera muy precaria su necesidad de alimentos. En las cercanías vive un campesino que se encuentra en una situación radicalmente opuesta. Sigamos suponiendo que no hay ningún obstáculo para que el cazador cambie sus alimentos por las prendas de vestir del campesino.

Es bien evidente que en este caso sería aún menos probable que en el anterior el mutuo intercambio entre estos dos sujetos económicos. Si el cazador entregara, efectivamente, sus escasas provisiones alimenticias a cambio de las no menos precarias provisiones de pieles del agricultor, la sobreabundancia de pieles del

132

cazador y la de alimentos del agricultor serían todavía mayores que antes del intercambio. Pero como con esto no se remedia ni la satisfacción de la necesidad de alimentos del primero, ni la de vestidos del segundo, la situación económica de ambos sujetos no sólo no habría mejorado, sino que sería aún peor.

Por tanto, nadie osará afirmar que nuestros dos agentes económicos tengan el más mínimo placer en su actividad intercambia. Al contrario, es bien seguro que tanto el cazador como el agricultor se opondrán con todas sus fuerzas a un intercambio que pondría en grave peligro sus mismas vidas. Y, si alguna vez llegaran a hacerlo, se apresurarían a deshacer el trato.

La inclinación de los hombres al intercambio debe tener, por consiguiente, otro fundamento distinto. Si el intercambio fuera un placer en sí mismo, es decir, si fuera fin de sí mismo y no más bien una actividad muchas veces fatigosa y acompañada de peligros y de sacrificios económicos, nada impediría que en los ejemplos mencionados, y en miles de otros similares, los hombres se dedicaran a intercambiar sus bienes y a prolongar hasta el infinito estas operaciones.

Pero lo que la vida nos permite observar por doquier es que, antes de cualquier intercambio, los agentes económicos reflexionan cuidadosamente y que hay siempre un determinado límite, más allá del cual dos individuos abandonan esta actividad. Es, pues, seguro que el intercambio no es para los hombres fin de sí mismo y menos todavía un placer. Por consiguiente, nuestra tarea consiste en averiguar en las líneas que siguen la naturaleza y el origen del intercambio. Supongamos, para comenzar por el ejemplo más sencillo, que dos campesinos, a quienes llamaremos A y B, han llevado hasta ahora una economía aislada.

Tras una cosecha excepcionalmente rica, el primero dispone de tanta abundancia de cereales que, después de tomar todas las providencias necesarias para cubrir con holgura todas sus necesidades y las de su casa, todavía le queda una cantidad que no tiene en qué emplear.

El agricultor B, vecino de A, ha cosechado, siguiendo con nuestro ejemplo, tan rica vendimia, que, por falta de toneles, y dado que sus bodegas están llenas del vino de cosechas anteriores, está a punto de tirar parte del vino de una cosecha de inferior calidad. A esta sobreabundancia en uno de ellos, se contrapone una extremada carestía en el otro. En efecto, el campesino A, a pesar de su gran cosecha de grano, tiene que privarse totalmente del placer del vino, porque no tiene viñas, mientras que el campesino B, con sus bodegas llenas de vino, carece de alimentos.

Así pues, mientras que A tiene que dejar que se pudran en el campo muchos celen mines de grano, tendría el mayor placer en hacerse con un cántaro de vino, del que por el momento se ve privado. En cambio, a B, que tiene que tirar no uno, sino muchos cántaros de vino le vendrían muy bien algunos celemines de grano. A tiene sed, B tiene hambre. Y, sin embargo, con el grano que A deja pudrirse en el campo y con el vino que B está decidido a derramar, ambos podrían remediarse.

El primer campesino podría entonces, además de dar plena satisfacción a sus necesidades y las de su familia, concederse el placer del vino, mientras que el segundo podría, a su vez, además de disfrutar de cuanto vino quisiera, aplacar su hambre. Es, pues, claro que nos hallamos ante un caso en el que, al pasar de A a B y de B a A la disposición sobre unos bienes concretos, pueden satisfacerse las necesidades de ambos sujetos económicos mejor que si no se produce este mutuo traspaso.

El caso descrito, en el que mediante la mutua entrega de bienes que no tienen ningún valor para cada uno de los sujetos que los cambian, es decir, que no entrañan sacrificio económico para ninguna de las dos partes, pueden satisfacerse las necesidades de ambos mejor que sin este traspaso es muy adecuado para poner ante los ojos, de la manera más clara, la esencia de aquella relación económica cuyo resultado es el intercambio. Pero tendríamos un concepto demasiado estrecho de esta relación si la redujéramos únicamente a aquellos casos en los que una persona dispone de cantidades de bienes superiores a los que necesita para satisfacer sus necesidades de este bien, mientras que carece de otros bienes, en tanto que una segunda persona tiene gran abundancia del segundo tipo de bienes, pero carece de los primeros.

Esta relación aparece ante nuestra observación dondequiera una persona posee bienes de los que unas determinadas cantidades tienen para ella menos valor que otras cantidades del bien que posee una segunda persona que, a su vez, se encuentra en la situación opuesta.

Supongamos, en efecto, que el primer campesino de nuestro anterior ejemplo no ha cosechado tanto grano que tenga que dejar que se pudra una parte en sus campos, ni el segundo ha vendimiado tantas uvas que tenga que derramar parte del vino almacenado en sus bodegas. Supongamos, por el contrario, que cada uno de ellos puede de alguna manera dar un destino provechoso a sus respectivas cantidades de bienes. Imaginemos, por ejemplo el caso de que el primer agricultor pudiera utilizar con provecho la totalidad de sus provisiones de grano en el sentido de que, tras haber tomado todas las providencias necesarias para asegurar la plena satisfacción de sus necesidades más importantes, puede destinar una determinada cantidad al engorde de su ganado.

Tampoco el segundo habría cosechado tal cantidad de vino que tuviera que derramar una parte, sino que con una cantidad de este tendría bastante para dar algo a sus criados, para animarlos al trabajo. Es indudable que, en este supuesto, una determinada cantidad —por ejemplo, un celemín de grano para el primero y un cántaro de vino para el segundo— tendrían algún valor, aunque menor, porque de forma más o menos mediata o inmediata hay en ambos casos ciertas necesidades que pueden satisfacerse con aquella cantidad.

Pero aunque en esta hipótesis una determinada cantidad de grano tiene para el primero algún valor, esto no quiere decir que no fuera mayor el valor que tendría una cierta cantidad de vino, por ejemplo, un cántaro (en cuanto que los placeres que el vino puede proporcionarle tienen mucha mayor importancia que el engorde de su ganado). Y lo mismo puede decirse del segundo agricultor: aunque el cántaro de vino tiene para él un cierto valor, esto no quiere decir que no sea mucho mayor el valor de un celemín de grano, en cuanto que le asegura a él y a su familia una alimentación más copiosa y tal vez incluso le evite el tormento del hambre.

La situación que aquí hemos descrito como el fundamento más importante de todo intercambio de bienes entre los hombres puede expresarse, de una manera global, bajo la siguiente fórmula: un sujeto económico A dispone de unas cantidades concretas de un bien que para él tienen menos valor que ciertas cantidades de otro bien que se hallan en poder del sujeto económico B, mientras que este segundo se encuentra, respecto de las cantidades de bienes de que dispone, en la relación apuesta, de modo que una cantidad igual del segundo bien tiene para él menor valor que la cantidad de bien de que dispone el primer sujeto.— Si a esta relación se añade: a) el conocimiento de la misma por parte de los dos sujetos de referencia, y b) el poder de llevar de hecho a la práctica el intercambio de bienes de que hemos hablado en las líneas precedentes, entonces nos hallamos ante una situación en la que sólo depende de la voluntad concordante de los dos sujetos económicos el procurarse una satisfacción mejor o más completa de sus necesidades que si no ponen en práctica aquel intercambio.

El mismo principio, pues, que guía la actividad económica de los hombres, es decir, el anhelo de satisfacer sus necesidades de la manera más perfecta posible, el mismo principio, decimos, que lleva a los hombres a explotar la utilidad que pueden extraer de la naturaleza exterior y ponerla a su disposición, la preocupación por mejorar su situación económica, les impulsa también a investigar con ahínco la antes mencionada relación y a emplearla con la finalidad de satisfacer mejor sus necesidades. Es decir, todo ello los lleva a poner en práctica aquella mutua entrega de bienes de que hemos venido hablando.

Aquí radica la causa de todos aquellos fenómenos de la vida económica que hemos designado con la palabra "intercambio". Se trata de un concepto propio de nuestra ciencia que tiene en ella un sentido mucho más amplio que en el lenguaje popular e incluso en el jurídico, en cuanto que abarca todo tipo de compras y todos los traspasos parciales de bienes económicos, en la medida en que se hacen mediante entrega de dinero (arrendamientos, alquileres, etc.).

Resumiendo todo lo dicho, podría expresarse el resultado de nuestras reflexiones anteriores de la siguiente manera: el principio que induce a los hombres al intercambio no es otro sino aquel que guía toda su actividad económica en general, esto es, el deseo de satisfacer sus necesidades de la manera más perfecta posible. El placer que experimentan en el intercambio económico de bienes es aquel sentimiento general de alegría derivado de cualquier suceso a través del cual sus necesidades quedan mejor satisfechas que si no se hubiera producido este evento.

No obstante, para que el mutuo intercambio de bienes alcance el éxito apetecido, debe darse —como ya vimos— tres condiciones: a) un sujeto económico debe poseer unas determinadas cantidades bienes que para él tienen menos valor que otras cantidades de bienes de que dispone otro sujeto económico, mientras que este segundo mantiene, respecto de su valoración de los bienes que pose, una relación opuesta a la del primero; b) ambos sujetos económicos deben tener conocimiento de su respectiva situación, y c) ambos deben tener capacidad suficiente para convertir en realidad el intercambio de bienes. Si falta una de estas tres condiciones, desaparecen los fundamentos requeridos para un intercambio económico y —respecto de los mencionados sujetos y bienes— queda excluida su posibilidad.

Los límites del intercambio económico

Si, de entre la multitud de bienes, cada sujeto económico sólo dispusiera de uno de ellos, cuya cualidad de bien fuera indivisible, entonces no tropezaría con ninguna dificultad el análisis de los limites dentro de los cuales, y en cada caso concreto, podría procederse, con las máximas ventajas económicas en unas circunstancias dadas, al intercambio de bienes. Supongamos que A tiene una copa de cristal y B un objeto de adorno del mismo material, y que ni el primero ni el segundo tienen otro bien del mismo tipo.

En este caso, y tal como vimos en el capítulo precedente, sólo hay dos opciones: o existen, respecto de estos bienes, los fundamentos que permiten un intercambio económico entre los dos sujetos, o no existen. En el segundo caso, y desde el punto de vista económico, ni siquiera se plantea un intercambio. En el primero, tampoco cabe la menor duda de que, una vez realizado el trueque de los bienes de un mismo tipo entre A y B, no hay ya lugar para nuevos intercambios, porque esta operación ha llegado ya a sus límites naturales.

Otra es la situación cuando distintas personas disponen de cantidades de bienes que pueden subdividirse en cuantas cantidades parciales se quiera o que se componen de muchas piezas concretas, aunque cada una de ellas sea, por su propia naturaleza o composición, indivisible. Supongamos que un granjero americano, a quien llamaremos A, posee varios caballos, pero no tiene vacas, mientras que su vecino B tiene un cierto número de vacas, pero no caballos. En esta situación, a A le falta leche y productos lácteos, mientras que a B le faltan animales de tiro.

Es, pues, patente que pueden darse los fundamentos para operaciones de intercambio económico. Pero nadie pretenderá afirmar que con el trueque, por ejemplo, de un caballo de A por una vaca de B se ha llegado ya al final de los posibles intercambios de bienes de nuestros granjeros. No es menos indudable que tampoco hay fundamentos que impongan necesariamente el intercambio de las cantidades totales de bienes.

Si A tiene, por ejemplo, seis caballos, podría satisfacer mejor sus necesidades cambiando uno, dos o tal vez tres de sus caballos por una o varias vacas de B. Pero de aquí no se sigue en modo alguno que del trueque de todo, los caballos de A por todas las vacas de B se deriven forzosamente ventajas económicas. De hacerlo así ocurriría, en efecto, que aunque en la situación económica de referencia existen los fundamentos precisos para proceder a intercambios entre A y B, tras un intercambio excesivo, las necesidades de los dos contratantes estarían peor aseguradas que antes de la operación. La experiencia enseña que la situación descrita, en la que los hombres disponen no sólo de unos bienes concretos, sino de cantidades de estos, es la normal en la economía humana.

Existe, por tanto, un gran número de casos en los que dos individuos económicos disponen de unas determinadas cantidades de bienes de diverso género y se dan, por consiguiente, los fundamentos para las operaciones de intercambio. Las ventajas que pueden extraerse de la operación son, de un lado, demasiado exiguas cuando estos sujetos intercambian entre sí cantidades muy pequeñas de sus bienes, pero del otro lado quedarían aún más reducidas y hasta totalmente eliminadas —

si es que no llegan incluso a producirse desventajas— cuando las cantidades intercambiadas son demasiado grandes.

Observamos, pues, que se dan casos en los que un intercambio "demasiado pequeño" no garantiza que se obtengan todas las ventajas económicas que podrían esperarse de la operación en una situación dada, mientras que un intercambio "demasiado grande" produce el mismo efecto e incluso empeora la situación económica de los contratantes.

De donde se desprende que debe existir un límite en el que se ha alcanzado ya el nivel máximo de las ventajas económicas que pueden esperarse de estas operaciones y que todo intercambio que vaya más allá de este nivel comienza a ser antieconómico. Trazar estos límites es el objeto de la siguiente investigación. Para ello, comenzaremos por exponer un caso muy sencillo, a través del cual podremos analizar cuidadosamente la situación, sin la presencia de influjos secundarios perturbadores. Supongamos que en un bosque, y a gran distancia de otros sujetos económicos, viven dos granjeros, que practican entre si un amistoso intercambio, de suerte que pueden cubrir holgadamente todas sus necesidades tanto respecto de la cantidad como de la intensidad.

Cada uno de ellos tiene los caballos necesarios para el cultivo de sus tierras. Necesitan uno de estos caballos para producir los alimentos imprescindibles para mantener su vida y la de los suyos, otro para cultivar unas fincas que les permitan una dieta más rica para sí y para sus respectivas familias. Cada uno de los granjeros dispone además de un tercer animal para acarrear desde el bosque a la granja leña para el fuego, madera, piedra, arenas y otras cosas similares con destino a nuevas construcciones y también para roturar nuevos terrenos de los que extraer algunos alimentos más selectos.

Disponen, además, de un cuarto caballo para su recreo. Por consiguiente, un quinto caballo tendría para ambos tan sólo la significación de o contar con un animal de reserva pasa el caso de que alguno de los anteriores no pudiera trabajar. Al caballo número seis no podrían asignarle ya ninguna función en su economía. Ambos necesitan, en fin, cinco vacas para cubrir sus necesidades de leche y productos lácteos en la misma gradación de importancia de las respectivas necesidades, de modo que tampoco podrían utilizar económicamente una sexta vaca. Para mayor claridad, daremos una expresión numérica (cf. pág. 113 y siguientes) a la anterior relación.

Podremos entonces expresar la significación escalonada de la satisfacción de las necesidades antes mencionadas mediante una serie de cifras, — que van descendiendo en proporción aritmética, por ejemplo, según la serie: 50, 40, 30, 20, 10, 0. Imaginemos ahora que nuestro primer granjero, A, posee seis caballos y una sola vaca, mientras que el granjero B se halla en la situación contraria. Podemos entonces ejemplarizar la significación escalonada de la satisfacción de necesidades pos medio de los bienes que posee cada uno de los granjeros en la siguiente tabla:

A		B	
Caballos	Vacas	Caballos	Vacas
50	50	50	50
40			40
30			30
20			20
10			10
0			0

De acuerdo con todo lo que se ha dicho en la anterior sección de este capítulo, fácilmente se advierte que se dan, en esta situación, los fundamentos para las operaciones de intercambio económico. La significación que tiene un caballo para A es igual a 0 y la significación que tendría para él una segunda vaca sería igual a 40, mientras que —a la inversa— para B una vaca tiene valor igual a 0, mientras que un segundo caballo alcanzaría el valor de 40.

Se ve, pues, que tanto A como B pueden cubrir mucho mejor sus necesidades si A entrega un caballo a B y recibe de éste una vaca. No es menos evidente que, en la mcdida cn que son agentes económicos, llevarán a cabo este intercambio. Tras este primer intercambio, la significación de la satisfacción de necesidades cubiertas por las posesiones de bienes de nuestros granjeros puede presentarse de la siguiente manera:

A		B	
Caballos	Vacas	Caballos	Vacas
50	50	50	50
40	40	40	40
30			30
20			20
10			10

También aquí se advierte fácilmente que, gracias al mencionado intercambio, cada uno de los contratantes ha conseguido una situación económica más ventajosa que si cada uno de ellos hubiera conservado los bienes de que disponía con anterioridad. Cada uno de ellos ha obtenido, en efecto, un bien cuyo valor es de 40. — Es también seguro que con este primer trueque no se han agotado los fundamentos de las operaciones de intercambio. En efecto, para A un caballo sigue teniendo menor valor que la posesión de una nueva vaca (10 el caballo, 30 la vaca), mientras que para B la situación es la opuesta: una vaca valdría 10, un caballo 30 (es decir, tres veces más).

Por tanto, el interés económico de nuestros dos granjeros aconseja que prosigan sus operaciones. Tras el segundo intercambio, la situación es como sigue:

A		B	
Caballos	Vacas	Caballos	Vacas
50	50	50	50
40	40	40	40
30	30	30	30
20			20

Después de este nuevo intercambio se advierte que cada una de las dos personas tiene ventajas económicas, derivadas del hecho de que ambas han aumentado sus posesiones con un bien cuyo valor equivale a 20. Analicemos si también ahora siguen dándose los fundamentos que invitan a nuevos intercambios. Un caballo tiene para A la significación de 20 y una nueva posible vaca equivaldría también a 20.

Lo mismo cabe decir respecto de B, lo que significa que los dos se hallan en la misma situación. Por consiguiente, y a tenor de todo cuanto se ha venido diciendo, intercambiar ahora un caballo por una vaca sería una operación ociosa, de la que no se deriva ninguna ventaja económica. Pero supongamos que, a pesar de todo, A y B deciden hacer un tercer intercambio. Aun admitiendo que no se deriven importantes gastos secundarios por la operación (costes de transporte, pérdida de tiempo, etc.), la situación económica de los contratantes no habría empeorado, pero tampoco habría mejorado.

Una vez efectuado el intercambio, la situación seria la siguiente:

A		B	
Caballos	Vacas	Caballos	Vacas
50	50	50	50
40	40	40	40
30	30	30	30
	20	20	

Analicemos ahora el resultado económico en el caso de que se produjera el intercambio de un caballo de A contra una vaca de B. Tras esta cuarta operación, la situación ofrece el siguiente perfil

A		B	
Caballos	Vacas	Caballos	Vacas
50	50	50	50
40	40	40	40
	30	30	
	20	20	
	10	10	

Puede advertirse que, tras este cuarto intercambio, ha empeorado la situación de los dos contratantes. A ha adquirido una quinta vaca y con ello ha asegurado la satisfacción de unas necesidades, cuya significación equivale a 10, pero para ello ha tenido que entregar un caballo cuya significación valoramos en 30. Su situación económica, después de este intercambio, es como si hubiera perdido un valor de 20, sin recibir nada en compensación. Lo mismo ocurre con B, de modo que el resultado de este trueque es una desventaja económica para las dos partes.

Así pues, el intercambio no sólo no les daría ninguna ventaja, sino que les acarrearía pérdidas económicas. Pero, si a pesar de todo, A y B prosiguieran en su empeño de intercambiar caballos contra vacas también después del cuarto intercambio, en la quinta operación la situación sería la siguiente:

A		B	
Caballos	Vacas	Caballos	Vacas
50	50	50	50
	40	40	
	30	30	
	20	20	
	10	10	
	0	0	

En el intercambio sexto, la situación tendría el siguiente perfil:

A		B	
Caballos	Vacas	Caballos	Vacas
	50	50	
	40	40	
	30	30	
	20	20	
	10	10	
	0	0	
	0	0	

Es claro que, tras el quinto intercambio de un caballo de A contra una vaca de B, los dos sujetos económicos se hallan en la misma situación —respecto de la plenitud de la satisfacción de sus necesidades— que tenían al principio de las operaciones. Con el intercambio número 6, la situación económica experimenta un sensible deterioro y lo mejor que pueden hacer es dar marcha atrás en su afán de intercambio.

Todo cuanto hemos venido exponiendo al hilo de un caso concreto puede observarse dondequiera varias personas poseen cantidades de bienes diferentes y se dan los fundamentos para operaciones de intercambio económico.

Si eligiéramos otros ejemplos hallaríamos algunas diferencias, pero no afectarían en nada a la esencia de la situación descrita. Veríamos que por doquier aparece un determinado momento temporal en el que se registra un límite dentro del cual dos personas pueden intercambiar sus bienes con mutuas ventajas económicas. Pero no puede sobrepasarse este límite, sin que empeore la situación de los agentes económicos.

En una palabra: advertimos la existencia de un límite dondequiera se han agotado las ventajas económicas que pueden derivarse de la puesta en práctica del intercambio, ya que a partir de este momento toda nueva operación acarrea una nueva pérdida. Se trata, por tanto, de un límite a partir del cual todo nuevo intercambio de cantidades parciales es antieconómico. Se alcanza este límite cuando ya ninguno de los dos contratantes posee cantidades de bienes que tengan para cada uno de ellos menor valor que una cantidad de bienes poseídos por la otra parte, mientras que este segundo contratante se halla en una relación inversa respecto del cálculo de valor.

Vemos así que en su vida práctica los hombres no se entregan de hecho a una ilimitada y desenfrenada actividad de intercambio, sino que unas determinadas personas, en un momento determinado y respecto de unos determinados géneros de bienes y de una determinada situación económica, llegan a un límite en que se abstienen ya de nuevos intercambios.— En el truco comercial de los individuos y, sobre todo, en el tráfico de unos pueblos con otros, se echa de ver, de ordinario, que el valor que unos bienes concretos tienen para los hombres está siempre sujeto a oscilaciones, debido principalmente a que en virtud del proceso de producción los individuos económicos disponen de siempre nuevas cantidades de bienes, de tal suerte que se renuevan de continuo los fundamentos del intercambio económico.

Surge así ante nuestra mirada el fenómeno de una serie ininterrumpida de operaciones de intercambio. Pero también en esta cadena de transacciones podemos descubrir, bajo un atento análisis, que para unos tiempos, individuos y géneros de bienes determinados existe una parada final, en la que ya no tiene lugar el trueque de bienes, porque se ha alcanzado el límite económico del mismo. Una ulterior observación, que ya hemos mencionado con anterioridad, se refiere a las decrecientes ventajas económicas que se les derivan a unos concretos agentes económicos por el excesivo aprovechamiento de unas determinadas ocasiones de intercambio.

En las acciones de intercambio, la más beneficiosa para las personas que la ejecutan suelen ser la primera. Sólo más tarde suelen llevarse a cabo nuevos intercambios, aunque prometan menores beneficios económicos. Lo dicho es aplicable no sólo a los individuos, sino también, y por la misma razón, a naciones enteras. Si dos pueblos, cuyos puertos o fronteras han estado totalmente cerrados al comercio durante un largo período de tiempo, los abren de pronto, o eliminan alguno de los obstáculos hasta ahora existentes, se desarrolla con gran rapidez un activo tráfico, porque es muy elevado el número de ocasiones de intercambio y de ventajas económicas que pueden obtenerse del mismo.

Más tarde, este comercio discurre por los carriles de los negocios con beneficios normales. Si algunas veces no aparecen de inmediato en la superficie todas las ventajas de este reciente intercambio, el hecho se debe a que de ordinario los otros dos presupuestos del intercambio económico, es decir, el conocimiento de la ocasión de intercambio y el poder de llevar a la práctica las operaciones de intercambio reconocidas como económicas, sólo son percibidos por los contratantes al cabo de un cierto período de tiempo. Las naciones que se dedican al comercio hacen denodados esfuerzos por superar los impedimentos que se dan en ambas direcciones (mediante el cuidadoso análisis de las relaciones comerciales, la construcción de buenas carreteras y otras vías de comunicación, etc.).

Antes de poner fin a este estudio de los fundamentos y de los límites del intercambio económico, querría aludir a una circunstancia de no pequeña importancia para la exacta comprensión de los principios expuestos. Me refiero a los sacrificios económicos exigidos por las operaciones de intercambio. Si los hombres y su posesión de bienes (las economías humanas) no estuvieran separados en el espacio y, por consiguiente, la entrega mutua de los bienes de que dispone un sujeto económico a otro sujeto (y a la inversa) no exigiera como condición previa el traslado espacial de los bienes y otros sacrificios económicos, entonces la totalidad de las ventajas económicas derivadas del intercambio a que nos hemos referido en las páginas precedentes podría repartirse íntegramente entre ambos contratantes.

Pero este caso se presenta pocas veces. Podemos, sin duda, imaginar circunstancias especiales en las que los sacrificios económicos de la operación de intercambio se reduzcan a un mínimo sin importancia en la vida práctica. Pero no es fácil que encontremos en la realidad un caso en el que una operación de intercambio no exija ningún tipo de sacrificio, aunque no sea más que el empleo de un determinado tiempo. Los fletes, las primas, los derechos de aduanas, las averías, los costes de correspondencia, los seguros, provisiones y derechos de comisión, los corretajes, los certificados, los gastos de embalaje y almacenaje, la manutención de los comerciantes— y de sus auxiliares, los costes financieros y otras cosas similares no son sino algunos de los sacrificios económicos exigidos por las operaciones de intercambio, que absorben una parte de los beneficios económicos que resultan de la realización concreta de las ocasiones que se presentan.

A veces, estos sacrificios pueden ser tan elevados que hacen imposible un intercambio que, por otra parte, seria perfectamente posible de no existir estos gastos, en el sentido que tiene esta palabra en economía política. El desarrollo de esta última economía muestra tendencia a disminuir tales sacrificios económicos, de modo que pueda procederse a intercambios económicos entre países más distantes, con los que hasta ahora no eran posibles tales operaciones.

Lo anteriormente dicho nos revela también cuál es la fuente de la que extraen sus ganancias los miles de personas a través de las cuales se hace el intercambio, aunque no contribuyan de modo directo a la multiplicación física de los bienes, razón por la cual no raras veces se califica su actividad de improductiva.

El intercambio económico contribuye, como hemos visto, a la mejor satisfacción de las necesidades humanas y al aumento de las posesiones de los contratantes, tanto como pueda hacerlo el mismo aumento físico de los bienes económicos. Por consiguiente, todas las personas por cuyo medio se llevan a cabo estos intercambios son —siempre bajo el supuesto de unas operaciones de intercambio económicas— tan productivas como los agricultores y los fabricantes, porque la meta de toda economía no es la multiplicación física de los bienes, sino la satisfacción más plena posible de las necesidades humanas y, para alcanzar esta meta, la contribución de los comerciantes no es menos importante que la de aquellas personas a las que hasta ahora se ha considerado, desde un punto de vista excesivamente unilateral, como las únicas productoras.

CAPÍTULO V

TEORÍA DEL PRECIO

Los precios o, con otras palabras, las cantidades de bienes que deben aparecer en el intercambio configuran, en cuanto que son percibidas por nuestros sentidos, el objeto más usual de la observación científica, pero están muy lejos de constituir la esencia del fenómeno económico del intercambio. Esta esencia consiste más bien en la mejor provisión —introducida por el intercambio— de la satisfacción de las necesidades de las personas contratantes. Los hombres económicos intentan mejorar todo lo posible su situación económica. Con este objetivo ponen en marcha su actividad económica y por eso intercambian sus bienes, siempre que por este medio puedan alcanzar aquella meta.

Los precios son, pues, simples fenómenos accidentales, síntomas de la equiparación económica entre las economías humanas. Si se levantan las esclusas de dos masas de agua en reposo, pero situadas a distinto nivel, se precipitan las olas, hasta que la superficie vuelve a quedar igualada. Pero estas olas son tan sólo un síntoma de la acción de aquellas fuerzas que llamamos gravedad e inercia. A estas olas se asemejan también los precios de los bienes, síntomas del equilibrio económico de la posesión de bienes entre las distintas economías.

Pero la fuerza que los empuja hasta la superficie del fenómeno es la causa última y universal de todo movimiento económico, es decir, el deseo de los hombres de satisfacer de la mejor manera posible sus necesidades, de mejorar su situación económica. Ahora bien dado que los precios son los únicos fenómenos de la totalidad del proceso económico que pueden percibirse con los sentidos, los únicos cuyo nivel puede medirse y los que la vida diaria nos pone una y otra vez ante los ojos, se introduce fácilmente el error de considerar su magnitud como el elemento esencial del intercambio y, prolongando las consecuencias lógicas de tal error, considerarlos como el equivalente de las cantidades de bienes que aparecen en tales intercambios.

Pero, al proceder así se infligiría a nuestra ciencia un daño de incalculables consecuencias, en el sentido de que los investigadores desplazarían a la región de los fenómenos de los precios la explicación de las causas de la supuesta igualdad— entre dos cantidades de bienes. Hay quienes atribuyen asta igualdad a las cantidades de trabajo empleadas en la obtención de dichos bienes, otros a los costes de producción —que se suponen iguales—.

Se discute incluso, en esta perspectiva, si se entregan unos bienes por otros porque son equivalentes o si los bienes son equivalentes porque se entregan unos por otros, cuando la verdad es que esta supuesta igualdad del valor de dos cantidades de bienes (entendida en un sentido objetivo) no existe en parte alguna.

El error en que se basan dichas teorías queda al descubierto apenas acertamos a liberarnos de la unilateralidad de que se ha hecho gala hasta ahora en la observación de los fenómenos de los precios. Sólo pueden llamarse equivalentes (en el sentido objetivo de la palabra) aquellas cantidades de bienes que pueden intercambiarse en cualquier forma y de la manera que se quiera, de tal suerte que siempre que se ofreciera una hubiera que adquirir la otra, y a la inversa.

Pero tales equivalencias no aparecen jamás en la vida económica de los hombres. Si hubiera, en efecto, equivalentes de este tipo, no se ve por qué no podría deshacerse cualquier intercambio, mientras la coyuntura permanezca invariable. Supongamos un caso en el que A ha entregado su casa a B contra una finca de éste o a cambio de 20,000 talers.

Si los bienes intercambiados han pasado a ser equivalentes, en el sentido objetivo de la palabra, a través de la mencionada operación de intercambio, o lo eran ya incluso antes de la operación, no se ve por qué ambos negociadores no habrían de estar dispuestos a deshacer inmediatamente el cambio. Pero la experiencia nos enseña que en este caso, de ordinario, ninguno de los dos daría su asentimiento a tal arreglo. Idéntica observación puede hacerse también respecto de las relaciones comerciales más complicadas e incluso de las mercancías de más fácil venta.

Inténtese comprar grano en un mercado o los efectos correspondientes a este grano en la bolsa de valores y procúrese luego, antes de que cambie la coyuntura, volver a venderlos, o bien vender y comprar en un mismo instante una misma mercancía, y se llegará muy fácilmente a la conclusión de que la diferencia existente entre la oferta y la demanda no es puro azar, sino un fenómeno universal de la economía.

Así pues, no existen determinadas cantidades de mercancías —digamos una suma de dinero contra una cantidad de otro bien económico— que puedan intercambiarse a capricho, siempre que se quiera, ni en la compra ni en la venta, o, dicho brevemente, no existan equivalentes en el sentido objetivo de la palabra, ni siquiera respecto de un mercado concreto y en un momento fijo y determinado.

Y, lo que es mucho más importante, un profundo conocimiento de las causas que inducen al intercambio de bienes y al comercio humano nos enseña que tales equivalentes quedan totalmente excluidos por la naturaleza misma de la situación y que de hecho no pueden existir.

Una teoría correcta de los precios no puede, por consiguiente, asignarse la misión de esclarecer aquella supuesta, pero en realidad inexistente, igualdad del valor entre dos cantidades de bienes. Quien procediera así olvidaría enteramente el carácter subjetivo del valor y la esencia del intercambio. La teoría de los precios debe esforzarse por mostrar cómo los hombres, llevados por su deseo de satisfacer del mejor modo posible sus necesidades, entregan unas determinadas cantidades de sus bienes por otras cantidades. Al acometer esta investigación seguiremos el método que hemos practicado a lo largo de toda la obra, es decir, comenzaremos por el análisis de los casos más sencillos de la formación del precio, para pasar luego gradualmente a las expresiones más complicadas del fenómeno.

La formación del precio en el intercambio aislado

Hemos visto en el capítulo anterior que la posibilidad de un intercambio económico de bienes está vinculada a la condición de que estos bienes tengan para su propietario menor valor que los bienes de que dispone otro sujeto económico, mientras que en este segundo se da un cálculo del valor de sus bienes de signo opuesto. Este hecho traza ya unos estrictos límites, dentro de las cuales debe tener lugar la formación del precio en cada caso concreto.

Supongamos, pues, que para A 100 celemines de su grano tienen tanto valor como 40 cántaros de vino. En tal caso, es evidente que A no estará dispuesto a dar ni un celemín más de los 100 por la mencionada cantidad de vino, porque de hacer tal intercambio quedarían sus necesidades peor cubiertas que antes del mismo. Más aún, sólo llegará a un acuerdo de intercambio si con él logra satisfacer sus necesidades mejor que antes.

Por consiguiente, estará dispuesto a adquirir el vino a cambio de su grano si por los 40 cántaros debe dar algo menos de 100 celemines de grano. Sea cual fuere el valor de 40 cántaros de vino, en el caso de un posible intercambio del grano de A por el vino que pueda tener otro sujeto económico, lo cierto es que en nuestro ejemplo concreto, y dada la situación económica de A, no alcanzará el valor de 100 celemines de grano.

Si A no encuentra ningún otro sujeto económico para el que una cantidad de grano inferior a los 100 celemines tenga mayor valor que 40 cántaros de vino, entonces no podrá intercambiar el grano por vino, porque no se dan los fundamentos requeridos para un intercambio económico respecto de los bienes en cuestión. Pero si existe un individuo

B para el que, por ejemplo, 80 celemines de grano tienen tanto valor como 40 cántaros de vino y suponiendo que A y B conocen esta circunstancia y que no hay ningún obstáculo que impida la realización de la operación, tanto A como B tienen ya base suficiente para un intercambio económico, pero topamos al mismo tiempo con una segunda frontera para la formación del precio.

Efectivamente, si de la posición económica de A se desprende que el precio por los 40 cántaros de vino debe situarse por debajo del correspondiente a los 100 celemines de grano (pues en caso contrario no obtendría ninguna ventaja en el negocio), de la de B se deduce también que es preciso ofrecerle, por sus 40 cántaros de vino, una cantidad de grano superior a los 80 celemines. Sea, pues, cual fuere el valor de los 40 cántaros de vino en el intercambio económico entre A y B, es bien seguro que debe situarse entre los límites de 80 y 100 celemines de grano y, en todo caso, debe ser superior a 80 e inferior a 100.

Llegados aquí, no es difícil comprender que A, en el caso mencionado, podría satisfacer mejor sus necesidades incluso aunque tuviera que entregar 99 celemines de grano contra los 40 cántaros de vino. De igual modo, también B tendría ventajas económicas en el caso de que sólo, recibiera 81 celemines por sus 40 cántaros.

Pero como en nuestro ejemplo existe la posibilidad de que en el intercambio ambos sujetos obtengan mayores ventajas, es claro que cada uno de ellos intentará sacar el mayor beneficio económico que le sea posible. Surge así el fenómeno de la vida cotidiana que llamamos regateo de precio. Cada uno de los contratantes se esfuerza por obtener la mayor porción posible en la realización práctica de la ocasión de intercambio y por conceder al otro la menor parte posible de las ganancias. Se inclinará, por tanto, a elevar sus precios tanto más cuanto menos conoce la situación económica del otro negociador y los límites máximos a que éste está dispuesto a llegar. ¿Cuál será el resultado, expresado en cifras, de esta lucha por el precio? Es seguro, como ya hemos visto, que el precio de los 40 cántaros de vino supera los 80 celemines de grano, pero no llega a los 100.

No es menos seguro, a mi entender, que el resultado será favorable ya a uno o a otro de los negociadores, según sea la personalidad de cada uno de ellos, su mayor o menor conocimiento de la vida de los negocios y la situación de la otra parte contratante. Pero dado que al fijar los principios generales no existe ninguna razón para admitir que uno de los dos negociadores posea una habilidad económica muy superior a la del otro, ni que las demás circunstancias que rodean a uno de ellos sean mucho más favorables que las del otro, podremos establecer la regla general —bajo el supuesto de unos individuos dotados de una misma habilidad económica y rodeados de unas similares circunstancias — de que el deseo de los dos, contratantes de conseguir la mayor ventaja económica posible paralizará los esfuerzos de ambos y que, por tanto, el precio se situará relativamente cerca del punto medio entre los dos extremos máximos que ambos se pueden conceder. Volviendo a nuestro ejemplo, el precio de una cantidad de 40 cántaros de vino sobre el que al final los dos se pondrán de acuerdo acabará por situarse entre un mínimo de 80 celemines y un máximo de 100, con la ulterior delimitación de que en ninguna circunstancia será ni inferior a 80 ni superior a 100.

Pero ya dentro de estos límites, es de creer, siempre suponiendo que las demás circunstancias son iguales, que ambos acabarán aceptando los 90 celemines. Con todo, aun en el caso de que no se concertara este precio, no por ello quedaría excluida la posibilidad de un intercambio económico, siempre que los precios no superen los límites ya mencionados. Lo que se ha dicho sobre la formación del precio en el caso concreto anterior es igualmente válido respecto de todos los demás.

Dondequiera existen fundamentos para un intercambio económico entre dos sujetos respecto de dos bienes, aparecen, por la naturaleza misma de la relación, unos determinados límites, dentro de los cuales tiene que llegarse a la fijación del precio para que el intercambio de bienes tenga carácter económico.

Estos límites vienen dados por las diversas cantidades de bienes de intercambio que son equivalentes (en el sentido subjetivo de la palabra) para ambos contrayentes. (En el ejemplo descrito, 100 celemines de grano equivalen, para A, a 40 cántaros de vino, mientras que para B esta misma cantidad de vino equivale a 80 celemines). Dentro de estos límites, la formación del precio tiende a situarse en el término medio de las dos equivalencias (en el ejemplo citado, en 90 celemines, que es el término medio entre 100 y 80). De acuerdo con lo dicho, las cantidades de bienes que se entregan en un intercambio están exactamente determinadas por cada situación económica concreta.

Aunque, por supuesto, el capricho humano dispone de un cierto campo de juego, puesto que las cantidades de bienes pueden mantenerse dentro de una banda de fluctuación sin que se pierda por ello el carácter económico de la operación de intercambio, es bien seguro que el mutuo intento de los contratantes por obtener las máximas ventajas posibles en el negocio se verá paralizado en casi todos los casos y los precios tenderán, por consiguiente, a situarse en el centro de la banda de fluctuación. Si a lo dicho se añaden factores individuales o de cualquier otro tipo en la situación externa bajo la cual los dos sujetos económicos realizan el intercambio, entonces los precios pueden apartarse más o menos —siempre dentro de los límites antes expuestos— del punto medio natural, sin que por ello las operaciones de intercambio pierdan su carácter económico.

Estas oscilaciones no son, efectivamente, de tipo económico, sino debidas a factores individuales o están fundamentadas en causas externas peculiares, que no tienen carácter económico.

La formación del precio en el comercio monopolista

En la sección precedente hemos aludido a la ley que preside la formación del precio y la distribución de los bienes, primero de la mano de un sencillo ejemplo, en el que se lleva a cabo un intercambio de bienes entre dos sujetos económicos, sin que influya la actividad económica de otras personas.

Este caso, al que podríamos llamar intercambio aislado, es la forma más usual del comercio humano en los inicios de la evolución cultural y conserva su eficacia también en etapas posteriores en regiones poco pobladas y con cultura escasamente desarrollada. No queda del todo excluida ni siquiera en el caso de relaciones económicas evolucionadas. Podemos, efectivamente, observar su presencia en economías de alto grado evolutivo cuando se trata del intercambio de bienes cuyo valor afecta sólo a uno o dos individuos económicos o donde, por unas circunstancias peculiares, los contratantes se hallan insertos en un ámbito económico aislado. Pero cuanto más evoluciona la cultura de un pueblo más raro es el caso de que los fundamentos para un intercambio económico de bienes afecten sólo a dos sujetos.

A, por ejemplo, posee un caballo que para él tiene un valor equivalente a los diez celemines de grano que tendría que adquirir, pero podría satisfacer mejor sus necesidades si le dieran 11 celemines. Para el labriego B, en cambio, que posee gran provisión de grano, pero no tiene animales de carga y tiro, el caballo que querría adquirir equivale a 20 celemines de grano, pero podría satisfacer mejor sus necesidades si puede cambiar el caballo de A por 19 celemines. El campesino B 2 haría buen negocio si pudiera hacerse con el caballo de A por 29 celemines, el campesino B 3 ganaría en el cambio incluso dando 39 celemines.

Así pues, en este caso hay fundamento para llegar a un intercambio económico, no sólo entre A y uno de los campesinos, sino que A puede cambiar su caballo con cualquiera de ellos y cada uno de éstos puede hacer lo mismo con ventajas económicas.

Comprenderemos aún más claramente todo lo dicho si suponemos que hay fundamento para operaciones de intercambio económico con los campesinos mencionados no sólo respecto de A, sino de otros propietarios de caballos, A2, A 3 y así sucesivamente. Sigamos suponiendo el caso de que para A 2 un caballo tiene tanto valor como ocho celemines, para A 3, el valor de seis celemines. Es claro entonces que hay aquí fundamento para intercambios económicos entre cada uno de los ganaderos y cada uno de los campesinos que figuran en el ejemplo.

En ambos casos, es decir, tanto en el primero, en que se daban los fundamentos para operaciones de intercambio económico entre un monopolista (en el sentido más amplio de esta palabra) y uno o varios sujetos económicos, que compiten entre sí para conseguir el bien monopolizado, como en el segundo, en el que de un lado aparecen varios propietarios de un determinado bien y del otro varios propietarios del otro bien, y, dado que existen fundamentos pata operaciones de intercambio económico, todas las personas compiten entre sí.

Nos encontramos, pues, con unas circunstancias mucho más complicadas que las contempladas en la primera sección de este capítulo. Comenzaremos por el más sencillo de estos dos casos, el de la competencia de varias personas económicas por hacerse con unos bienes monopolizados. A continuación pasaremos al caso más complicado de la formación del precio cuando existe competencia por ambas partes.

a) Formación del precio y distribución de bienes cuando varias personas compiten por un solo bien monopolizado e indivisible. En la exposición de los principios de la formación del precio en el intercambio aislado hemos visto que, según sean los fundamentos existentes, se da un espacio de juego mayor o menor, dentro del cual puede llegarse en cada caso concreto a la formación del precio, sin que el intercambio pierda por ello su carácter económico. Hemos observado también que la formación del precio muestra tendencia a distribuir por partes iguales las ventajas económicas que se derivan de la utilización de la relación existente y que, de acuerdo con ello, en cada caso se da un cierto término medio hacia el que tienden los precios.

Hemos acentuado, con todo, que no existen influencias económicas que fijen necesariamente el punto en el que debe situarse la formación del precio dentro del espacio de juego antes mencionado. Si, por ejemplo, se da el caso de que para un individuo económico A el caballo de que es propietario sólo vale 10 celemines de grano, de los que podría pasar a disponer, mientras que para B, que ha tenido una rica cosecha de cereales, el precio sería de 80 celemines, equivalentes al caballo que ahora puede pasar a su propiedad, es claro, en primer término, que si A y B llegan a tener conocimiento de estas circunstancias y disponen del poder suficiente para llevar a cabo la operación, existen las bases para un intercambio económico del caballo de A contra el grano de B.

Pero no es menos claro que el precio del caballo puede oscilar entre los amplios límites de 10 y 80 celemines, sin que por el hecho de que el precio se acerca más a un extremo que al otro se pierda el carácter económico del intercambio. Es muy improbable, por supuesto, que en nuestro caso el precio se sitúe en 11 o 12 celemines y tampoco en 78 o 79.

Pero no es menos seguro que no existen causas económicas que excluyen por completo estos precios. Al mismo tiempo, también es claro que mientras B persista en su deseo de hacerse con el caballo de A y no exista otro competidor, el intercambio sólo puede producirse entre A y B. Pero supongamos ahora que a B 1 le sale un competidor en B 2, que, sin tener tanta cantidad de grano como B 11, o sin tanta necesidad del caballo como este segundo, valora un caballo en 30 celemines, aunque por supuesto podría cubrir mejor sus necesidades si pudiera adquirir el caballo de A sólo por 29 celemines.

Es claro que en este caso existen los fundamentos necesarios para un intercambio económico entre B 1 y A y también entre B 2 y A. Pero como sólo uno de los dos competidores puede adquirir el caballo de A, surgen aquí dos preguntas: a) ¿Con cuál de los dos competidores intercambiará el monopolista su caballo?, y b) ¿dentro de qué limites se formará el precio en este caso? La respuesta a la primera pregunta se desprende de la siguiente consideración: Para B 2 el caballo de A tiene un valor equivalente a 30 celemines de su grano. Por consiguiente, podría atender mejor a la satisfacción de sus necesidades si pudiera conseguir dicho caballo por 29 celemines. Pero esto no quiere decir en modo alguno que B 2 ofrezca de inmediato a A esta cantidad (aunque no es menos seguro que estaría dispuesto a hacerlo para salir al paso, en la medida de lo posible, de la competencia de B 1), ya que actuaría de una manera antieconómica en el caso de que tuviera que conformarse con esta escasa ganancia.

Respecto de B 1, es evidente que actuaría de una manera palpablemente antieconómica que permitiera que B 2 se llevara el caballo por los mencionados 29 celemines porque incluso en el caso de que diera 30 celemines y aún más, sigue obteniendo sustanciales ganancias (recordemos que, dada su abundante cosecha, valora el caballo en 80 celemines). Es decir, B 1 excluye, desde el punto de vista económico, a B 2 de este negocio de intercambio. —

La circunstancia de que, dentro del espacio de juego de la formación del precio, el intercambio es ya antieconómico para B 2, pero sigue siendo económico para B 1, permite a este último hacerse con las ganancias resulta del cambio, al conseguir que esto le resulte antieconómico a su competidor. Dado que también A seguiría una conducta antieconómica si no traspasa su bien monopolístico a aquel de los competidores que puede ofrecerle más alto precio, es del todo seguro que, en la situación económica antes descrita, se producirá el intercambio entre A y B 1.

Respecto de la segunda pregunta, relativa a los límites dentro de los cuales se llegará, en este caso, a la formación del precio, debemos constatar, en primer término, que el precio que B 1 garantiza a A no puede llegar a los 80 celemines de grano, porque en este caso el negocio perdería para B 1 su carácter económico. Pero tampoco puede ser inferior a 30 celemines, porque entonces la formación del precio caería dentro de unos límites en los que el negocio podría ser ventajoso también para B 2 y éste tendría interés económico en mantener su oferta. Por consiguiente, en nuestro ejemplo, el precio debe situarse necesariamente por encima de los 30 celemines, pero sin rebasar los 80.— La competencia de B 2 hace, pues, que la formación del precio en las operaciones de intercambio de bienes entre A y B 1 no se mueva ya, como ocurriría en caso contrario, dentro de los amplios límites de 10 a 80, sino en los más estrictos de 30 a 80.

Efectivamente, sólo dentro de esta banda de fluctuación de la formación del precio consiguen ambos negociantes ventajas económicas con la operación de intercambio, mientras que al mismo tiempo, y dentro de esta banda, queda eliminada, desde el punto de vista económico, la competencia de B 2. Y con esto reaparece de nuevo la sencilla relación del intercambio aislado, con la única diferencia de que los límites de la formación del precio se han hecho más angostos.

En resumidas cuentas, también encuentran aquí plena aplicación los principios expuestos a propósito del intercambio aislado.

Pero imaginemos ahora un nuevo caso: junto a los ya conocidos competidores B 1 y B 2 por el caballo de A, aparece un tercer competidor, para el que este caballo tendría un valor de 50 celemines. Es evidente, a tenor de cuanto hemos venido diciendo, que todavía puede llegarse a un intercambio entre B 1 y A, pero la formación del precio se sitúa ahora entre los 50 y los 80 celemines. Si aparece un cuarto competidor, B 4, para el cual el caballo tiene el valor de 70 celemines, podría igualmente llegarse a un intercambio entre A y B 1 pero la formación del precio fluctúa entre los 70 y los 80 celemines. Sólo en el caso de que surgiera un nuevo competidor, por ejemplo el sujeto económico B 5 para el que el valor del bien monopolizado en cuestión tuviera un valor de 90 celemines, se llegaría a un acuerdo entre A y este último, y el precio se fijaría entonces entre 80 y 90 celemines. Es, en efecto, palpable que este nuevo competidor podría utilizar en su beneficio económico la actual ocasión de intercambio y que podría eliminar a todos los demás competidores (incluido B 1) de la posibilidad de cerrar el negocio con beneficios económicos.

La formación del precio entre 80 y 90 celemines se fundamentaría en este caso en el hecho de que por un lado el competidor B 1 sólo puede ser excluido de las ventajas económicas del negocio a base de situar el precio por encima de un mínimo de 80 celemines, es decir, que el precio no podría ser inferior a esta cantidad, pero por otro lado tampoco puede llegar a 90 celemines, porque en este caso tampoco para B 5 tendría ventajas económicas llevar a cabo el intercambio.

Resumiendo cuanto hemos venido diciendo —que es plenamente válido para todos los casos en los que existen los fundamentos necesarios para llevar a cabo operaciones de intercambio económico entre un monopolista respecto de un bien indivisible y varios sujetos económicos respecto de otro bien—, obtenemos los siguientes principios: 1. Cuando existen varios sujetos económicos que compiten, con suficientes bases para un intercambio económico, por un bien monopolístico indivisible, este bien pasará a manos de aquel competidor que pueda dar por el mismo el equivalente de la mayor cantidad de bien que se ofrece en el intercambio. 2. La formación del precio se produce en este caso dentro de los límites dados por el equivalente del bien monopolístico en cuestión que fijan los dos competidores más deseosos de hacer el intercambio o más capacitados para ello. 3. La fijación del precio dentro de los mencionados límites se hace según los principios expuestos a propósito del intercambio aislado.

b) Formación del precio y distribución de los bienes en la competencia por cantidades parciales de un monopolio. En las páginas precedentes hemos centrado nuestra investigación en el caso más sencillo del comercio monopolista, es decir, hemos expuesto el caso de un solo monopolista que lleva al mercado un bien único e indivisible y hemos mostrado el camino que sigue la formación del precio bajo el influjo de la competencia de varios sujetos económicos.

Ahora vamos a referirnos a un caso más complicado, a saber, aquél en el que existen bases para operaciones de intercambio entre un monopolista que dispone de diversas cantidades de un bien monopolizado y varios competidores económicos, que disponen asimismo de diversas cantidades de otro bien. Imaginemos, por ejemplo, que el agricultor B 1, que dispone de una gran cantidad de grano, pero no tiene caballos, estimaría en tan alto valor la posesión de uno que daría por él 80 celemines de grano. Un segundo agricultor, B 2, estaría dispuesto a dar 70 celemines; B 33,60; B 4 4,0; B 5 ,5, B 6, 666,27,7, 8 tan sólo 10 celemines.

Un segundo caballo tendría para cada uno de nuestros agricultores diez celemines menos de valor que el primero, el tercero diez celemines menos que el segundo, y así sucesivamente. Podremos dar una expresión numérica a los factores esenciales de esta situación económica en la siguiente tabla:

	I	II	III	IV	V	VI	VII	VIII
Para B^1	80	70	60	50	40	30	20	10
Para B^2	70	60	50	40	30	20	10	
Para B^3	60	50	40	30	20	10		
Para B^4	50	40	30	20	10			
Para B^5	40	30	20	10				
Para B^6	30	20	10					
Para B^7	20	10						
Para B^8	10							

Las cifras indican el valor de cada nuevo caballo, primero, segundo tercero, etc del que pasa a ser propietario expresada en celemines de grano.

Si, en este caso, el monopolista A lleva al mercado un solo caballo, es seguro a tenor de cuanto se ha dicho en la sección anterior, que B 1 podrá hacerse con él en un precio que debe situarse entre los 70 y los 80 celemines. Pero imaginemos ahora que el monopolista A lleva al mercado no un caballo, sino 3. Nos hallamos entonces ante el caso que constituye el objeto de esta investigación especial, y nos preguntamos: ¿quién o quiénes de los ocho campesinos se quedarán con los caballos que el monopolista ofrece a la venta y a qué precios? Si, para lograr una respuesta, tenemos a la vista la tabla anterior, se advierte, en primer lugar, que el primer caballo del que toma posesión B 1 tiene para éste un valor de 80 celemines, el segundo de 70, el tercero de 60.

En esta situación B 1 puede cambiar, con beneficios económicos, un primer caballo por un precio de entre 70 y 80 celemines, excluyendo así a los restantes competidores. Pero respecto de un segundo caballo, actuaría de forma antieconómica si diera por él 70 celemines o más, porque con este intercambio no atendería a la satisfacción de sus necesidades mejor que antes de cerrar el trato.

En el tercer caballo, para poder eliminar a B 2 de la competencia tendría que dar al menos 70 celemines, pero esto le acarrearía perjuicios económicos. Aquí se echa de ver con mucha mayor claridad el carácter no económico que tendría para B 1 este intercambio. En el caso anterior nos hallamos, pues, ante una situación económica en la que, respecto de los tres caballos puestos a la venta en el mercado, B 1 sólo puede excluir a todos sus competidores y está dispuesto a pagar por cada uno de ellos el precio de 70 celemines o más. Pero si lo hace así, sólo obtiene ventajas económicas en el primer caballo, mientras que en el segundo y el tercero no obtiene tales beneficios.

Como damos por sentado que B 1 es un sujeto que actúa con criterios económicos, es decir, que no tiene el menor interés en excluir sin razón alguna, e incluso con pérdidas propias, a sus competidores, sino que renuncia a toda adquisición de cantidades de un bien monopolista que le suponga perjuicios económicos, que puede evitar con sólo permitir que los demás competidores intercambien cantidades del citado bien monopolista, es indudable que, en nuestro caso, y dado que el empeño por excluir a todos los demás competidores del bien monopolizado sólo le acarrearía, dada la situación económica, perjuicios, B 1 permitirá, en primer lugar a B 2 , que participe en el intercambio de cantidades del bien monopolista.

Puede incluso ocurrir que el común interés con este último haga descender el precio de cada una de las cantidades parciales del bien monopolista, en nuestro caso de un caballo, por debajo de lo que sería posible en las circunstancias dadas. Lejos, pues, de empujar el precio de un caballo hasta los 70 celemines e incluso más, tanto B 1 como B 2 tienen interés en que este precio descienda por debajo de los 70 celemines tanto cuanto la situación económica lo permita.

Esta tentativa de B 1 y B 2 se verá limitada por la intervención de los restantes competidores y en primer lugar por la de B 3 y, por consiguiente, tendrán que llegar a un acuerdo sobre un precio que excluya económicamente a estos últimos (incluido B 3) del intercambio con el bien monopolista. Así pues, en nuestro caso el precio se fijará en torno a los 60-70 celemines. Un precio situado dentro de estos límites permite efectivamente que B 1 se procure un segundo caballo y B 2 el primero, de una manera económica, mientras que todos los demás competidores del bien monopolista quedan excluidos de una compra fijada en estas cantidades.

Por otro lado, la formación del precio dentro de esta banda es la única posible. En efecto, si el precio se situara por debajo de los 60 celemines, no se excluiría a B 3 del negocio y, por consiguiente, procuraría obtener para sí las ventajas derivadas de la utilización de las actuales circunstancias, mientras que con un precio superior a los

60 celemines, B 1 y B 2 todavía están en situación de alcanzar considerables beneficios que, como sujetos económicos que son, no dejarán de aprovechar.

Si el precio alcanza el nivel de los 70 celemines o más, B 2 no podría comprar, de una manera económica, ningún caballo y B 1 sólo podría comprar uno y, por tanto, sólo podría adquirir de hecho uno de los tres caballos puestos a la venta en el mercado. En consecuencia, en nuestro caso, y desde un punto de vista económico, el precio no puede situarse por encima de los 60-70 celemines. Similar razonamiento puede hacerse en el supuesto de que A lleve al mercado no 3, sino 6 caballos. Veríamos que B 1 puede adquirir 3 caballos, B 2 2, B 3 1, y que el precio oscilaría entonces entre los 50 y los 60 celemines. Si A pusiera en venta 10 caballos, B 1 podría comprar 4, B 2 3, B 3 2 y finalmente B 4 1, cuyo precio quedaría fijado entre los 40 y los 50 celemines.

Es indudable que a medida que A aumenta el número de caballos en venta, sería de un lado cada vez menor el número de campesinos excluidos de un intercambio provechoso en torno a las cantidades del citado bien monopolista y, del otro, que sería cada vez menor el precio de cada cantidad concreta de dicho bien. Imaginemos ahora que B 1, B 2 2, etc., no son individuos concretos, sino representantes de grupos de la población de un país. Supongamos que B 1 engloba a aquel grupo de los individuos económicos que, respecto de los dos tipos de bienes de que hemos venido hablando (un bien monopolista y el grano), son los más capacitados y dispuestos al intercambio. B 2 es el grupo de individuos económicos que sigue al primero, y así sucesivamente.

Nos hallamos entonces con la imagen del comercio monopolista tal como se da de hecho en las circunstancias normales de la vida. Vemos, efectivamente, que existen capas de población de muy diversa capacidad de intercambio, que compiten en el mercado por unas determinadas cantidades de bienes monopolizados. Comprobamos que —al igual que ocurría con los individuos concretos de nuestro ejemplo anterior— las capas excluidas de la posibilidad de hacerse con cantidades de un bien monopolista en condiciones beneficiosas son tanto más numerosas cuanto menor es la cantidad del bien monopolista que aparece en el marcado y, a la inversa, los bienes monopolistas están al alcance de la capacidad de compra de más extensas capas de la población cuanto mayor es la cantidad de este bien. Los precios de los bienes monopolizados suben y bajan siguiendo un curso paralelo al de la exposición precedente.

Resumiendo todo lo dicho, se obtienen los siguientes principios: 1. Las cantidades de un bien monopolizado que el dueño pone en venta van a parar a las manos de aquellos competidores para quienes las unidades de este bien equivalen a la mayor cantidad del bien que debe darse a cambio. Estas cantidades del bien monopolizado se reparten entre los competidores de tal modo que para cada comprador de una cantidad parcial del bien una unidad de este equivale a una cantidad igual del bien intercambiado (por ejemplo, un caballo equivale a 50 celemines de grano). 2. La formación del precio se mueve dentro de una banda cuyos límites vienen fijados por el equivalente de una unidad del bien monopolizado para aquel de los competidores que tiene menor capacidad y deseo de intercambio y el competidor más capacitado y deseoso, con exclusión de todos los restantes, para quienes el intercambio deja ya de ser beneficioso. 3. Cuanto mayor es la cantidad de un bien monopolizado puesto a la venta por su dueño, menor es el número de competidores que queda excluido de la posibilidad de hacerse con cantidades parciales de dicho bien en condiciones económicamente beneficiosas y más perfecta y completa es también la previsión de aquellos sujetos económicos que estarían en situación de adquirir una parte del bien monopolizado, incluso en el caso de que fueran escasas las cantidades del mismo puestas a la venta. 4. Cuanto mayor es la cantidad de un bien monopolizado puesto a la venta, más al alcance debe estar de las capas de competidores menos capacitados para el intercambio o menos inclinados a él, si el dueño desea vender toda la cantidad. Por consiguiente, cuanto mayor es la cantidad, más bajos serán los precios por unidad del bien monopolizado.

c) Influencia del precio fijado por el monopolista sobre las cantidades del bien monopolizado puestas a la venta y sobre la distribución de estas entre los competidores. De ordinario, el monopolista no suele llevar al mercado unas determinadas cantidades del bien que posee con la intención de venderlas a toda costa ni suele esperar, como en una subasta, que sea la competencia entre los diversos participantes la que marque el precio de su mercancía. El camino usual sigue otro derrotero: el monopolista lleva al mercado una cantidad de su bien con la intención de venderla, pero marca por sí mismo el precio de cada una de sus unidades.

La razón de esta conducta debe buscarse en consideraciones de tipo práctico, sobre todo en la circunstancia de que el método de venta por subasta exige que se tenga en cuenta —si es que los precios han de fijarse respetando la influencia de todos los factores económicos eficaces— el mayor número posible de competidores por el bien monopolizado y, al mismo tiempo, la observancia de un gran número de diferentes formalidades. Ahora bien, este procedimiento es razonable en algunos casos excepcionales, pero no como norma.

Así pues, en todos aquellos casos en los que el monopolista puede contar con la concurrencia de todos o de un número elevado de competidores y puede cumplir sin gran dispendio económico todas las formalidades exigidas, como ocurre, por ejemplo, con las subastas de un producto monopolizado en los mercados principales, anunciadas con suficiente antelación, debe elegir la subasta como método más seguro para dar salida en condiciones económicamente favorables a la cantidad total del bien monopolizado de que dispone. En términos generales, deberá recurrir a este sistema siempre que le interese la venta total de grandes cantidades del bien monopolizado en un período de tiempo concreto.

Pero, como ya hemos dicho, el camino usual por el que el monopolista pone a la venta sus mercancías debe ser el de estar dispuesto a vender efectivamente las cantidades del bien de que dispone, pero ofreciendo a los competidores cantidades parciales del mismo a un precio ya fijado por él.

En estas circunstancias, es decir, en todos aquellos casos en los que un monopolista fija el precio de cada unidad de su bien y los competidores pueden satisfacer libremente sus necesidades del mismo al precio marcado o, dicho de otra forma, cuando el problema de la formación del precio del artículo de referencia está ya resuelto de antemano, debemos investigar: Primero, qué competidores quedan económicamente excluidos de la compra de unas cantidades del bien monopolista en virtud del precio marcado; segundo, qué efectos tiene el precio marcado por el monopolista sobre las cantidades del bien puesto en venta, y tercero, de qué manera se distribuye entre cada uno de los competidores la cantidad del bien monopolista que aparece en el mercado.

Es seguro, para empezar, que si el monopolista fija un precio tan alto por cada unidad de su bien que incluso para los competidores más capacitados y dispuestos a hacerse con dicho bien el valor fuera inferior al precio marcado, todos los posibles compradores quedarían excluidos de la adquisición de cualquier cantidad parcial y, por consiguiente, no se vendería el bien. Se produciría entonces la situación económica ya descrita en el varias veces mencionado esquema (pág. 180): si el monopolista A fija el precio de un caballo en 100, o incluso sólo en 80 celemines, es evidente que excluye la posibilidad de intercambio económico para los ocho competidores que figuraban en nuestro ejemplo.

Pero supongamos ahora que nuestro monopolista no sitúa el precio de un caballo en un nivel tan alto como para excluir a todos los competidores de la posibilidad de un intercambio económicamente ventajoso de al ganas cantidades. Es claro que, entonces, impulsados por su deseo de mejorar su situación económica, aprovecharían la ocasión que se les presenta y que llevarían a cabo algunas operaciones de intercambio con el monopolista, dentro de los límites expuestos en el capítulo anterior.

No es menos claro, de todas formas, que la extensión de estos intercambios está esencialmente determinada por el nivel del precio. Imaginemos que A fija el precio de un caballo en 75 celemines. Se advierte bien que, en este caso, B 1 está capacitado para proceder al cambio en condiciones económicamente ventajosas. Por el precio de 62 celemines, B 1 puede adquirir dos caballos y B 2 uno. Si el precio desciende a 54 celemines, B 1 puede comprar tres caballos, B 2 dos y B 3 uno. Con un precio de 36 celemines, B 1 puede adquirir cinco caballos, B 2 cuatro, B 3 tres, B 4 dos y B 5 uno. Y así sucesivamente. La anterior exposición, en la que bajo B 1, B 22, B 33, etc., podemos suponer no sólo individuos aislados, sino grupos de competidores de diferente capacidad y voluntad de intercambio, nos presenta de una manera plástica y sensible la influencia que el precio fijado por un monopolista ejerce sobre la economía nacional, según los diferentes niveles de los precios.

Cuanto más altos son éstos, mayor es el número de individuos o, respectivamente, de capas de la población que quedan totalmente excluidos del disfrute del bien monopolizado y más escasa la provisión de las capas restantes. Pero también es menor la cantidad de bien que vende el monopolista. En cambio, una moderación de los precios excluye a cada vez menor número de sujetos económicos (o respectivamente de capas de la población) de la adquisición de cantidades del bien monopolista, se satisface cada vez mejor la previsión de los que realizan intercambios y las ventas del monopolista siguen una línea ascendente.

Todo lo dicho encuentra una más exacta formulación en los siguientes principios: 1. Mediante los precios fijados por el monopolista para cada unidad de su bien, quedan totalmente excluidos de la compra de cantidades de este bien todos aquellos competidores para quienes aquella unidad es el equivalente de una cantidad igual o menor del bien que debe entregarse como contrapartida del intercambio que lo que importa el precio. 2. Los competidores por cantidades del bien monopolista para quienes una unidad de este es el equivalente de una cantidad del bien que debe entregarse en contrapartida mayor que lo que importa el precio fijado por el monopolista procurarán hacerse con cantidades del bien monopolizado hasta aquel límite en el que una unidad de este llega a ser para ellos el equivalente de la cantidad del bien respectivo fijada por el precio del monopolista.

La cantidad del bien monopolizado que pasa a las manos de cada uno de los competidores encuentra su medida en aquella cantidad respecto de la cual se dan para los sujetos afectados por los precios marcados por el monopolista los fundamentos para operaciones de intercambio económico. 3. Cuanto más elevado es el precio que establece el monopolista por una unidad de su bien, más numerosas son las capas de competidores que quedan eliminadas de la adquisición de algunas cantidades y más incompleta es la provisión de este bien de las restantes capas de la población. Pero también son menores las ventas del monopolista, mientras que en el caso contrario se registran los fenómenos opuestos.

d) Los principios del comercio monopolista (política monopolista) En las dos secciones precedentes hemos expuesto el influjo que ejerce una cantidad mayor o menor del bien monopolista puesto en venta sobre la formación del precio o, respectivamente, el influjo que tiene el mayor o menor precio marcado por el monopolista sobre las cantidades que entran en el mercado. Hemos analizado también la influencia de estos dos factores —cantidades y precios— sobre la distribución de los bienes monopolistas entre cada uno de los competidores. En el curso de la exposición ha podido comprobarse que el monopolista no es la única persona que determina todos y cada uno de los fenómenos económicos que afloran a la superficie. No se trata tan sólo de que también tiene aplicación al comercio monopolista la ley general que establece que en todo intercambio deben obtener ventajas económicas las dos partes contratantes.

Es que, además, ni siquiera dentro de este reducido espacio de juego puede ejercer el monopolista un influjo ilimitado en los fenómenos económicos. Como ya hemos visto, cuando el monopolista pone en venta en el mercado unas determinadas cantidades de su bien, no puede al mismo tiempo fijar el precio a su entera voluntad. Y si decide fijar el precio, entonces no puede al mismo tiempo llevar al mercado todas las cantidades que desea y venderlas todas al precio que él mismo ha fijado. No puede, por ejemplo, pretender vender grandes cantidades de su bien y al mismo tiempo mantener tan altos los precios como si hubiera llevado cantidades pequeñas. Tampoco puede fijar un determinado nivel de los precios y conseguir al mismo tiempo vender tanta cantidad como cuando los precios son más bajos.

Lo que le confiere una situación excepcional en la vida económica es la circunstancia de que, en cada caso concreto puede elegir entre determinar — por sí solo y sin influjos de los restantes sujetos económicos— las cantidades del bien monopolizado puestas en circulación o fijar el precio, según las ventajas económicas que le reporta una u otra de estas decisiones. Puede, por tanto, regular los precios a base de poner en venta unas cantidades mayores o menores de su monopolio o bien regular las cantidades a base de marcar unos precios más o menos elevados, según se lo aconseje su interés económico.

Así pues, los precios del monopolista pueden tender al alza, dentro de los límites marcados por el carácter económico de las operaciones de intercambio, si pone en venta pequeñas cantidades del monopolio, que, al mantener los precios elevados le prometen mayores beneficies. Y puede también bajar los precios si considera más ventajoso lanzar al mercado mayores cantidades del bien a precios más moderados. Puede también al principio fijar los precios más altos que le sea posible y de este modo poner en circulación pequeñas cantidades y luego irlos bajando poco a poco, a medida que aumentan las ventas, de modo que accedan al mercado capas cada vez más extensas de la población en el caso de que por este camino pueda obtener las máximas ventajas económicas. Puede también proceder a la inversa y comenzar por lanzar al mercado grandes cantidades a precios reducidos, si así se lo dicta su beneficio económico.

Puede también ocurrir que en determinadas circunstancias crea que la situación le aconseja dejar que se pierda alguna cantidad de sus bienes en vez de ponerla en circulación, o renunciar a utilizar una parte de su potencial de producción o incluso destruirla en el caso de que, si lanzara al mercado toda la cantidad del bien monopolizado de que dispone de forma mediata o inmediata, estaría al alcance de unas capas de la población dotadas de tan escasa capacidad de compra que los precios tendrían que ser muy bajos y, a pesar de los volúmenes de las ventas, la ganancia sería más exigua que si destruye una parte del bien y hace que el resto sólo pueda ser adquirido, a precios elevados, por las capas más pudientes de la sociedad.—

La política de los monopolistas, en cuanto sujetos económicos que buscan sus ventajas, no pretende, obviamente, ni fijar los precios más bajos posibles ni poner en circulación la mayor cantidad posible del bien monopolizado. No tiende ni a poner su bien a disposición del mayor número posible de individuos o de grupos económicos ni a procurar que cada individuo concreto pueda satisfacer del mejor modo posible sus necesidades de este bien.

Desde un punto de vista económico, el monopolista no tiene el más mínimo interés en ninguna de las dos cosas. Su política económica se orienta a conseguir los mayores beneficios posibles de su bien. Por consiguiente, no pone en circulación ni subasta la totalidad de las cantidades de que dispone, sino sólo aquellas cantidades parciales de las que puede esperar que el precio le dé el mayor rendimiento.

No marca unos precios que le permitan vender la totalidad de sus existencias, sino que los sitúa en el nivel que le promete el máximo beneficio. Su mejor política financiera consistirá, por tanto, en poner en circulación aquellas cantidades de bienes o respectivamente en fijar aquellos precios que, en uno u otro casa, mejor le permitan alcanzar la meta antes señalada. Sería desacertada, en una perspectiva monopolista, su política si pudiendo conseguir grandes beneficios a través de pequeñas cantidades, decidiera poner en circulación cantidades mayores; y todavía sería más errónea si en vez de limitar la producción del bien monopolizado a las cantidades de cuyas ventas puede obtener el máximo beneficio, decidiera multiplicar estos bienes empleando para ello otros bienes económicos, es decir, con sacrificio por su parte, lo que haría que sus beneficios fueran aún menores.

Sería desacertada su política si fijara precios tan bajos que, aun vendiendo grandes cantidades, obtuviera menores ventajas que si fijara precios altos. Y sería, en fin, y sobre todo, desafortunada si hiciera descender los precios hasta un grado tal que todos los competidores hallaran base para un intercambio económico, de modo que no pudiera atender con su bien todas las demandas y algunos posibles compradores tuvieran que marcharse con las manos vacías.

Esto constituiría un claro indicio de que los precios son demasiado bajos. Lo anteriormente dicho queda confirmado por la experiencia y por la historia. La política de todos los monopolistas se ha movido siempre dentro de los límites antes marcados, que son los más ventajosos para su actividad económica. Cuando, en el siglo XVII, la Compañía Holandesa de las Indias Occidentales dejó que se agostara una parte de sus plantaciones de especias de las Molucas o cuando se quemaron con frecuencia grandes cantidades de ellas en las Indias Orientales, así como tabaco en Norteamérica, cuando los gremios intentaban por todos los medios a su alcance reducir el número de los artesanos (largos períodos de aprendizaje, prohibición a los maestros de tener un número de aprendices superior al marcado, etc.), estaban tomando, desde el punto de vista monopolístico, las medidas acertadas para regular las cantidades de mercancías monopolizadas puestas en circulación dentro de unos límites favorables a los intereses de los monopolistas o de las corporaciones.

Cuando, como consecuencia de una configuración más libre del mercado, de la producción fabril y de otras circunstancias que influyeron en el sector, no pudieron ya los gremios regular de forma autónoma las cantidades de bienes puestas en circulación, la organización gremial, considerada en su conjunto al perder su carácter monopolístico, perdió a la vez toda su capacidad de acción.

Los precios monopolistas y otros factores que influían directamente en el precio tuvieron que ceder ante la presión de las mayores cantidades de bienes que afluían al mercado. Los gremios, originariamente destinados a mantener a raya a los individuos aislados que ignoraban el interés de todo el gremio o respectivamente el de la totalidad de los monopolistas (¡reventadores de precios!) resultaron ser del todo insostenibles apenas dejaron de tener en sus manos la capacidad de fijar las cantidades puestas en circulación en los mercados.

De ahí que una regulación de las cantidades de productos industriales introducidos en los mercados fuera siempre la tarea principal y la más celosamente cumplida por todos los gremiales. Sus enemigos más peligrosos eran aquellos que perturbaban aquella regulación. Contra ellos invocaron incesantemente la protección de las autoridades.

El colapso provocado en esta actividad reguladora por las cantidades de productos industriales lanzados al mercado por la gran industria significó el fin de los gremios. Sintetizando cuanto se ha dicho en esta sección, se desprende que ya sea que el monopolista lleva al mercado una cantidad determinada de su monopolio o marque el precio de la unidad del bien monopolizado que llega al mercado, la fijación del precio en el primer caso y la de la cantidad que entra en circulación en el segundo, y en los dos la distribución de los bienes, se regulan según unas leyes concretas.

Se advierte así que los fenómenos económicos que aparecen en la superficie no son en modo alguno producto del azar, sino que tienen el sello de una estricta regularidad. Tampoco la circunstancia de que el monopolista pueda elegir entre regular los precios o bien regular las cantidades del bien monopolizado puesto a la venta implica, como ya hemos visto, indeterminación respecto del fenómeno económico que resulta de dicha elección.

Es cierto que el monopolista puede, a su voluntad, fijar precios más o menos elevados, o bien poner en venta mayores o menores cantidades del bien que posee, pero sólo hay un determinado nivel del precio o una determinada cantidad del bien puesta en circulación que responda plenamente a sus intereses económicos. Por consiguiente, el monopolista, en cuanto sujeto económico, no actúa por capricho cuando pone un precio o cuando manda al mercado unas determinadas cantidades de su bien, sino que se atiene a unos principios bien determinados. Cada situación económica concreta estimula una formación del precio y una distribución de bienes que se mueve dentro de unos estrictos límites. Cualquier otra formación del precio o distribución de bienes queda excluida por antieconómica, de tal suerte que los fenómenos del comercio monopolista ofrecen a nuestra consideración el cuadro de una rigurosa regularidad.

Evidentemente, también aquí el error o un defectuoso conocimiento pueden inducir a desviaciones de la norma, pero se trata siempre de fenómenos patológicos de la economía, que en nada invalidan las leyes de la teoría económica como tampoco las enfermedades corporales constituyen una prueba contra las leyes de la fisiología.

Formación del precio y distribución de bienes en la mutua competencia

a) El origen de la competencia Se entendería de una manera demasiado estrecha el concepto de monopolista si se le quisiera limitar a aquellas personas que están protegidas contra la competencia de otros sujetos económicos por el poder del Estado o por cualquier otra norma social. Hay personas que ya sea debido a sus propiedades o como consecuencia de unas capacidades o unas circunstancias peculiares, pueden llevar al mercado unos bienes respecto de los cuales otras personas económicas no pueden concurrir con una oferta similar, sea por imposibilidad física o económica. Pero incluso allí donde no se dan estas circunstancias pueden aparecer monopolistas, sin ningún tipo de limitación social.

El artesano que vive en un pueblo donde no existen otros del oficio, el comerciante, médico o abogado que fijan su residencia en un lugar donde hasta ahora nadie ejerce este oficio, arte o profesión, son, en cierto sentido, monopolistas porque los bienes que ofrecen en intercambio a la sociedad sólo pueden ser prestados por ellos, menos en la mayoría de los casos.

Las crónicas de algunas florecientes ciudades nos hablan no pocas veces de los primeros artesanos que se asentaron en ellas cuando todavía eran pequeñas y de escasa población. Todavía hoy día quienes viajan por Europa oriental o visitan nuestras aparcadas aldeas encuentran por doquier este peculiar género de monopolistas. El monopolio, concebido como situación de hecho y no como limitación social de la libre competencia, es, pues, de ordinario, lo más antiguo y primigenio, mientras que la competencia surge sólo en una etapa posterior. Un honesto expositor de los fenómenos peculiares del comercio de intercambio bajo el dominio de la competencia debe comenzar por analizar los fenómenos del comercio monopolista. El modo como se desarrolla la competencia a partir del monopolio es un hecho íntimamente relacionado con el progreso de la cultura económica.

El crecimiento demográfico, el aumento de las necesidades de cada uno de los individuos económicos, su creciente bienestar obliga a los monopolistas en muchos casos a excluir, incluso cuando se incrementa la producción, a capas cada vez más amplias de la población del disfrute del bien monopolizado, lo que les permite elevar cada vez más sus precios. La sociedad se convierte por tanto en un objeto cada vez más favorable para la política de exploración monopolística.

El primer artesano de la especialidad que se quiera, el primer médico, el primer abogado son personas bien recibidas en cualquier lugar. Si este profesional no encuentra ninguna competencia y el lugar vive una etapa de florecimiento, al cabo de algún tiempo y casi sin excepción adquirirá entre las capas menos pudientes de la población fama de hombre duro y avaricioso e incluso las clases más ricas le tendrán por interesado.

El monopolista no siempre puede responder a la creciente necesidad que la sociedad tiene de sus mercancías (o respectivamente de sus servicios). Pero, aunque pudiera, es muy posible, como ya hemos visto, que no sea bueno para sus intereses económicos multiplicar sus servicios. Por consiguiente, en la mayoría de los casos se verá obligado a tener que elegir una parte de los clientes que compiten por su bien monopolístico y algunos de ellos o bien se verán enteramente excluidos o bien atendidos de mala gana y no en buenas condiciones. Incluso los clientes más acomodados manifestarán muchas veces sus quejas sobre negligencias de todo tipo y sobre el alto coste de los servicios. La situación económica que acabamos de describir acostumbra a ser la que suscita la competencia, siempre que no surjan obstáculos sociales o de otro tipo.

Nuestra tarea consiste ahora en analizar los resultados que se derivan de la aparición de esta competencia sobre la distribución de bienes, el volumen de ventas y el precio de una mercancía, comparándolos con fenómenos análogos ya observados en el comercio monopolista.

b) Influencia de las cantidades de una mercancía ofrecida a la venta por la competencia sobre la formación del precio y de los precios fijados por ella sobre el volumen de ventas y, en ambos casos, sobre la distribución de las mercancías entre los que compiten por ellas— Partamos, para facilitar al máximo la comprensión, del caso ya aducido al exponer las leyes del comercio monopolista. Sobre esta base, obtenemos el siguiente esquema:

Celemines de grano

	I	II	III	IV	V	VI	VII	VIII
B^1	80	70	60	50	40	30	20	10
B^2	70	60	50	40	30	20	10	
B^3	60	50	40	30	20	10		
B^4	50	40	30	20	10			
B^5	40	30	20	10				
B^6	30	20	10					
B^7	20	10						
B^8	10							

Aquí, B 1, B 2, B 3, etc., representan a individuos concretos o grupos de individuos para los que el primer caballo que adquieren es el equivalente de la cantidad de grano que figura en su respectiva columna. Cada nuevo caballo es el equivalente de una cantidad que tiene diez celemines menos que la precedente. La pregunta es ahora qué influjo ejercen las mayores o menores cantidades de una mercancía ofrecidas por varios competidores sobre la formación del precio o, respectivamente, sobre la distribución de dichas mercancías entre los que compiten por ellas. Comencemos por suponer que hay dos competidores que ofrecen, entre los dos, tres caballos a la venta.

De ellos, el primero. A 1, ofrece dos caballos, y el segundo. A 2, ofrece uno. Según cuanto hemos venido diciendo, es claro que en este caso el campesino B 1 puede adquirir dos caballos y el campesino B 2 uno. Cuanto al precio, se situará entre 70 y 60 celemines, ya que el interés económico de nuestros campesinos B 1 y B 2 excluye la posibilidad de un precio más elevado, y la competencia del campesino B 3 impide un precio más bajo. Sigamos suponiendo que B 1 y A 2 ponen en venta, en conjunto, seis caballos.

En este caso no es menos evidente que B 1 puede adquirir tres caballos, B 2 dos y B 3 uno. El precio, esta vez, oscila entre los 60 y los 50 celemines. — Comparemos ahora la formación de precios y distribución de bienes referida aquí a unas determinadas cantidades de una mercancía, puestas en venta por varios competidores, con la situación que hemos observado a propósito del comercio monopolista y veremos que se da una total analogía. Ya sea un solo monopolista o sean varios los competidores que ofrecen a la venta una determinada cantidad de una mercancía, y sea cual fuere el modo como los competidores concretos distribuyen la cantidad ofertada, la repercusión sobre la formación del precio o, respectivamente, sobre la distribución de los bienes entre los que compiten por hacerse con la respectiva mercancía es siempre la misma.

En resumen, la mayor o menor cantidad de un bien puesto a la venta tiene un influjo muy determinante sobre la formación del precio y sobre la distribución de los bienes y ello tanto en el comercio monopolista como en el comercio de intercambio bajo la influencia de la competencia, lo mismo si una determinada cantidad de una mercancía es ofrecida a la venta por un solo monopolista o por varios competidores. Sea uno o sean varios, el hecho no ejerce ninguna influencia sobre los mencionados fenómenos de la vida económica. Idéntico fenómeno podemos observar allí donde se ofrecen mercancías por unos precios determinados.

El mayor o menor nivel del precio tiene, como ya hemos visto, una influencia muy importante tanto sobre el volumen total de ventas de las respectivas mercancías como sobre la cantidad de esta que puede adquirir de hecho cada uno de los competidores. Pero que las mercancías (con los precios ya fijados) sean llevadas al mercado por uno o por varios sujetos económicos no tiene influjo ni inmediato ni necesario ni sobre el volumen de ventas en conjunto ni sobre las cantidades que pasan a manos de cada uno de los individuos económicos.

Los principios que hemos venido desarrollando a propósito de la repercusión de unas determinadas cantidades de una mercancía puestas a la venta sobre la formación del precio, así como los expuestos a propósito del influjo de unos precios ya fijados sobre el volumen total de ventas de dichas mercancías y también, en ambos casos, sobre su distribución entre los varios sujetos que compiten por ellas son, en los que un número de sujetos económicos (competidores en la demanda) entran en competencia para el intercambio de las cantidades de una mercancía ofrecidas también por varios sujetos económicos (competidores en la oferta).

c) Efecto retroactivo de la competencia en la oferta de un bien sobre las cantidades del mismo puestas en venta y respectivamente sobre los precios de la oferta (política de competencia). Acabamos de ver que una determinada cantidad de un bien puesta a la venta forma unos precios determinados y que toda fijación del precio determina un concreto volumen de ventas, que en ambos casos se da también una determinada distribución de bienes y que en este aspecto es indiferente que la cantidad del bien en cuestión sea ofrecida al mercado por un monopolista o por varios competidores. Así pues, ya sea un monopolista o sean varios los competidores que ponen en venta por ejemplo 1,000 unidades de un bien, en ambos casos, y bajo unas mismas circunstancias, serán iguales también la formación del precio y la distribución de los bienes.

Del mismo modo que una mercancía sea ofrecida por un monopolista o por varios competidores a un precio determinado, por ejemplo, al precio de tres unidades de un bien por una unidad del primero, en ambos casos el volumen de ventas tendrá idéntica magnitud y será igual la distribución de las cantidades en venta entre los diversos sujetos que compiten por el bien en cuestión. Si, pues, la competencia en la oferta ha de tener alguna repercusión sobre la formación del precio, sobre el volumen total de ventas y sobre la distribución de un bien entre los que compiten por él, esto sólo puede ocurrir porque, bajo el imperio de la competencia en la oferta, entran en circulación otras cantidades del bien en cuestión o porque estos competidores se ven obligados a ofrecer a la sociedad otros precios distintos de los que presenta el comercio monopolístico.

El objeto de nuestras siguientes reflexiones será, pues, analizar el influjo de la competencia en la oferta de una mercancía sobre las cantidades puestas en venta o, respectivamente, sobre los precios de la oferta. Para una más clara comprensión de los fenómenos económicos aquí estudiados, comencemos por el caso más sencillo, a saber, que la cantidad del bien monopolizado hasta ahora por un solo monopolista pasa de pronto a dos competidores.

El ejemplo más simple sería suponer que a la muerte de un monopolista sus bienes y medios de producción se distribuyen a partes iguales entre dos herederos. No puede excluirse la posibilidad de que estos herederos, en vez de competir entre sí, decidan proseguir de común acuerdo la ya descrita política monopolista del testador o mantener el mismo comportamiento con los consumidores, regulando, por tanto, al igual que antes, las cantidades de bienes lanzadas al mercado o, respectivamente, los precios de estas.

Cabe también imaginar que, sin ponerse expresamente de acuerdo, pero guiados "por el mutuo y recíproco interés", observen respecto de sus clientes la antes citada política monopolista, en la medida en que esto redunda en su beneficio. En estos casos, presentes por doquier en la evolución económica humana, — nos hallaríamos otra vez ante los mismos fenómenos que ya hemos podido observar a propósito del comercio monopolista. Nuestros dos sujetos económicos no serían competidores en la oferta, sino monopolistas. Y no es ésta la cuestión ahora analizada.

Supongamos, pues, que los herederos del monopolista deciden llevar adelante, cada uno por su cuenta, y a su manera, el negocio heredado. Entonces nos hallamos ante una verdadera competencia y la pregunta que se nos plantea es saber qué cantidades del anterior bien monopolizado llegan ahora al mercado y cuál es la diferencia respecto de la situación anterior, o bien, qué precios fijarán para su oferta ambos competidores. En la sección anterior hemos visto que no raras veces al interés del monopolista le aconseja no lanzar al mercado ciertas cantidades del bien de que dispone, sino destruirlas o dejar que se pierdan, porque con una cantidad menor puede conseguir mayores ingresos que si pusiera en circulación la cantidad total, a menor precio.

Supongamos que un monopolista tiene 1,000 libras de una cierta mercancía. Y supongamos una situación económica en la que puede vender 800 libras a 9 onzas de plata por libra, mientras que si lanzara al mercado las 1,000 libras, sólo alcanzaría un precio de seis onzas por unidad. Puede, por tanto, obtener 6,000 onzas por las 1,000 libras o bien 7,200 por 800. Tratándose de un sujeto que busca su interés económico, es bien evidente en qué sentido hará su elección. Destruirá 200 libras de la mercancía o dejará que se pierdan o buscará cualquier fórmula para retirarlas del mercado y sólo pondrá en circulación las restantes 800, o bien las marcará el precio que le permite el antes mencionado beneficio, lo que viene a ser lo mismo.

Pero si las 1,000 libras de que hablamos se distribuyen entre dos competidores, entonces ninguno de ellos por separado podrá mantener la política descrita, porque les resultaría antieconómica. Efectivamente, si uno de ellos decidiera destruir 200 libras de la cantidad que le ha correspondido, o apartarlas de la circulación, provocaría ciertamente un aumento en el precio de la cantidad restante, pero lo que nunca podría conseguir, o sólo en muy contadas ocasiones, es obtener un mayor beneficio. Supongamos que el primero de los competidores, a quien llamaremos A 1, destruye 200 de las 500 libras de su monopolio o las retira del mercado. Podrá, por este medio, conseguir que el precio por unidad de este bien suba de seis a nueve onzas, según nuestra exposición anterior. Pero ni aun así alcanzará los ingresos correspondientes a su cantidad total. El resultado de su decisión sería que A 2 consigue por sus 500 libras 4,500 onzas de plata (en vez de 3,000), pero A 1 sólo podrá obtener por las 300 libras que le quedan 2,700 onzas (en vez de las 3.000 que podría haber conseguido por las 500 libras a seis onzas la libra).

Dicho de otra manera, al proceder así, las ventajas revierten sólo en uno de los dos competidores, mientras que el otro experimenta sensibles pérdidas.

La primera consecuencia de la aparición de una auténtica competencia en la oferta es, pues, que ninguno de los competidores puede extraer ventajas económicas mediante el recurso de destruir o retirar de la circulación una parte de la mercancía de que dispone o de los medios de producción de esta. La competencia elimina también otro fenómeno de la vida económica característico del monopolio, a saber, la explotación sucesiva de diversas capas de la población ya mencionada en el capítulo anterior.

Vimos, en efecto, que a menudo puede resultar ventajoso para el monopolista lanzar al principio al mercado pequeñas cantidades a elevados precios y sólo más tarde dejar que vayan accediendo al intercambio las capas menos capacitadas de la población hasta que finalmente realiza sus negocios con todas ellas. Pero este procedimiento queda radicalmente eliminado por la competencia.

Si A 1, por ejemplo, decidiera, a pesar de la competencia de A 22, poner en práctica esta sucesiva explotación de las capas sociales, lanzando al principio al mercado pequeñas cantidades de su bien, no por ello conseguiría elevar los precios hasta aquellos niveles de los que se le derivan ventajas. Lo único que conseguiría es que su competidor llenara los huecos dejados por él y que se apropiara de los beneficios económicos perseguidos.

Por lo que hace a las repercusiones de esta auténtica competencia sobre la distribución de los bienes y la formación del precio, hay que decir, en primer lugar, que en su virtud se eliminan aquellas dos desviaciones del comercio monopolista tan nefastas para la sociedad de que hemos hablado antes. Ahora, ninguno de los dos competidores tiene interés en destruir una parte de la mercancía de que disponen y respecto de la cual se entabla la competencia de la oferta, ni tampoco en aniquilar una parte de los medios para producirla. Por consiguiente, resulta imposible la sucesiva explotación de las diferentes capas de la sociedad.

Pero la aparición de la competencia tiene otra consecuencia aún más importante para la vida económica de los hombres. Me refiero a la multiplicación de las cantidades puestas ahora a disposición de los hombres económicos y que hasta entonces habían sido una mercancía monopolizada. De ordinario, el monopolio lleva consigo la consecuencia de que sólo se pone en circulación una parte de la cantidad de los bienes monopolísticos disponibles o, respectivamente, sólo se aprovecha una parte del potencial de producción de estos.

La auténtica competencia elimina inmediatamente esta nociva situación. Pero, además, se consigue que aumente la cantidad total de las mercancías monopolizadas. Es muy raro el fenómeno de que los medios de producción de que disponen dos o más competidores en la oferta sean más limitados que los que tiene un monopolista y, por consiguiente, las cantidades de mercancía que poseen en conjunto varios competidores es mucho mayor y, en un gran número de casos, significativamente mayor que la que puede llevar al mercado un monopolista.

Así, la consecuencia de la aparición de toda auténtica competencia es no sólo que aumenta sustancialmente la cantidad de mercancía puesta de hecho a la venta, sino además —y esto es mucho más importante— que, si no existe un límite natural para los medios de producción, esta mercancía, con precios cada vez más reducidos, se convierte en artículo al alcance de círculos cada vez más amplios de la sociedad, de tal suerte que queda asegurada con mucha mayor plenitud la provisión de la saciedad en su conjunto.— La aparición de la competencia propina también un poderoso impulso a la tendencia de la actividad económica de las personas que toman parte en la producción de un bien.

El monopolista se mueve por el impulso natural de hacer que los bienes que monopoliza lleguen sólo a las capas más altas de la sociedad y por excluir a las menos pudientes del disfrute de este bien, porque de ordinario le resulta mucho más beneficioso y siempre más cómodo tener grandes ganancias con pequeñas cantidades que no a la inversa. La competencia que se esfuerza por utilizar hasta las más pequeñas ganancias económicas dondequiera le resulta posible, tiene, en cambio, la tendencia a llegar con sus bienes hasta las capas más humildes de la sociedad, siempre que la situación económica o permita.

El monopolista conserva en su mano el poder de regular, dentro de ciertos límites, los precios o, respectivamente las cantidades del bien monopolizado puestas en circulación, renunciando fácilmente a las pequeñas ganancias que pueden derivarse de unos bienes puestos al alcance de los consumidores de las capas más pobres de la población ya que de este modo puede explorar mejor a las más pudientes. Cuando existe competencia ocurre, por el contrario que dado que ningún productor aislado tiene el poder suficiente para regular los precios o para determinar las cantidades de un bien lanzadas al mercado, cada uno de los competidores desea hacerse hasta con las ganancias más mínimas y no dejan pasar las oportunidades de conseguirlas.

La competencia lleva por tanto, de la mano de su tendencia a muchas pequeñas ganancias y de su alto nivel de actividad económica, a la producción masiva, ya que cuanto más pequeña es la ganancia en cada uno de los bienes, más antieconómica resulta la rutina comercial y cuanto más dura es la competencia menos posible resulta llevar adelante un negocio con métodos anticuados y poco imaginativos.

CAPÍTULO VI

VALOR DE USO Y VALOR DE INTERCAMBIO

La esencia del valor de uso y del valor de cambio

Mientras que el nivel de desarrollo económico de un pueblo se sitúe en cotas tan bajas que, al no existir un comercio digno de mención, las necesidades de bienes de cada familia deban ser directamente cubiertas por la producción familiar, los bienes sólo tienen valor, evidentemente, para los sujetos económicos, bajo el supuesto de que están capacitados, por su propia naturaleza, para satisfacer de forma directa las necesidades de los individuos económicamente aislados y de sus familias.

Pero si, a consecuencia del creciente conocimiento de sus intereses económicos, estos sujetos entablan relaciones comerciales, comienzan a intercambiar unos bienes por otros y surge finalmente una situación en la que la posesión de bienes económicos confiere a sus propietarios el poder de disponer, mediante la ayuda de operaciones de intercambio, de bienes de otro tipo, entonces ya no es incondicionalmente necesario, para garantizar la satisfacción de unas determinadas necesidades, que los individuos económicos tengan en su poder los bienes requeridos para la directa satisfacción de las mismas.

Es innegable que también en una cultura altamente desarrollada pueden los agentes económicos satisfacer sus necesidades mediante la posesión de aquellos bienes cuya utilización directa produce esta satisfacción. Pero pueden llegar al mismo resultado de una manera indirecta, mediante el procedimiento de tener a su disposición aquellos bienes que, a tenor de cada situación económica concreta, pueden intercambiarse por los bienes requeridos para la satisfacción directa de las necesidades mencionadas.

De este modo, ya deja de ser necesario el antes mencionado supuesto del valor de los bienes. El valor es, como ya hemos dicho, la significación que un bien adquiere para nosotros por el hecho de que somos conscientes de que dependemos de su posesión para la satisfacción de alguna de nuestras necesidades, de tal suerte que tendríamos que renunciar a esta satisfacción si no dispusiéramos de dicho bien. Si no se da esta condición previa, tampoco puede darse el fenómeno del valor. Y, como acabamos de ver, este fenómeno no está vinculado a la condición previa de que la manera de asegurar la satisfacción sea directa o indirecta. Para que un bien adquiera valor, debe asegurarnos la satisfacción de necesidades que no lo estarían si no dispusiéramos de dicho bien.

Pero que lo haga de una manera directa o indirecta es una cuestión secundaria allí donde lo que se analiza es el fenómeno general del valor.

Para un aislado cazador de pieles, la piel de un oso abatido sólo tiene valor en el caso de que si no dispusiera de ella tendría que renunciar a la satisfacción de alguna necesidad. Pero una vea que nuestro cazador entabla relaciones comerciales de intercambio, la piel tiene valor incluso en el caso de que no la necesite directamente.

La diferencia entre ambos casos —una diferencia que no afecta para nada a la esencia del fenómeno del valor en general— consiste sólo en que en el primero, nuestro cazador se vería expuesto a las inclemencias del tiempo o tendría que renunciar a la satisfacción de alguna otra necesidad que puede ser directamente cubierta por la piel en cuestión, mientras que en el segundo tendría que renunciar a la satisfacción de necesidades que habría podido alcanzar a través de aquellos bienes de los que podría disponer indirectamente (por el rodeo del intercambio) mediante la posesión de la piel. El valor en el primero y en el segundo caso son, pues, solamente formas distintas del mismo fenómeno de la vida económica. En ambos casos, este valor consiste en la significación que adquieren para los sujetos económicos unos bienes en cuanto que son conscientes de que de su posesión depende la satisfacción de sus necesidades.

Lo que da al fenómeno del valor su carácter peculiar en los dos casos citados es la circunstancia de que los bienes de que disponen los sujetos económicos alcanzan aquella significación que llamamos valor de los bienes en el primer caso mediante su utilización directa y en el segundo mediante una utilización indirecta.

Se trata de una diferencia lo suficientemente importante, tanto en la vida práctica como en nuestra ciencia, como para hacer surgir la necesidad de buscar dos denominaciones específicas para estas dos formas de un mismo fenómeno general del valor. Y así, llamamos a la primera forma valor de uso, y a la segunda, valor de intercambio. — El valor de uso es, pues, la significación que adquieren para nosotros los bienes que nos aseguran de una manera directa la satisfacción de necesidades en unas circunstancias en las que, si no dispusiéramos de estos bienes, no podríamos satisfacerlas. El valor de intercambio es la significación que adquieren para nosotros aquellos bienes cuya posesión nos garantiza el mismo resultado bajo las mismas circunstancias, pero de forma indirecta.

Relación entre el valor de uso y el valor de intercambio de los bienes

En las economías aisladas, los bienes económicos de que disponen los individuos o tienen valor de uso o no tienen ningún valor. Pero también en las culturas altamente evolucionadas y en situaciones de activo comercio podemos contemplar numerosos casos en los que los bienes económicos de que disponen los sujetos carecen de todo valor de intercambio, aunque tienen a todas luces valor de uso para estas personas. Las muletas que utiliza un hombre que adolece de una cojera especial, las notas que recopila un individuo y que sólo él puede utilizar, los documentos de familia, éstos y otros numerosos bienes tienen para unas personas concretas un valor de uso que a veces es muy importante.

Pero en vano intentarían satisfacer de forma indirecta cualquier tipo de necesidades a base de intercambiar estos bienes por otros. De todas maneras, en las culturas evolucionadas es mucho más frecuente el fenómeno contrario. Las gafas y aparatos que un óptico tiene en su almacén o los instrumentos quirúrgicos para quienes los fabrican y venden, las obras en idiomas extranjeros, accesibles a un reducido número de sabios, no tienen valor de uso ni para el óptico, ni para el fabricante, ni para el librero, pero son todos ellos para las citadas personas objeto de venta y, por tanto, casi siempre tienen de hecho valor de intercambio.

En estos y en todos los casos similares, en los que los bienes económicos tienen, para aquellos que disponen de ellos, o sólo valor de uso o sólo de intercambio, no puede plantearse la pregunta de cuál de las dos actividades económicas de los individuos en cuestión es la determinante. Con todo se trata de excepciones en la vida económica de los hombres. De ordinario, los individuos económicos pueden elegir, dondequiera se ha desarrollado un comercio de intercambio digno de mención, entre utilizar los bienes económicos de que disponen para la satisfacción directa o para la indirecta de sus necesidades. Y, por consiguiente, estos bienes tienen tanto valor de uso como valor de intercambio. Los vestidos, los muebles y adornos, las alhajas y otros innumerables bienes de que disponemos tienen de ordinario para nosotros un evidente valor de uso.

Pero no es menos cierto que, dados los evolucionados estadios de nuestra economía podemos utilizarlos también de forma indirecta para la satisfacción de nuestras necesidades y tienen también, por tanto, al mismo tiempo valor de intercambio. La diversa significación que tienen para nosotros unos bienes, según sean directa o indirectamente utilizables para la satisfacción de nuestras necesidades, se refiere tan sólo, como ya hemos dicho, a las distintas formas del único fenómeno general del valor. Pero, según sea su grado, esta significación puede presentar grandes diferencias en uno y otro caso. La copa de oro que le ha tocado en la lotería a un hombre pobre tiene para él, evidentemente, un gran valor de intercambio, porque por su medio podrá satisfacer de forma indirecta muchas necesidades que de otra manera quedarían insatisfechas.

En cambio, para nuestro sujeto esta copa apenas encierra un valor de uso digno de mención. Y, al contrario, unas gafas bien reguladas tienen para un miope un gran valor de uso, pero su valor de intercambio es, en la mayoría de los casos, muy reducido. Es indudable que la vida económica de los hombres presenta numerosos casos en los que los bienes de que dispone un sujeto tienen para él a la vez valor de uso y valor de intercambio. No es menos indudable que estos dos valores aparecen no raras veces ante nuestra observación como magnitudes muy diferentes.

Surge, pues, la pregunta de cuál de estas dos magnitudes es, en un momento dado, la determinante para la conciencia y la actividad económica humana o, con otras palabras, cual de estos dos valores es en cada caso concreto el valor económico.

La solución a la pregunta se deduce del análisis de la esencia de la economía humana y del valor. La totalidad de las actividades económicas de los hombres se guía por el principio de conseguir la más perfecta satisfacción posible de sus necesidades. Si las necesidades más importantes de los sujetos económicos quedan mejor cubiertas mediante la utilización directa de un bien que mediante la utilización indirecta, es evidente que si un sujeto económico recurre a la segunda posibilidad dejará de satisfacerse un mayor número de necesidades importantes que en el caso de una utilización directa. Por consiguiente, es indudable que para la conciencia y la actividad económica del individuo en cuestión será en este caso determinante el valor de uso, mientras que en la situación contraria lo será el valor de intercambio.

Las necesidades cuya satisfacción queda asegurada en el primer caso mediante utilización indirecta son aquellas que todo individuo económico procura alcanzar y a las que tendría que renunciar de no poseer los bienes correspondientes. Así pues, en los casos en que un bien tiene para su propietario los dos valores, el de uso y el de intercambio es económico el que es mayor. Ahora bien, a tenor de cuanto se ha dicho en el capítulo IV, es claro que en todos los casos en los que existen las bases para un intercambio económico, el valor económico es el de intercambio. En caso contrario, predomina el valor de uso.

Cambio del centro de gravedad económico del valor de los bienes

Una de las tareas más importantes con que se enfrentan los agentes de la economía es conocer el valor económico de los bienes, es decir, poner en claro si el auténtico valor económico es el de uso o el de intercambio. De este conocimiento depende, en efecto, la respuesta a la pregunta de qué bienes o cantidades parciales de bienes le interesa conservar y cuáles debe vender. La recta valoración de esta relación es, a la vez, una de las más difíciles tareas de la ciencia práctica, y no sólo porque para ello es necesario tener una visión general de las ocasiones de uso y de intercambio, incluso en las relaciones comerciales más complicadas y evolucionadas, sino sobre todo porque las circunstancias que constituyen el fundamento de una recta valoración de la mencionada pregunta están sujetas a múltiples cambios.

Es, en efecto, evidente que todo lo que puede disminuir para nosotros el valor de uso de un bien encierra en sí la capacidad —mientras permanezcan inalterables las circunstancias— de hacer que el valor económico de estos bienes sea el valor de intercambio y que todo lo que eleva el valor de uso de un bien tiene como consecuencia que para nosotros pase a segundo término el valor de intercambio.

Inversamente, la elevación o disminución del valor de intercambio de un bien puede producir —siempre bajo unas mismas circunstancias— los efectos contrarios. Entre las causas principales de este cambio se cuentan las siguientes: Primero: El cambio de significación de aquellas necesidades a cuya satisfacción sirve un bien, en cuanto que para su propietario se deriva de aquí un aumento o disminución del valor de uso. Así, por ejemplo, la provisión de tabaco o de vino de que dispone una persona conserva para ella un predominante valor de intercambio cuando ha dejado de fumar o deja de gustarle el vino.

Los cazadores o los deportistas, cuando han perdido la afición a la caza o al deporte, venden, únicamente por esta razón, sus escopetas y animales de caza, etc., porque al disminuir el valor de uso de estos bienes pasa a un primer término su valor de intercambio. Estos cambios suelen darse especialmente cuando se pasa de una etapa de la vida a otra. La satisfacción de una misma necesidad tiene diferente significación para un joven que para un hombre maduro y para éste distinta que para un anciano.

La evolución natural del hombre implica, pues, un cambio nada desdeñable en el valor de uso de los bienes. Ocurre así que los sencillos medios de diversión del niño pierden su valor de uso y adquieren mayor valor de intercambio para un joven, y lo mismo sucede respecto de los medios de trabajo del hombre maduro respecto del anciano.

No hay, pues, fenómeno más normal que el que los bienes de uso predominantes en la edad infantil se vean privados de dicho valor en la juventud. Vemos personas que, al entrar en la edad adulta, se desprenden de ordinario de los objetos de recreo propios de la etapa juvenil y hasta de los medios de aprendizaje y formación. Igualmente, los ancianos abandonan muy a menudo no sólo los objetos de placer y recreo de la edad adulta, cuya utilización les daba ánimo y vigor, sino que incluso traspasan a otras manos los medios con que se ganaron la vida (fábricas, empresas y cosas semejantes).

Si el movimiento económico que es una consecuencia de esta circunstancia no aparece en la superficie con toda la claridad que el curso natural de las cosas parece pedir, la razón debe buscarse en la vida familiar de los hombres y en que los procesos en virtud de los cuales la posesión de los bienes pasa de los miembros más viejos de la familia a los más jóvenes no sigue de ordinario la secuencia de unos contratos monetarios, sino más bien la secuencia de la satisfacción de necesidades pertenecientes al mundo de los sentimientos.

Así pues, la familia y la economía familiar constituyen uno de los factores esenciales de la estabilidad de las relaciones económicas humanas. La elevación del valor de uso de un bien tiene, evidentemente, para su propietario el resultado opuesto.

El dueño de un bosque, por ejemplo, para quien las talas anuales habían tenido hasta ahora sólo un valor de intercambio decidirá naturalmente poner fin a dicho intercambio si instala un alto horno de fundición de hierro, para cuyo funcionamiento necesita la totalidad de la producción de madera de su bosque. El literato que venía vendiendo sus originales a un editor dejará de hacerlo si funda su propio periódico, etc.

En segundo lugar, un simple cambio en la composición de un bien puede introducir un desplazamiento del centro de gravedad de su significación económica, en cuanto que se modifica su valor de uso para el propietario, mientras que el valor de intercambio o permanece inmutable o, en todo caso, no sube ni baja tanto como el de uso. Así, por ejemplo, los vestidos, los caballos, los perros, las carrozas y otros objetos similares, cuando sufren algún daño externo visible pierden casi por completo su valor de uso para las gentes acaudaladas y aparece en el primer plano su valor de intercambio.

También este valor disminuye, por supuesto pero no con la misma intensidad, para las citadas personas, que el valor de uso. A la inversa, se dan muchos casos en los que los bienes experimentan tales modificaciones que pasa a segundo término el valor de intercambio, mientras que aumenta su valor de uso. Así, los tenderos y pasteleros dedican a su propio consumo los artículos que han sufrido algún daño externo que les hace perder casi por entero su valor de intercambio, aunque con mucha frecuencia su valor de uso sigue siendo el mismo o en todo caso ha disminuido mucho menos que el primero.

Similares fenómenos podemos observar en los restantes artesanos. Vemos así que, sobre todo en las pequeñas aldeas, los zapateros llevan los zapatos, los sastres los vestidos o los sombrereros los sombreros que tienen alguna pequeña imperfección. Llegamos ya a la tercera y más importante causa del desplazamiento del centro de gravedad económico del valor de los bienes: nos referimos a la multiplicación de la cantidad de bienes a disposición de los sujetos económicos.

Mediante la multiplicación de la cantidad de un bien cualquiera de que dispone una persona disminuye casi siempre —en igualdad de circunstancias — el valor de uso de una cantidad parcial del mismo, de tal modo que adquiere predominio su valor de intercambio. Recién recogida la cosecha, el valor de intercambio del cereal es casi sin excepción para los agricultores el valor económico y así permanece hasta que las continuas ventas de cantidades parciales vuelven a poner en el primer plano el valor de uso.

En los casos normales, durante el verano los cereales tienen para los agricultores básicamente un valor de uso. En otro pasaje de esta obra hemos mostrado dónde está el límite en el que el valor de uso de los bienes comienza a perder importancia, en beneficio del valor de intercambio. Para un heredero, que ya antes de recibir la nueva hacienda tenía una casa bien puesta, los muchos y numerosos muebles heredados apenas si tienen valor de uso y, por consiguiente, adquieren mayor valor de intercambio.

Por consiguiente, decidirá vender algunas piezas, hasta que el resto que le queda recupere un valor de uso más destacado. Por el lado contrario, la disminución de la cantidad del bien de que dispone un sujeto económico tiene casi siempre la consecuencia de aumentar su valor de uso, de tal modo que pasen a este primer plano las cantidades de dicho bien que en otras circunstancias se habrían dedicado al intercambio. Singular importancia tiene en este contexto la repercusión de las modificaciones en las posesiones de capital. El aumento o la disminución de capital equivale, para el sujeto económico que experimenta estas mudanzas y en situaciones de alta evolución del comercio, a un aumento o disminución de prácticamente todos los géneros de bienes económicos. Un hombre que cae en la pobreza se ve constreñido a limitar la satisfacción de casi todas sus necesidades.

Algunas de ellas sólo las puede ya satisfacer de una manera cualitativa y cuantitativamente más imperfecta y otras tal vez queden del todo insatisfechas. Si, al empobrecerse, posee todavía algunos artículos de consumo o algunos objetos lujosos que, por ejemplo, contribuían a una satisfacción armoniosa de sus necesidades, pero ya no concuerdan con sus nuevas circunstancias económicas, nuestro hombre, en cuanto sujeto económico, procurará venderlas para atender, con el producto de la venta, a las necesidades más perentorias, personales y familiares, que de otra manera no podrían verse satisfechas.

Aquellas personas que sufren grandes pérdidas de capital o de bienes por desafortunadas especulaciones o por cualquier otro desgraciado accidente, venden las joyas, las obras de arte y otros objetos lujosos que aún les quedan, para remediar sus necesidades vitales más imprescindibles.

También el aumento de la riqueza tiene esta misma tendencia, sólo que en el sentido opuesto, ya que muchos de los bienes que antes tenían un predominante valor de uso para sus propietarios pierden este carácter y pasa a un primer término su valor de intercambio y su significación económica. Así, los nuevos ricos acostumbran a vender su antiguo y sencillo mobiliario, sus pobres adornos, sus poco confortables viviendas y otros bienes que hasta entonces habían tenido sobre todo un valor de uso

CAPÍTULO VII
TEORIA DE LA MERCANCIA

Concepto de mercancía en su sentido popular y científico

En toda economía aislada, la actividad productiva de cada una de las personas económicas se dirige únicamente a la producción de los bienes necesarios para el propio consumo.

De este modo, queda excluida la producción de bienes con finalidades de intercambio en virtud de la propia y peculiar naturaleza de esta economía. Para cubrir las propias necesidades, el jefe de familia puede distribuir las indispensables prestaciones laborales entre cada uno de los miembros del grupo familiar y entre sus criados, caso que los tenga, según la capacidad y la habilidad de cada uno de ellos.

Lo que caracteriza, pues, a una economía aislada no es la ausencia de la división ¿el trabajo, sino su autosuficiencia, la orientación exclusiva de las actividades laborales a la producción de bienes dictada por la propia necesidad y, en fin, la total carencia de bienes destinados al intercambio. Se comprende bien, de todas formas, que en el ámbito de la economía a la división del trabajo se mantenga dentro de unos límites muy reducidos. De ordinario, la necesidad que tiene una familia de un bien concreto es tan pequeña que un individuo de esta no puede dedicar toda su actividad exclusivamente a la producción de este.

Las provisiones de que disponen suelen asimismo ser tan escasas que no les permite alimentar a numerosos trabajadores. Cuando la cultura empieza a evolucionar, nos ofrece, incluso en sus primeros peldaños, la imagen de una división del trabajo más compleja que la de las economías aisladas, en las que los sujetos económicos están subordinados a una división laboral muy escasa y a unas necesidades muy restringidas. El primer paso hacia la evolución cultural económica de un pueblo se produce cuando unas personas dotadas de especiales habilidades artesanas ofrecen sus servicios a la colectividad y transforman, contra una prestación, la materia prima que se les ofrece.

Los thetes de los griegos parecen haber sido, en los primeros tiempos, artesanos de este tipo. En numerosas regiones de Europa oriental no existen en la actualidad otros artesanos sino éstos. Quien desea un tejido, lleva al tejedor la lana que ha producido su propio ganado; para tener harina se lleva al molinero el trigo de la propia cosecha. Incluso al herrero o al carpintero le llevan los clientes la materia prima para construir el mueble o el utensilio que desean. El segundo paso en el camino de la evolución cultural económica, signo a la vez de un creciente bienestar, se da cuando es el mismo artesano el que se procura las materias primas de sus productos, aunque éstos sólo los realiza por encargo expreso de los consumidores.

Esta es la situación que, con escasas excepciones, se registra en las pequeñas ciudades y también a veces en los pueblos de cierto tamaño en el ámbito textil. El tejedor no produce todavía tejidos destinados a una cierta venta, pero posee todo lo necesario para satisfacer con su propia fuerza laboral los deseos de los clientes, liberando a éstos de la tarea, muchas veces pesada y antieconómica, de comprar la materia prima requerida para la producción.

Este método de proveer de bienes a la sociedad significa un notable progreso tanto para los consumidores como para los productores, ya que hace que el proceso total sea más cómodo y económico, pero todavía adolece de algunos importantes inconvenientes. El consumidor se ve obligado a esperar durante algún tiempo para tener el producto y nunca está seguro de antemano de su calidad. El productor unas veces no tiene trabajo y otras esta sobrecargado, de tal modo que hay períodos en que permanece ocioso y otros en los que no puede dar abasto a los pedidos. Esta poco favorable situación ha hecho que los productores creen bienes de incierta venta, que conservan en sus almacenes, para poder atender al instante a una eventual demanda.

Este método de atender a las necesidades de la sociedad ha llevado, en los estadios más evolucionados de la economía nacional, de un lado a la fabricación industrial (producción en masa) y del otro a la compra por parte del consumidor de mercancías (de confección) ya acabadas. Así, el productor puede aprovechar al máximo la división del trabajo y el potencial de sus máquinas, con alto nivel de ahorro económico, y el consumidor alcanza la máxima seguridad (tiene a la vista el producto acabado) y comodidad.

El uso lingüístico ha dado a estos productos, que los productores o los intermediarios tienen a punto para el intercambio, el nombre de mercancías, aunque el concepto se reduce de hecho a los bienes muebles, a excepción del dinero.— Con todo, la ciencia económica necesita, para sus exposiciones, de una denominación que incluya a todos los bienes económicos susceptibles de intercambio, sea cual fuera su masa, corporeidad, volumen, movilidad, su carácter como producto del trabajo o la persona que los ofrece.

De ahí que un gran número de economistas, sobre todo germanoparlantes, entienda por mercancías los bienes (económicos) de todo tipo destinados al intercambio. De todas formas, el concepto de mercancía en el sentido popular de la palabra conserva su importancia, no sólo porque la legislación — y un gran número de economistas políticos lo entienden en este sentido, sino también porque una parte de los que entienden el concepto en su amplio sentido científico acentúan, en sus definiciones, ya uno ya otro, los elementos de la idea popular del concepto.— A partir de dicho concepto de mercancía, entendido en su sentido científico, se puede comprender de inmediato que el carácter de mercancía no es una propiedad intrínseca del bien en cuestión, sino sólo una especial relación de la misma hacia aquella persona que dispone de ella, una relación cuya desaparición entraña, a su vez, la desaparición del carácter de mercancía de los bienes mismos.

Y así, un bien deja de ser mercancía en el instante mismo en que el sujeto económico que dispone de ella renuncia a su intención de venderla o bien pasa a manos de una persona que no tiene intención de intercambiarla, sino de consumirla. El sombrero que un sombrerero tiene en su tienda o la pieza de seda puesta en el escaparte para su venta son, por ejemplo, mercancías, pero dejan de serlo cuando el primero decide destinar el sombrero para sí o el dueño de la tienda de modas decide regalar el vestido a su mujer. El azúcar o las naranjas son mercancías en manos del tendero, pero dejan de serlo apenas son adquiridas por el consumidor. El metal acuñado deja de ser "mercancía" apenas pasa a manos de un propietario que no tiene intención de intercambiarlo, sino que lo destina a un uso concreto, por ejemplo, cuando se le entregan monedas de plata a un platero para que haga una pulsera o un cinturón. En conclusión, el carácter de mercancía no sólo no es una propiedad inherente a las cosas, sino que de ordinario es tan sólo una relación pasajera de la misma a los sujetos económicos. Hay ciertos bienes que sus propietarios destinan al intercambio con los bienes de otros sujetos económicos. Durante el período de tiempo en que estos bienes corren a través de varias manos, desde el primer propietario hasta el último, los llamamos "mercancías". Cuando ya han alcanzado su objetivo económico, es decir, cuando llegan a poder de los consumidores, dejan evidentemente de ser mercancías y se convierten en "bienes de uso", en el sentido estricto de la palabra, contrapuesto al de "mercancía". Donde no ocurre así, por ejemplo, muy frecuentemente en el caso del oro, la plata, etc., sobre todo bajo la forma de metal acuñado, siguen siendo "mercancías", ya que se hallan insertas en la relación de la que se deriva el carácter de las mercancías.

La capacidad de venta de las mercancías

a) Los límites de la capacidad de venta de las mercancías Los investigadores de la economía nacional han consagrado siempre una especial atención al problema de las causas de las diferentes y cambiantes relaciones de las cantidades de bienes que aparecen en las operaciones de intercambio. La tentativa por resolver este problema ha dado pie a numerosas reelaboraciones de nuestra ciencia, que se presentan con el carácter de independientes.

En algunas de ellas, la ciencia de la economía se ha convertido incluso en una teoría de los precios. Se ha dedicado, en cambio, escasa atención hasta ahora a la circunstancia de que no todos los bienes pueden intercambiarse con la misma facilidad. Y, sin embargo, las palpables diferencias de esta capacidad o facilidad de venta de las mercancías son un fenómeno de tal importancia práctica y el éxito de la actividad económica de los productos y comerciantes depende hasta tal punto, y en cada caso concreto, del correcto conocimiento de las influencias que se registran en este ámbito, que la ciencia económica no puede seguir prescindiendo por mucho tiempo de una exacta investigación de la naturaleza y de las causas de este fenómeno.

Es también evidente que la teoría, vivamente controvertida hasta nuestros mismos días, sobre el origen del dinero —el más vendible de cuantos bienes existen— sólo en este marco de investigación puede encontrar una explicación y fundamentación plenamente satisfactoria.

Hasta donde alcanzan mis conocimientos, la facilidad de venta de las mercancías tiene cuatro clases de limitaciones: En primer lugar, respecto de las personas a quienes estas mercancías pueden venderse. El propietario de una mercancía no puede venderla a cualquier persona. De ordinario, sólo existe un círculo concreto y determinado de individuos capacitados para adquirirla. No tiene la menor posibilidad de vender sus mercancías a quienes: a) no tienen ninguna necesidad de ellas; b) están física o jurídicamente incapacitados para intercambiar mercancías;— c) desconocen las posibilidades de intercambio que les ofrecen,— y finalmente, d) a todos aquellos para quienes las cantidades de la mercancía en cuestión no son el equivalente de una cantidad mayor del bien que pueden ofrecer como intercambio, frente a la opinión del propietario de las mercancías.— Si agrupamos ahora los círculos de personas a los que se imita la posibilidad de venta de las diferentes mercancías, resultará un cuadro que presenta grandes disparidades.

Compárense los grupos a quienes puede venderse pan y carne con aquellos otros que pueden comprar instrumentos de astronomía, los que compran vino y tabaco con aquellos otros que adquieren obras escritas en sánscrito. Idéntica observación puede hacerse, e incluso de manera casi más llamativa, respecto de las distintas clases de mercancías de un mismo género o especie. Nuestros ópticos preparan gafas para todo tipo de defectos de la vista, ya sea miopía o presbicia, y lo mismo hacen, en sus respectivos bienes, los fabricantes de sombreros, guantes, zapatos y artículos de piel; los producen, efectivamente, de todos los tamaños y calidades.

Pero ¿cuál es la diferencia entre los grupos de personas que pueden comprar gafas para miopes o para présbitas? ¿Cuál es la diferencia entre el círculo de personas con posibilidad para comprar guantes y sombreros de tamaño normal y aquellos que deben adquirir tamaños o medidas fuera de lo usual? La capacidad de venta de las mercancías está limitada, en segundo lugar, por la región o país dentro del cual puede llevarse a cabo la venta.

Para que una mercancía pueda venderse en un determinado lugar se requiere, aparte la anterior exigencia, que exista en dicho lugar un círculo de personas a las que poder venderlas: a) que no haya impedimentos, físicos o jurídicos, para el transporte a dicho lugar y su oferta en el mercado, y b) que los costes y desembolsos inherentes a dicho transporte no eliminen las expectativas de beneficio depositadas en el intercambio.

Por lo que hace al alcance de estos límites, debe decirse que las diferencias que presenta no son menores, en cada mercancía concreta, que las que ya hemos observado a propósito de los círculos de personas a quienes pueden venderse. Hay mercancías cuya necesidad se circunscribe a unas determinadas regiones y que, por tanto, sólo pueden venderse en unos lugares concretos, otras pueden venderse en comarcas enteras, bien de un determinado país, bien de todos los países de elevada cultura.

Otras, en fin, pueden venderse en cualquier lugar habitado de la tierra. Los peculiares sombreros de ciertas regiones campesinas tirolesas están circunscritos a unos valles concretos, y los sombreros de los campesinos bávaros o de los agricultores húngaros sólo tienen ventas en las regiones de Baviera o de Hungría. En cambio, los sombreros de la última moda francesa tienen abiertos los mercados de todas las regiones civilizadas. Por la misma razón, la venta de las pesadas ropas de pieles está circunscrita a las regiones septentrionales, las de espesa lana a las zonas del Norte y el Centro, mientras que las ligeras piezas de algodón pueden venderse en, prácticamente, toda la tierra. Una diferencia no menos importante respecto de la extensión geográfica en que pueden venderse las mercancías es la derivada de los costes económicos exigidos por el transporte a los mercados distantes.

La zona de venta de las piedras normales de construcción extraídas de una cantera alejada de un canal navegable, o la zona de venta de la arena normal, arcilla o estiércol animal en regiones carentes de ferrocarril no supera un radio de dos a tres millas, e incluso en regiones provistas de vías férreas no suele pasar de las 15 o 20 millas. La zona de venta del carbón de piedra, turba o madera es, bajo las mismas circunstancias, algo más amplia, pero siempre limitada.

En cambio, es considerablemente más extensa la zona de venta del hierro o el de los cereales, y más aún la del acero y la harina. Los metales nobles, las piedras preciosas y las perlas pueden venderse en prácticamente todas las regiones de la tierra en las que hay necesidad de estos bienes y suficientes medios de intercambio. Los sacrificios económicos exigidos por el transporte deben ser cubiertos con la diferencia del precio entre el lugar en que se producen los artículos y aquel en el que se venden. En el caso de mercancías poco valiosas, tal diferencia nunca puede ser de suyo importante. La leña para combustible de las selvas vírgenes de Brasil o de algunas regiones de Europa oriental, puede conseguirse a precios muy bajos y, en algunos casos, pueden incluso adquirirse grandes cantidades de balde. Pero el precio de un quintal de esta leña nunca es tan grande que pueda cubrir la diferencia de precio entre el lugar de consumo y el de producción.

Ni siquiera en el caso de que este precio fuera cero en el lugar de origen podrían cubrirse los gastos de transporte a un lugar muy distante. En cambio, cuando se trata de bienes caros, por ejemplo, relojes de bolsillo, la diferencia entre el precio de un quintal de esta mercancía en el lugar de producción y la de los más distantes mercados, por ejemplo desde Ginebra a Nueva York o Río de Janeiro, puede ser tan considerable, a pesar de que el precio es ya elevado en el primer mercado, que justifique los gastos y desembolsos del transporte de la mercancía hasta los lejanos y potenciales mercados. Cuanto más preciosa es una mercancía, más extensa es su zona de mercado en igualdad de circunstancias.

La capacidad de venta de las mercancías tiene, en tercer lugar, una limitación de tipo cuantitativo. Desde este punto de vista, la posibilidad de venta está condicionada por la necesidad aún no cubierta de la mercancía en cuestión y además limitada a aquellas cantidades respecto de las cuales se dan los fundamentos para operaciones de intercambio económico. Puede ser, desde luego muy amplia la necesidad que un individuo tiene de una mercancía, pero más allá de estos límites, y dentro de un determinado período de tiempo, no puede contarse con que adquiera más cantidad de esta.

E incluso dentro de los límites de su necesidad, nuestro individuo sólo intercambiará aquellas cantidades para las que existan fundamentos suficientes para operaciones de intercambio económico. La demanda total de una mercancía se compone de las demandas individuales de la misma. Dado, pues, que la cantidad total de una mercancía que puede venderse a los miembros de una sociedad está estrictamente limitada por la situación económica de dicha sociedad, no puede pensarse en una venta que supera estos límites. Por lo que hace a la amplitud de estos últimos, también aquí se registra una gran diversidad respecto de cada bien concreto.

Hay mercancías que, debido a su limitada necesidad bajo cualquier circunstancia, sólo pueden venderse en reducidas cantidades. Hay otras cuya necesidad es mayor y, por consiguiente, sus límites cuantitativos de venta son mucho más amplios y hay otras, en fin, de las que pueden venderse fácilmente todas las cantidades disponibles. El editor de una obra sobre la lengua de los indios tupi puede contar con vender —poniendo un precio moderado a la obra— unos 300 ejemplares, pero ni siquiera rebajando mucho el precio tendrá unas ventas superiores a los 600 ejemplares.

Una obra de alta especialización, por la que sólo se interesa un reducido número de especialistas, está pensada, de ordinario, para satisfacer la necesidad de varias generaciones de entendidos en la materia, y, con mucha frecuencia, sólo se va vendiendo a medida que crece la fama de su autor. En todo caso, la venta es siempre lenta.

En cambio, una obra científica que analiza temas de interés general puede contar, a pesar de su carácter especializado, con una venta de varios miles de ejemplares. Los escritos de divulgación científica pueden llegar a los 20,000 o 30,000 ejemplares e incluso más, y las obras de los grandes poetas pueden alcanzar, en circunstancias muy favorables, muchos cientos de miles de tirada. Piénsese en la gran diferencia existente, respecto de los límites cuantitativos de la capacidad de venta de una obra, entre un libro dedicado a la Antigüedad peruana y un libro de poesías de Friedrich Schiller, o entre una obra en sánscrito y un drama de Shakespeare. Y mayor aún es la diferencia, en este ámbito de los limites cuantitativos de la capacidad de venta de un producto, cuando se comparan mercancías como el pan o la carne de un lado o la quina y el castóreo por otro, o tejidos de lana y algodón frente a instrumentos astronómicos o preparados anatómicos.

Compárense, en fin, los limites cuantitativos de la posibilidad de venta de sombreros y guantes de tamaño normal y los que se alejan de estas medidas. Existe, finalmente, y en cuarto lugar, un límite a la posibilidad de ventas de las mercancías debido al marco temporal dentro del cual es posible llevar a cabo la venta. Hay bienes de los que sólo existe necesidad en invierno, de otros sólo en verano y otros, en fin, que sólo tienen demanda dentro de unos ciertos límites temporales, más o menos amplios, más o menos pasajeros. Los programas para unas fiestas próximas, las exposiciones de arte y, en cierto sentido, los periódicos y los artículos de moda son bienes de este tipo.

También tropiezan con estas limitaciones temporales los bienes de rápida descomposición o difícil conservación. A todo esto se añade además la circunstancia de que el mantenimiento de los bienes en almacenes exige, de ordinario, nada desdeñables sacrificios económicos a sus dueños. Lo que se ha dicho respecto de los costes de fletes en el aspecto espacial de la capacidad de venta de las mercancías, puede decirse, en el aspecto temporal, respecto de los costes de almacenaje, conservación y pérdidas de intereses.

En nuestras circunstancias culturales, el ganadero que pone a la venta la carne de sus rebaños debe prestar mucha atención y procurar necesariamente vender sus mercancías dentro de unos estrictos límites de tiempo, debido a los grandes gastos que implica la limitada capacidad de conservación del producto, las pérdidas de intereses y otros sacrificios económicos vinculados al mantenimiento en buenas condiciones de los animales sacrificados.

Pero también chocan con estos límites temporales los negociantes de lana o de hielo, ya que también estas mercancías tienen una capacidad de venta condicionada por el tiempo, en parte por razones físicas y en parte económicas (costes de almacenaje, pérdidas de intereses). Una vez más, también respecto de estas mercancías podemos observar grandes diferencias. Los límites temporales dentro de los cuales se mueven, por ejemplo, las ostras, el pescado fresco, las comidas y bebidas preparadas, las flores, los programas para las próximas fiestas, los periódicos políticos y otras cosas similares se reducen, de ordinario, y consideradas en su conjunto, a unos pocos días y no pocas veces a unas pocas horas.

La fruta fresca, muchos artículos de moda, las piezas cobradas en la caza, algunos objetos de alfarería, etc., no pasan de unas pocas semanas, otras mercancías se reducen a unos pocos meses, mientras que hay otras, en cambio, dotadas de tal capacidad de conservación y con una demanda tan permanente que pueden mantenerse en venta por años, decenios e incluso siglos. Añádase, además, que los sacrificios económicos exigidos por la conservación y almacenaje de las mercancías son de muy diversa magnitud y que de aquí nace un nuevo e importante factor de diversidad respecto de los límites temporales de la capacidad de venta de las mercancías.

Quien vende, por ejemplo, leña para combustible o piedras de construcción, que pueden almacenarse al aire libre, no se verá de ordinario obligado a una venta rápida como el comerciante de muebles y éste, a su vez, se verá menos constreñido que el tratante en caballos, mientras que los propietarios de oro, plata, diamantes y otros bienes similares (y prescindiendo aquí de las pérdidas de intereses) pueden almacenar sus mercancías casi sin costes y, por consiguiente disponen de límites temporales para su capacidad de venta mucho más amplios que el de los casos antes mencionados.

b) Diverso grado de la capacidad de venta de las mercancías Hemos visto hasta ahora que la capacidad de venta de las mercancías tropieza con limitaciones, unas veces debido al mayor o menor círculo de personas, y otras debido a fronteras espaciales, temporales y cuantitativas. Pero todo ello se refiere únicamente a las fronteras o limitaciones exteriores dentro de las cuales se mueve la capacidad de venta de las mercancías según las correspondientes situaciones económicas.

Nos queda ahora por investigar de qué causas depende la mayor o menor facilidad con que pueden venderse unas mercancías dentro de los límites ya citados de su capacidad de venta. Para lograr una respuesta es necesario adelantar algunos conceptos sobre la naturaleza y la definición de las mercancías. La mercancía es un bien económico destinado al intercambio. Pero no se define únicamente debido al intercambio.

El dueño de las mercancías tiene, sin duda, la intención de intercambiarlas. Pero no a cualquier precio. Quien tiene un almacén de relojes de bolsillo podría venderlos en prácticamente cualquier circunstancia, si los diera a un táler (aproximadamente 5 ptas.) la pieza y lo mismo puede decirse de un comerciante en pieles que pusiera ínfimos precios a sus mercancías. Y, no obstante, los mencionados comerciantes se quejarán más de una vez con toda razón del poco negocio de ventas, porque aunque ciertamente quieren vender sus productos, no quieren darlos a cualquier precio, sino a uno que esté acorde con la situación económica general.

Ahora bien, los precios efectivos son el resultado de la correspondiente situación de la competencia y responden tanto mejor a la situación económica general cuanto más completa sea la competencia por ambas partes. Si, por cualquier circunstancia, se retira de esta competencia una parte de aquellos que tienen necesidad de una mercancía, baja el precio por debajo del nivel correspondiente a la situación económica general. Si se retira la competencia en la oferta se eleva en el mismo grado el precio de las mercancías.

Ahora bien si la competencia en torno a una mercancía no está regulada, de tal suerte que exista el peligro de que sus propietarios no puedan venderla a precios económicos, mientras que no existe tal peligro para los propietarios de otras mercancías o al menos no en la misma medida, entonces es claro que esta circunstancia genera una diferencia muy importante en la capacidad de venta de las mercancías en cuestión.

Efectivamente, habrá unas mercancías que, dada su composición, podrán ser intercambiadas con facilidad y seguridad, mientras que otras sólo podrán hacerlo a costa de sacrificios económicos y, en determinadas circunstancias, ni siquiera bajo este supuesto. Los mercados, ferias, bolsas, las subastas periódicas, tal como suelen celebrarse en las grandes ciudades marítimas, y otras instituciones públicas similares persiguen el objetivo de reunir permanentemente o cuando menos a intervalos regulares y en determinados puntos a todos los interesados en la formación del precio de una mercancía, para conseguir que dicho precio se sitúe en niveles económicos.

De ahí que respecto de aquellas mercancías para las que existe un mercado regulado sus dueños pueden venderlas fácilmente a precios que responden a la situación económica general, mientras que aquellas otras cuya venta no tiene esta regulación deben ponerse en venta con precios no regulados, cambiantes, y a veces incluso ni siquiera pueden venderse.

Crear un mercado para un artículo tiene la consecuencia de que abre a los productores de este, y respectivamente a sus vendedores, la perspectiva de poder vender siempre su mercancía a precios económicos. Es evidente, por ejemplo, que la creación de un mercado de lana o de cereales en una ciudad aumenta significativamente la capacidad de venta de estos dos productos en las regiones productoras cercanas.

Del mismo modo, la cotización en bolsa de los efectos contribuye poderosamente a aumentar la capacidad de venta de estos efectos porque se consigue una formación de precio económico para tales ventas y esta circunstancia añade una garantía adicional en favor de los propietarios de aquellos efectos bursátiles. Hay que tener en cuenta que los consumidores deben ponerse de acuerdo con los propietarios de las mercancías y que este requisito se cumple a la perfección en el comercio al por mayor mediante la costumbre de los propietarios de concentrarse cuanto les es posible en unos lugares determinados, originando así una similar concentración de los consumidores.

De este modo, aumenta considerablemente la probabilidad de que las mercancías puedan venderse a precios económicos. La ausencia general de este tipo de concentraciones en el caso del comercio al por menor o detallista —perfectamente explicable debido a la comodidad y del ahorro de tiempo de los clientes— es la causa principal de las formaciones de precios menos económicos que se advierten de ordinario en esta última rama del comercio.

La circunstancia de que existan unos puntos concretos de concentración para el tráfico y la formación del precio económico de una mercancía no tiene sólo la consecuencia de que su venta se realice a precios económicos. Los precios formados en estos centros de contratación llegan poco a poco a conocimiento del público y los medios de comunicación ofrecen también a los interesados situados fuera de aquellos centros la posibilidad de cerrar sus negocios a unos precios adecuados a la respectiva situación económica.

Es muy raro el caso de que los grandes compradores y vendedores puedan ejercer a través de sus transacciones un influjo determinante sobre la formación del precio de una mercancía. Pero los "pequeños comerciantes", cuyos negocios son demasiado insignificantes para producir oscilaciones de precios dignas de mención, pueden, gracias a las mencionadas publicaciones, llevar a cabo sus ventas dentro de márgenes económicos que no se atienen estrictamente al punto medio del mercado y pueden así participar de las ventajas de aquel mercado, aunque no hayan estado personalmente presentes en él.

Puede así ocurrir que en las cercanías de Londres un arrendatario cierre un negocio con un molinero a tenor de una nota sobre el mercado de los cereales en Marklane publicada por el Times. En Viena no es raro que las ventas al detalle de licores se hagan según las noticias del Neuen freien Presse o de otras publicaciones acreditadas. Y así es como aquellos puntos de concentración del tráfico de una mercancía producen el resultado general de que los propietarios las pongan en manos de los sujetos que las desean a precios acordes con la economía. La primera causa de la distinta capacidad de venta de las mercancías se halla en la circunstancia de que unas veces es mayor y otra menor el círculo de personas que pueden adquirirlas y de que los puntos de concentración de los interesados en la formación del precio de dichas mercancías estén organizados en unos lugares mejor o peor que en otros.

Hay —en segundo lugar— mercancías que, siempre dentro de los límites de su capacidad de venta, tienen mercados prácticamente en todas partes. Los productos lácteos y cárnicos, los cereales, los metales y otros bienes similares de uso generalizado tienen compradores donde quiera existen mercados. Las más pequeñas ciudades y hasta los minúsculos rincones son, en determinados momentos, mercados para tales bienes.

Hay, en cambio, otras mercancías (tabaco, rapé, té, índigo) que tienen pocos mercados centrales y situados a grandes distancias. Estos mercados no son independientes entre sí respecto de la formación del precio. Los informes sobre las transacciones llevadas a cabo en un mercado importante llegan a todos los restantes, y una clase especial de individuos económicos, los llamados arbitradores, se preocupan de que las diferencias de precios entre cada uno de los mercados no superen de forma notable los gastos de transporte.

El hecho de que la capacidad de venta de las mercancías esté limitada a unas regiones más o menos extensas y de que unas mismas mercancías, dentro de este mismo territorio, tengan unas veces escasos puntos de confluencia en orden a determinar el precio económico de las ventas y otras en cambio estos puntos sean muy numerosos, que algunos propietarios pueden vender sus mercancías a precios económicamente ventajosos en muchos lugares según su voluntad y otros en cambio puedan hacerlo sólo en unos pocos dentro de una reducida comarca comercial, es la segunda causa de la diversa capacidad de venta de las mercancías. Existen, en tercer lugar, mercancías en torno a las cuales se monta una especulación activa y regulada, que aumenta siempre que llega al mercado una cantidad parcial de la masa total disponible, incluso en el caso de que dicha cantidad supere las necesidades corrientes, mientras que no exista esta especulación —o no en la misma medida— respecto de otras mercancías, de modo que cuando el mercado queda saturado descienden rápidamente los precios o bien las cantidades aportadas al mercado no encuentran compradores, y tienen que ser retiradas de la circulación.

De ordinario, es posible poner en venta las cantidades disponibles de bienes del primer tipo con mínimas reducciones de los precios mientras que los propietarios de mercancías en torno a las cuales no existe especulación no pueden lanzar al mercado cantidades superiores a la demanda corriente y, si lo hacen, sufren graves pérdidas. Hemos aducido ya en las páginas anteriores un ejemplo de esta última clase de mercancías, esto es, el de los escritos específicamente dirigidos a los círculos especializados. Pero mayor importancia tienen, en este ámbito, aquellas mercancías que no encierran en sí mismas una significación independiente y que son deseadas sólo como parte de otros bienes.

Sea cual fuere el precio de los resortes para relojes de bolsillo o los manómetros para máquinas de vapor, lo cierto es que la necesidad de estos productos es sensiblemente similar a las cantidades de relojes o de máquinas de vapor en construcción y que una cantidad considerablemente mayor no podría venderse a ningún precio. El oro y la plata, en cambio, así como algunos otros bienes, respecto de los cuales frente a una cantidad disponible siempre limitada hay una necesidad casi ilimitada, poseen una capacidad de venta casi sin límites prácticos desde el punto de vista cuantitativo.

Es indudable que incluso multiplicando por mil la cantidad de oro existente y por cien la de plata, estas mercancías, puestas en venta, encontrarían siempre compradores. Pero entonces los precios iniciarían un profundo y rápido descenso; hasta las personas monos acomodadas harían con estos metales su vajilla ordinaria e incluso las clases pobres tendrían adornos de oro y plata. De todas formas, es bien seguro que se venderían en el mercado hasta las más enormes cantidades, mientras que una similar multiplicación de la mejor obra científica de los más preciados instrumentos ópticos y hasta de las mercancías más indispensables, como el pan y la carne, se verían necesariamente privadas de compradores.

De donde se desprende que los propietarios de metales preciosos tienen siempre una gran facilidad para vender cualquier parte de la cantidad disponible de estos bienes y que, en el peor de los casos, todo se reduciría a tener que soportar algunas depreciaciones, mientras que en casi todas las restantes mercancías una súbita multiplicación acarrea pérdidas mucho más considerables y, en algunos casos, y bajo determinadas circunstancias, ni siquiera podrían venderse, aunque su precio fuera mínimo.

Así pues, la circunstancia de que los límites cuantitativos de la capacidad de venta de una mercancía son unas veces amplios y otras estrechos y que toda cantidad de una mercancía que llega al mercado dentro de estos límites encuentra siempre de hecho y fácilmente un precio económico de venta, mientras que con otras mercancías no ocurre así —o no en la misma medida — es la tercera causa de la diferente capacidad de venta de las mercancías. Existen finalmente, y en cuarto lugar, mercancías que disponen de un mercado casi ininterrumpido. Los valores y, en los lugares donde existen bolsas de mercancías, también un buen número de materias primas, pueden llegar al mercado diariamente, mientras que otras mercancías sólo entran en circulación dos o tres días de la semana. Para los cereales y otros frutos secos suele haber mercados semanales, para las manufacturas ferias trimestrales, para el ganado mercados semestrales, etc.

La cuarta causa de la diferente capacidad de venta de las mercancías se halla en el hecho de que los límites temporales para la capacidad de dicha venta son más o menos amplios según los diferentes casos y que algunas mercancías pueden llegar al mercado en cualquier momento dentro de estos límites, mientras que otras tienen que llegar a intervalos más o menos separados para poder conseguir precios de venta beneficiosos. Si echamos una mirada a los fenómenos de la vida económica y a la extraordinaria diversidad de la capacidad de venta de cada una de las mercancías, no nos será difícil reducirlos a una o varias de las cuatro causas expuestas.

Quien posee una cantidad de cereal tiene en sus manos una mercancía que puede vender, por así decirlo, al instante allí donde existen bolsas de frutos, o sólo una vez a la semana donde sólo existen mercados semanales, pero en ambos casos a precios acordes con la situación económica. Se trata de una mercancía que, para decirlo en expresión de los comerciantes, es "dinero en mano".

La razón es que hay amplios grupos de personas que tienen necesidad de este bien, que los límites espaciales, temporales y cuantitativos de su capacidad de venta son muy amplios y que existen de ordinario activas organizaciones del mercado y una viva especulación en torno a esta mercancía. Quien tiene existencias de tabaco se halla en una situación algo más desfavorable desde varios puntos de vista. Los límites cuantitativos de la capacidad de venta de este artículo son mucho más restringidos, los centros de contratación están mucho menos regulados que en el caso de los cereales. los mercados se hallan situados a grandes distancias, tanto en el tiempo como en el espacio, y, además, la especulación despertada por esta mercancía es mucho menor que la del grano.

El propietario de una determinada cantidad de trigo puede venderla en prácticamente cualquier circunstancia con la simple condición de reducir su precio unos cuantos céntimos por debajo del precio corriente. Pero no ocurre así con el tabaco, de modo que no raras veces los propietarios de estos artículos sólo pueden venderlos con graves pérdidas. Habrá incluso momentos en que no podrían hacerlo ni aun reduciendo el precio a un mínimo, y se verán obligados a esperar durante largo tiempo circunstancias más favorables. Para advertir bien la amplitud de las diferencias, basta comparar, en fin, la capacidad de venta de los cereales con la de artículos tales como telescopios, esponjas de mar o vasijas de uso normal, por no hablar de piezas especiales de alfarería.

c) Capacidad de circulación de las mercancías En las páginas precedentes hemos descrito las causas, tanto generales como específicas, de la diversa capacidad de venta de las mercancías o, dicho de otro modo las causas de la mayor o menor facilidad con que un propietario puede esperar vender sus mercancías a precios económicamente favorables. Con esto quedaría al mismo tiempo resuelto el problema de la mayor o menor facilidad con que las diferentes mercancías pueden circular entre diversas manos, ya que en definitiva esta circulación, considerada en su conjunto, se compone de las transacciones concretas y una mercancía que puede pasar fácilmente de la mano de su propietario a la de otro sujeto económico puede también pasar con idéntica facilidad, y a primera vista, de las del segundo a las de un tercero, y así sucesivamente. Pero, tal como enseña la experiencia, este presupuesto no se da respecto de todas las mercancías.

En las líneas siguientes asumiremos la tarea de analizar cuáles son las razones especiales que hacen que una parte de las mercancías pase fácilmente de mano en mano, mientras que no se registra el mismo fenómeno con otras mercancías, incluso con aquellas que gozan de gran capacidad de venta. Hay mercancías que tienen prácticamente la misma capacidad de venta en manos de cualquier agente económico. Las pepitas de oro que un sucio trotamundos ha adquirido en las arenas del Arayo tienen en sus manos la misma capacidad de venta que en las del propietario de una mina de oro, con la única condición de que acierte a encontrar el mercado adecuado a su mercancía.

Las pepitas pueden pasar de mano en mano cuantas veces se quiera imaginar, sin que se reduzca un ápice su capacidad de venta. Los vestidos, las ropas de cama, los comidas preparadas, etc., apenas tendrían en las manos de la persona antes citada ninguna posibilidad de intercambio, o sólo a precios muy viles y ello incluso en el caso de que nunca los hubiera utilizado para sí mismo, sino que los hubiera adquirido desde el principio con la exclusiva finalidad de venderlos.

Las mercancías de este tipo sólo tienen capacidad de venta en manos de sus productores o de ciertos comerciantes, pero la pierden casi en su totalidad, o al menos una buena parte, cuando surge la sospecha de que ya han sido usados o han pasado a manos poco aseadas. No son, por consiguiente, adecuadas para circular de mano en mano. Otras mercancías requieren pare su comercialización especiales conocimientos, habilidades, condiciones, o bien autorizaciones y privilegios estatales, y cosas semejantes. Por consiguiente, si están en manos de un sujeto que no reúne tales condiciones, no pueden ser vendidas o muy difícilmente, y, además, a precios muy rebajados.

Las mercancías destinadas al comercio de la India o de América del Sur, los productos farmacéuticos, los artículos monopolísticos y otros similares pueden tener, en unas manos determinadas, una gran capacidad de venta, pero en otras la perderían casi por completo y tampoco son, por tanto, al igual que las anteriores, aptas para una circulación generalizada. Hay incluso algunos bienes que, aunque perfectamente utilizables, deben acomodarse de forma especial a las necesidades de los consumidores y, por tanto, no tienen la misma capacidad de venta en todos los propietarios.

Los zapatos, sombreros y otros muchos artículos, sea cual fuere su tamaño, tienen siempre en manos del dueño de una zapatería o en el taller de un zapatero, en torno al cual se da siempre cita un considerable número de consumidores, una cierta capacidad de venta, sobre todo porque, de ordinario, estos comerciantes o productores disponen de los medios necesarios para acomodar las mercancías a las especiales necesidades de sus clientes. Poro en otras manos, estos mismos artículos tienen una venta difícil y, además, a precios más reducidos. Tampoco, pues, estas mercancías son adecuadas para circular de mano en mano. Tampoco tienen esta aptitud aquellos bienes cuyo precio no es bien conocido o está sujeto a fuertes oscilaciones.

El que adquiere estos bienes corre el peligro de "pegar demasiado" por ellos o de experimentar graves pérdidas antes de que haya podido venderlos a otra persona, debido a una brusca disminución del precio. Una "partida de trigo" o unos efectos pueden fácilmente cambiar de mano diez veces en el espacio de unas pocas horas, en las bolsas de frutos secos o de valores, mientras que otros productos, tanto agrícolas como manufacturados, cuyo precio se fija tras atento análisis de todas las circunstancias, carecen de capacidad para una circulación rápida. Incluso las personas alejadas del mundo de la bolsa aceptan con facilidad efectos y valores como medios de pago, porque saben que su precio no está sujeto a notables cambios.

En cambio, las mercancías expuestas a fuertes oscilaciones de precio sólo pueden circular con facilidad si se las vende "por debajo del precio", porque todas las personas que se mantienen alejadas de la especulación quieren asegurarse contra las pérdidas. Así, tampoco son aptas para circular de mano en mano las mercancías cuyo precio no está bien fijado o puede oscilar dentro de limites muy considerables. Es claro, en fin, que los factores que limitan la capacidad de venta de las mercancías actúan siempre, y de manera potenciada, dondequiera se trata de pasarlas de mano en mano, de un lugar a otro, o de venderlas en distintas épocas.

Las mercancías cuya capacidad de venta está limitada a un reducido círculo de personas, cuyo período de conservación es corto, o exige grandes dispendios económicos, las mercancías que sólo pueden llegar al mercado en cantidades estrictamente limitadas, cuyos precios no están bien regulados, etc., pueden tener una cierta capacidad de venta —aunque siempre dentro de unos estrechos límites— pero no tienen capacidad de circulación. En consecuencia, la capacidad de circulación de las mercancías se nos presenta como una capacidad de venta que afecta a todos y cada uno de los sujetos económicos en cuyas manos se encuentra la mercancía, pero, en el amplio sentido de la palabra, es una cualidad en la que se dan cita no uno solo, sino los cuatro factores antes mencionados.

Todos ellos configuran, cuando aparecen juntos una alta capacidad de venta de una mercancía.

CAPÍTULO VIII
TEORÍA DEL DINERO

Naturaleza y origen del dinero

En los inicios del comercio humano, cuando los hombres empezaron a adquirir poco a poco conocimiento de las ventajas económicas que podían obtener de las ocasiones de intercambio que se les presentaban, sus objetivos se dirigían, como corresponde a la simplicidad de todos los inicios culturales, sólo a lo más inmediato. Por consiguiente, los individuos únicamente tenían en cuenta, en sus intercambios, el valor de uso de los bienes y todas las operaciones se limitaban a aquellos casos en los que los bienes de que disponía un sujeto económico tenían para él menor valor de uso que los que poseía otro sujeto, mientras que para este segundo ocurría lo contrario.

A posee una espada que tiene para él menos valor de uso que el arado de B, mientras que para B su arado tiene menos valor de uso que la espada de A. En aquella inicial situación económica las operaciones de intercambio se limitaban forzosamente a casos como el descrito. Pero no es difícil comprender que, en estas circunstancias, el número de operaciones de intercambio debía ser de hecho muy reducido.

Muy raras veces se da el caso de que una persona posea un bien que tiene para ella menos valor de uso que el bien que posee otra persona y que cabalmente esta segunda opine lo contrario. Y raras veces aún ocurre que lleguen a encontrarse precisamente ellas dos. A tiene una red de pescar que cambiaría gustosamente por una cantidad de cáñamo. Para que este intercambio se lleve a efecto es necesario no sólo que exista otro sujeto que esté dispuesto a cambiar el cáñamo por una red, tal como A desea, sino que se requiere además otra condición, a saber, que ambos sujetos se encuentren y que se comuniquen sus mutuos deseos. El campesino C tiene un caballo, que cambiaría con mucho gusto por algunos aperos de labranza y algunas piezas de vestido. Pero es sumamente improbable que encuentre a la persona adecuada, es decir, a la persona que necesita un caballo y que además puede y quiere dar por él precisamente todos los aperos y vestidos que desea C.

Esta dificultad sería en la práctica casi insuperable, hasta el punto de que surgirían muy graves impedimentos para el proceso evolutivo de la división del trabajo y sobre todo y también de la producción de bienes destinados a una venta incierta, si la misma naturaleza de las cosas no hubiera aportado un medio auxiliar gracias al cual, y sin que sea necesario un especial acuerdo entre los hombres y menos aún una imposición estatal, los agentes económicos de todos los lugares han establecido, con una fuerza incontestable, una situación en la que parecen totalmente eliminadas las anteriores dificultades. La meta final de todos los esfuerzos económicos de los hombre, es la satisfacción directa de sus necesidades.

En sus operaciones de intercambio buscan naturalmente este objetivo final. De ahí que intercambien sus mercancías por aquellos bienes que tienen para ellos valor de uso. Este anhelo está presente por igual en todos los niveles culturales y tienen una plena justificación económica. Los individuos económicos tendrían un comportamiento totalmente antieconómico si allí donde no pueden alcanzar este objetivo directa e inmediatamente no hicieran cuanto está en su mano por acercarse a él poco a poco. Un armero de la edad homérica ha forjado dos armaduras de bronce y tiene la intención de intercambiarlas por bronce, combustibles y alimentos.

Va, pues, al mercado, ofrece su mercancía contra los citados bienes y se sentirá sin duda muy contento si topa con una persona que tiene justamente la intención de hacerse con las armaduras a cambio de todo el material de bronce necesario para construirlas y de una cantidad de alimentos. Por supuesto, habría que decir que sería una singular y afortunada coincidencia que entre aquel reducido número de personas con capacidad y voluntad para adquirir una mercancía tan poco usual como son dos armaduras, encontrara precisamente aquella que se ajusta en un todo a los deseos del armero.

Lo más normal sería que tendría que renunciar al intercambio, o llevarlo a cabo con graves pérdidas de tiempo, si, actuando de forma antieconómica, se empeñara en recibir por sus mercancías justamente los bienes antes citados y ningún otro, aunque se trate de bienes que, además de poseer también el carácter de mercancías, tienen una mayor capacidad de venta que sus armaduras, unas mercancías que le permitirían entrar fácilmente en contacto con personas que las adquirirían sin dificultad, a cambio de los bienes que él necesita. En la época de nuestro ejemplo, la mercancía con mayor capacidad de venta era, como veremos más adelante, el ganado.

Es evidente, pues, que nuestro armero tendría un comportamiento poco económico si no intercambiara las armaduras por unas cabezas de ganado, con las que poder cubrir sus necesidades directas. Cierto que al hacerlo no intercambia las armaduras por bienes de uso (en sentido estricto, en cuanto contrapuesto al de "mercancía"), sino por bienes que tienen también carácter de mercancías. Pero sí ha adquirido, a cambio de unas mercancías poco vendibles, otras de mayor capacidad de venta, con lo que, evidentemente, ha multiplicado las posibilidades de hallar en el mercado aquellas personas que pueden ofrecerle los bienes de uso y consumo que él necesita. Un acertado conocimiento de su interés individual llevará a nuestro armero, sin presión y sin especiales acuerdos, a cambiar sus armaduras por un adecuado número de cabezas de ganado y, una vez adquiridas estas mercancías de fácil venta, podrá entrar en contacto en el mercado con aquellas personas que pueden ofrecerle cobre, combustibles y alimentos. Podrá así hacerse con los bienes de uso que necesita con mucha mayor facilidad y, en todo caso, con mucha mayor rapidez y de forma más económica. El interés económico de cada uno de los agentes de la economía les induce, pues, cuando alcanzan un mayor conocimiento de sus ventajas individuales, a intercambiar sus mercancías por otras, incluso aunque estas últimas no satisfagan de forma inmediata su finalidad de uso directo. Y ello sin previos acuerdos, sin presión legislativa e incluso sin prestar atención al interés público. Ocurre de este modo, bajo el poderoso influjo de la costumbre, presente por doquier a medida que aumenta la cultura económica, que un cierto número de bienes, que son siempre los que, debido al tiempo y lugar, mayor capacidad de venta poseen, son aceptados por todos en las operaciones de intercambio y pueden intercambiarse a su vez por otras mercancías. A estos bienes llamaron los germanos Geld (= dinero), palabra derivada de gelten (= valer, tener validez, ser válido). Vemos, pues, que en alemán dinero significa, sencillamente, el objeto que vale, que sirve para pagar. —

El proceso descrito, mediante el cual unos determinados bienes se convierten en dinero, permite comprender inmediatamente la gran importancia de la costumbre— en el origen de este último. El intercambio de unas mercancías con escasa capacidad de venta por otras cuya capacidad es mayor favorece los intereses económicos de todos los implicados en la operación, pero la realización práctica de las transacciones presupone el conocimiento de este interés en aquellos que están dispuestos a aceptar un bien, acaso del todo inútil, a cambio de sus mercancías sólo porque tiene mayor capacidad de venta.

Lo cierto es que este conocimiento no se produce nunca al mismo tiempo en todos los miembros de un pueblo. Al contrario, en las primeras etapas, sólo un reducido número de sujetos económicos advierte las ventajas que se les derivan cuando, al no poder intercambiar sus mercancías por bienes de uso directo, o cuando este intercambio es muy inseguro, aceptan como contrapartida otras mercancías con mayor facilidad de venta. Esta ventaja es, de suyo, independiente del reconocimiento generalizado de una mercancía como dinero, ya que este intercambio supone siempre y bajo cualquier circunstancia un considerable paso adelante hacia la meta perseguida por todo individuo económico, a saber, hacerse con los bienes de uso que le son necesarios.

Pero dado que el mejor medio para ilustrar a los hombres sobre sus ventajas económicas es mostrarles el éxito que consiguen quienes ponen los medios adecuados para conseguir sus objetivos, es claro que ninguna cosa favoreció tanto el origen del dinero como ver los grandes beneficios alcanzados por los individuos más hábiles, gracias a su decisión de aceptar, durante largo tiempo, mercancías de alta capacidad de venta a cambio de todas las demás. Es, pues, seguro que la práctica y la costumbre contribuyeron en muy buena medida a convertir las mercancías más vendibles en cada situación concreta en bienes que aceptaban, a cambio de sus propias mercancías, no algunos sino la totalidad de los individuos económicos.

No puede, con todo, negarse el influjo, si bien pequeño, que suele ejercer sobre el carácter del dinero el ordenamiento jurídico dentro de las fronteras del Estado. El origen del dinero (que debe distinguirse del subgénero de las monedas acuñadas) es, como hemos visto, del todo natural y, por consiguiente, sólo en muy contados casos puede atribuirse a influencias legislativas. El dinero no es una invención estatal ni el producto de un acto legislador. La sanción o aprobación por parte de la autoridad estatal es, pues, no factor ajeno al concepto del dinero.

El hecho de que unas determinadas mercancías alcancen la categoría de dinero surge espontáneamente de las relaciones económicas existentes, sin que sean precisas medidas estatales. Pero si, de acuerdo con las necesidades del comercio, un bien tiene carácter de dinero garantizado con una sanción estatal, se consigue con ello que cumpla esta función no sólo respecto de las mismas instancias estatales, sino que desempeñe también todas aquellas funciones cuyo contenido no está regulado de otra manera en casos concretos, es decir, que la función subsidiaria que sustituye a la original, suprimida por las causas que fueren, sólo puede exigirse y ofrecerse con fuerza jurídica respecto de dicho bien. En consecuencia, lo que el Estado hace es imprimir en este bien el carácter de una capacidad de representación universal. No es que esta circunstancia convierta a dicho bien en dinero, pero sí que perfecciona de manera importante este carácter.

Sobre el dinero propio de cada pueblo y cada época

El dinero no es el producto de un acuerdo previo de los agentes económicos y menos aún el resultado de unos actos legislativos.

Tampoco es una invención de los pueblos. Dentro de cada pueblo, algunos individuos económicos aislados fueron adquiriendo, a medida que tenían una mejor comprensión de sus intereses económicos y paralelamente con ella, el conocimiento, ya casi obvio en sus circunstancias, de que al entregar unas mercancías de escasa capacidad de venta por otras más vendibles, estaban dando un paso importante por la senda de sus especiales objetivos económicos.

Así es como surgió el dinero en numerosos centros culturales independientes entre sí, a una con el desarrollo de la economía nacional. Pero precisamente porque el dinero se nos presenta como un producto adecuado a la naturaleza de la economía humana, sus especiales formas externas fueron en todos los tiempos y lugares el resultado de una peculiar y cambiante situación económica. De donde se desprende que los bienes que han alcanzado esta especial categoría de dinero han ido cambiando en unos mismos pueblos durante distintas épocas y también han sido diferentes, dentro de una misma época, entre los diferentes pueblos.

En los más remotos estadios del desarrollo económico parece ser que la mayoría de los pueblos del Viejo Mundo consideraron el ganado como la mercancía con mayor capacidad de venta. Entre los pueblos nómadas y en todas las economías agrícolas surgidas del nomadismo, los animales domésticos constituyeron la porción principal de las posesiones de cada individuo. En unos tiempos en los que no existían vías de comunicación creadas por el hombre, la circunstancia de que el ganado se autotransporte (en los inicios de las culturas prácticamente de balde) hizo que fuera la mercancía dotada de mayor capacidad de venta respecto de prácticamente todos los sujetos económicos y que pudiera llegar hasta unas fronteras territoriales más extensas que las de la mayoría de las restantes mercancías.

Se trata, además, de una mercancía con suficiente capacidad de conservación, su coste de mantenimiento es muy reducido en los lugares de pastos abundantes y puede guardarse al aire libre. Por otra parte, incluso en aquellos niveles culturales en los que cada individuo procura aumentar sus rebaños hasta donde le es posible, no es tarea fácil llevar al mercado cantidades excesivas de ganado, de tal suerte que goza también de favorables perspectivas desde el punto de vista de los límites temporales y cuantitativos. En las épocas a que nos referimos, ninguna otra mercancía gozaba de tal capacidad de venta extendida a amplias distancias.

Añadamos que, en la mencionada situación, el tráfico con animales domésticos estaba probablemente más desarrollado que el de otras mercancías y entonces se comprenderá fácilmente que el ganado, al ser la mercancía dotada de mayor facilidad de venta de entre todas las entonces existentes, pasó a ser el dinero natural— de los pueblos del mundo antiguo. El pueblo más culto de la Antigüedad, el griego -cuyas etapas de desarrollo nos permite conocer la historia con bastante detalle- no nos ha dejado ninguna huella de la posible existencia, en las transacciones comerciales de los tiempos homéricos, de nuestra actual moneda acuñada. Se trataba todavía de un comercio de intercambio.

Los rebaños eran la riqueza de los hombres. Los pagos, los precios de las mercancías y los castigos se calculaban por cabezas de ganado, y por ellas fijaba todavía Dracón el montante de las multas y castigos. Hasta la época de Solón no fueron sustituidas - evidentemente porque ya habían quedado obsoletas- por el pago de dinero en metálico, a razón de un dracma por oveja y cinco dracmas por buey. Estas huellas del ganado-dinero son más perceptibles entre los antiguos pueblos ganaderos itálicos que entre los griegos.

Los romanos utilizaron los bueyes y las ovejas, hasta una época relativamente tardía, como medio de intercambio. Los más antiguos castigos legales se pagaban en cabezas de ganados (calculadas en bueyes y ovejas), tal como se advierte todavía en la Lex Aternia Tarpeia del 454 a. de J. C. Pero veinticuatro años más tarde eran ya sustituidas por dinero en metal acuñado. - Entre los antiguos germanos hubo una época en la que, según Tácito, tenían en tan alto aprecio a las vasijas de arcilla y plata que equivalían a la posesión de riquezas y de numerosos rebaños. Al igual que entre los griegos de la edad homérica, también aquí aparece en un primer término el comercio de intercambio, hecho a través del ganado, sobre todo caballar (junto con las armas).

Preferían los animales a cualquier otro tipo de posesiones y los castigos legales se pagaban en cabezas de ganado, armas y sólo más tarde, en dinero en metálico. - Todavía Otón el Grande imponía multas en cabezas de ganado. Entre los árabes, el pago en ganado estuvo en vigor en los días de Mahoma. - Entre los pueblos del Asia oriental, que tenían por sagrados los escritos de Zoroastro (los Zendavesta), el ganado no fue sustituido por otras formas de dinero hasta una época tardía, cuando ya los pueblos vecinos habían introducido los metales como medios de pago (así, en Spiegel, Avesta, I, pág. 94 y ss.).

Entre los hebreos (según Levy, Geschichte der jüdischen Münzen, pág. 7), y los habitantes del Asia Menor y de Mesopotamia, existen indicios de que en los tiempos pre y protohistóricos se utilizó el ganado como moneda, si bien no hay documentación directa sobre este punto. Cuando estos pueblos entran en la historia han dejado ya tras de sí la etapa cultural del ganado como mercancía, tal como puede deducirse de la analogía con la evolución posterior y la circunstancia de que los grandes pagos en metal o en utensilios metálicos— parecen estar en contradicción con la simplicidad de los inicios de la cultura.

El continuo progreso de la cultura, sobre todo la división de ocupaciones y la consecuencia natural de esta división, es decir, la lenta fundación de ciudades con población básicamente dedicada a la industria tiene por doquier la inevitable consecuencia de hacer desaparecer la capacidad de venta del ganado en la misma medida en que va creciendo la de otras mercancías, y sobre todo los metales.

El artesano que realiza un intercambio con un agricultor raras veces puede aceptar cabezas de ganado como dinero. Bajo cualquier circunstancia, la posesión, aunque sólo sea pasajera, de ganado constituye para un habitante de la ciudad una molestia que, además, exige altos sacrificios económicos. Incluso para los agricultores, la multiplicación y los cuidados del ganado implican grandes dispendios si no dispone de amplios pastizales y tienen que estabular los rebaños.

El resultado es que a medida que avanza la cultura se va reduciendo el círculo de personas para quienes el ganado tiene una alta capacidad de venta y se van estrechando los límites temporales dentro de los cuales es posible alimentarlo de forma económica. Es decir, retroceden las fronteras espaciales y cuantitativas de su capacidad de venta, que pasa a segundo término respecto de otros bienes. Deja de ser la mercancía más vendible, no es ya dinero económico y, al fin, ya no es dinero de ninguna clase.

Todos los pueblos de elevada cultura, en los que en épocas pasadas el ganado tuvo el carácter de dinero, dejaron de usarlo a medida que pasaron del nomadismo a la cultura agrícola sedentaria y, más tarde, a la industrial, sustituyéndolo por metales, sobre todo aquellos de fácil obtención y fundición, que fueron los primeros elaborados por el hombre: el cobre, la plata, el oro y, en algunos casos, el hierro. Este paso, en realidad inevitable, fue tanto más sencillo cuanto que indudablemente ya en épocas anteriores se utilizaron, junto al ganado, el metal y las materias primas, como dinero, para los pagos de escasa cuantía.

Con el cobre hicieron los campesinos sus primeros arados de metal, los guerreros sus primeras armas, los artesanos sus primeros instrumentos. Cobre, oro y plata fueron los más antiguos materiales metálicos para vasijas y adornos de todo tipo. En aquella etapa cultural en la que los pueblos pasaron del ganado al metal como dinero, los bienes más deseados fueron el cobre y algunas aleaciones de este, por ser los de uso más extendido, y el oro y la plata, como medios más importantes para la satisfacción de la gran pasión de los hombres de cultura poco avanzada, a saber, el deseo de destacar y brillar externamente ante los demás miembros de la tribu.

Añadamos que cuando era todavía escasa la cantidad de metales en circulación, disponían, tanto en sus diversas formas elaboradas como más tarde en calidad de materias primas de aplicaciones y subdivisiones ilimitadas, de una capacidad de venta que no se restringía a unos estrechos círculos de personas económicas. Tampoco tropezaba con fronteras espaciales, debido a que eran utilizados por todos los pueblos y su transporte exigía sacrificios económicos relativamente poco importantes.

Su gran duración les permitía asimismo salvar las barreras temporales e incluso en el caso de una competencia generalizada su precio descendía mucho menos que el del resto de las mercancías, aunque llegaran al mercado grandes cantidades. Nos hallamos, pues, ante una situación económica en la que los tres mencionados metales, en cuanto bienes dotados de gran capacidad de venta, se convirtieron, con el paso del nomadismo, a la agricultura y a las épocas subsiguientes, en los medios de intercambio exclusivos. Ahora bien, este paso no fue repentino ni se dio del mismo modo en todos los pueblos. La nueva divisa-metal pudo coexistir durante mucho tiempo junto a la antigua de cabezas de ganado, antes de que ésta desapareciera por completo.

También cabía dentro de lo posible que la valoración de una cabeza de ganado fuera la unidad de medida del metal convertido en dinero incluso cuando ya este metal era de hecho el único medio utilizado para los intercambios. El dekaboion, el tesseraboion, el hekatomboion de los griegos, así como el más antiguo dinero-metal de los romanos y los galos, pudieron seguir este camino al convenirse en dinero. La imagen de animales que figuraba en las piezas metálicas tal vez sea vestigio y símbolo de dicha valoración. — No puede afirmarse con entera seguridad que los más antiguos medios de intercambio fueran el cobre y, respectivamente, el bronce, como metales de uso más generalizado, y que sólo más tarde pasaran a desempeñar también esta función los metales más nobles, como el oro. Fuera como fuere, es indudable que las piezas de cobre alcanzaron en Asia oriental, en China y acaso también en la India un gran desarrollo.

También en Italia central el cobre se convirtió en sistema monetario propio. En las más antiguas regiones culturales, entre el Tigris y el Eufrates, no existen indicios de un sistema monetario basado en el cobre, mientras que en Asia Anterior, Egipto, Grecia,

Sicilia e Italia meridional, esta evolución, si alguna vez existió, fue interrumpida por el grandioso desarrollo del intercambio de mercancías en el mar Mediterráneo, que no podría mantenerse solamente a base del cobre. Consta, en cambio, que todos los pueblos que, en razón de las circunstancias exteriores bajo las que se desarrolló su cultura económica, llegaron a utilizar las monedas de cobre, pasaron después, a medida que avanzaba su proceso cultural y, sobre todo, a medida que se iban ampliando los límites geográficos de su comercio, de los metales menos caros a los más preciosos, del cobre al hierro, a la plata y al oro. Donde se impusieron las monedas de plata se pasó a las de oro, o al menos ésta fue la tendencia, aunque no siempre se dio el paso en todas partes.

Para el reducido comercio de una antigua ciudad sabina con el territorio circundante, y a tenor de la simplicidad de las costumbres de aquellas gentes, una vez superado el estadio del ganado como moneda, fue el cobre, como metal más adecuado a las necesidades tanto de los campesinos como de los habitantes de la ciudad, la mercancía cuya facilidad de venta alcanzaba al más amplio círculo de personas y la que, en razón de las cantidades puestas en circulación, gozaba de más amplias fronteras (es decir, la que poseía los dos requisitos más importantes del dinero en los inicios de la cultura). Se trataba, además, de un bien que podía conservarse sin gastos, podía manejarse en pequeñas cantidades y podía transportarse a distancias no demasiado largas con costes relativamente bajos.

Todo ello le calificaba para asumir los objetivos asignados al dinero. Pero apenas se ampliaron los límites del comercio y aumentaron los volúmenes de ventas, perdió evidentemente su capacidad dineraria y los metales preciosos se fueron convirtiendo en las mercancías de mayor capacidad de venta de las épocas culturales más avanzadas, cuando el tráfico comercial abarcaba ya toda la tierra y aumentaron enormemente los volúmenes de los intercambios y la creciente división del trabajo. Todo ello acrecentó a su vez la necesidad de cada uno de los sujetos económicos de recurrir al oro. En conclusión, a medida que avanza la cultura, los metales nobles se convierten en las mercancías con mayor capacidad de venta y, por consiguiente, en el dinero natural de los pueblos económicamente desarrollados.

La historia de otros pueblos ofrece un cuadro de su desarrollo económico y, por consiguiente, de su sistema dinerario en el que se advierten múltiples variantes. Cuando llegaron a México los primeros europeos, y a juzgar por los informes de testigos de vista sobre la situación del país en aquella época, sus habitantes habían alcanzado un nivel poco habitual de desarrollo económico. El sistema comercial de los antiguos aztecas tiene particular interés para nosotros por una doble razón. De un lado, nos demuestra que la idea económica que dirige la actividad humana al objetivo de satisfacer del mejor y más perfecto modo posible sus necesidades produce en todas partes unos análogos fenómenos económicos.

Del otro, el antiguo México nos presenta la imagen de un país que se hallaba inserto en el estadio de transición de un simple comercio de intercambio hacia la economía dineraria, es decir, la imagen de situaciones en las que podemos observar de forma inmediata el genuino proceso a través del cual, de entre el cúmulo total de mercancías intercambiadas, destacan algunas que acaban por convertirse en dinero. Los relatos de los conquistadores y de los escritores contemporáneos nos describen a México como un país con numerosas ciudades y con un comercio de bienes de gran volumen y perfectamente reglamentado.

En las ciudades había mercado todos los días. Cada cinco días se celebraban los mercados principales, distribuidos de tal suerte por todo el territorio que el mercado principal de una ciudad no pudiera ser perjudicado por la competencia del mercado de una ciudad vecina. Para el intercambio y venta de mercancías había en cada lugar algunas grandes plazas y, dentro de ellas, un lugar concreto para cada género de mercancías, fuera del cual no podían ser vendidas. Las únicas excepciones las constituían los alimentos y los objetos de difícil transporte (madera, materias colorantes, piedras, etc.).

El número de personas que confluían al mercado de la capital, México, alcanzaba, los días normales, de 20,000 a 25,000, los días de mercado principal llegaba de 40,000 a 50,000 y las mercancías vendidas exhibían una prodigiosa variedad. — Se plantea ahora la interesante pregunta de si en los mercados del antiguo México, que tantas semejanzas presentan con los del mundo antiguo, se registraron fenómenos análogos a los de la naturaleza y el origen de nuestro dinero. Los conquistadores españoles relatan efectivamente que el comercio mexicano, por la época en que ellos le contemplaron por primera vez, había desbordado, hacía ya largo tiempo, los estrictos límites del simple intercambio y que algunas mercancías desempeñaban ya aquella función peculiar en el tráfico de bienes que hemos descrito en páginas anteriores, es decir, la función y situación del dinero.

Bolsitas que contenían entre 8 y 24 granos de cacao, ciertos pequeños tejidos de algodón, oro en polvo encerrado en los cañones de plumas de ganso, valorados según su tamaño (en el antiguo

México se desconocía la balanza), piezas de cobre y, en fin, delgadas láminas de cinc parecen haber sido las mercancías que, allí donde no podía llegarse a un intercambio directo de bienes de consumo, todo el mundo estaba dispuesto a aceptar (como dinero), aun en el caso de que el individuo en cuestión no tuviera necesidad inmediata de ellas.

De entre las mercancías que se intercambiaban en los mercados mexicanos, los testigos oculares mencionan las siguientes: animales vivos y muertos, cacao y todo género de comestibles, piedras preciosas, artículos medicinales, legumbres, gomas, resinas, diversas clases de tierras, medicamentos ya preparados, mercancías hechas a base de fibrillas de áloe, palmera de montaña y pelos de animales, además de trabajos en pluma, madera y piedra, y finalmente oro, cobre, cinc, maderas, materias colorantes y pieles. Si se tiene en cuenta este tipo de mercancías, y la circunstancia de que, por la época en que los europeos descubrieron México, el país poseía un considerable movimiento industrial, con una numerosa población urbana, así como el hecho de que desconocían casi todos nuestros animales domésticos, es evidente que caía fuera de su campo de visión la posibilidad de recurrir al ganado como dinero.

Considerando, por otra parte, que el cacao era una bebida de uso cotidiano, que los tejidos de algodón constituían las prendas de vestido más usadas y que el oro, el cobre y el cinc eran los metales más usuales entre el pueblo azteca, es decir, bienes que, en razón de su naturaleza interna y de su uso generalizado, poseían una capacidad de venta superior a la de las restantes mercancías, no es difícil comprender por qué fueron justamente estos bienes los que adquirieron, para aquel pueblo, la categoría de dinero.

Ellos fueron, pues, el dinero más natural, aunque todavía poco desarrollado, del antiguo México. Análogas circunstancias hacen que para los pueblos cazadores que comercian con el exterior sean las pieles las que desempeñan la función de dinero. En estos pueblos se da, naturalmente, superávit de pieles, ya que el sistema de alimentación a base de la caza lleva al apilamiento de grandes cantidades de pieles que puede desencadenar, como máximo, una competencia entre los distintos miembros de la tribu por la posesión de especialmente bellas o raras. Si una tribu de cazadores intercambia sus productos con otros pueblos y surge un mercado para las pieles, en el que pueden intercambiarse éstas por numerosos bienes de consumo, a elección de los cazadores, lo más obvio es que estas pieles, al ser el bien con mayor capacidad de venta, sean las más fácilmente aceptadas por éstos para sus intercambios. Aunque el cazador A no necesita las pieles del cazador B, las acepta como trueque, porque sabe que las podrá cambiar fácilmente en el mercado por otros bienes útiles de uso. Las acepta, pues, aunque sólo tienen para él el carácter de mercancías y las prefiere a otras mercancías que tal vez posea, pero que tienen menor capacidad de venta. Podemos observar que de hecho ésta es la situación que se produce en casi todos los pueblos cazadores que comercian con pieles.

La circunstancia de que en las regiones del interior de Africa se utilizara como dinero la sal y los esclavos, en el curso superior del Amazonas panales de cera, en Islandia y Terranova el bacalao, en Maryland y Virginia el tabaco, el azúcar en las Indias occidentales inglesas, los colmillos de elefante en las proximidades de las posesiones portuguesas, se explica por el hecho de que estos bienes constituían e incluso siguen constituyendo hoy día, los principales artículos del comercio y que, por tanto, y al igual que en el caso de las pieles entre los pueblos cazadores, tenían la máxima capacidad de venta. Lo mismo cabe decir, en todos los casos similares, respecto del carácter dinerario adquirido por los bienes de uso general y de máxima facilidad de venta en los correspondientes lugares.

Y así, desempeñan la función de dinero los dátiles en el oasis de Siwah, las paquetes de té en Asia Superior y Siberia, las perlas de vidrio en Nubia y Senaar, el "guhssub" (una especie de mijo) en el reino de Ahir (Africa). A veces, en la mercancía convertida en dinero confluyen dos factores, por ejemplo en el caso del cauri, que es a la vez una apreciada pieza de ornato corporal y una mercancía apta para el comercio. — Vemos, pues, que tampoco las diferencias locales y temporales de la forma externa del dinero se deben a un previo acuerdo entre los hombres o a presión legislativa. Y menos todavía es el resultado del simple azar. El dinero es el producto natural de la distinta situación económica de distintos pueblos, o dentro de unos mismos pueblos, de distintos períodos de su historia.

El dinero como "medida de los precios" y como la forma más económica de las provisiones de intercambio

Si, como consecuencia del creciente desarrollo del comercio y del funcionamiento del dinero, surge una situación en la que se compran y venden mercancías de todo género y, bajo la presión de una viva competencia, son cada vez más reducidos los limites dentro de los cuales se forman los precios (pág. 193 ss.), parece obvio admitir que, respecto de un tiempo y lugar determinados, todas las mercancías mantienen una cierta relación en sus respectivos precios y que, sobre esta base, los agentes económicos pueden intercambiarlas entre sí siempre que lo deseen. Supongamos que la formación del precio de unas cantidades concretas de las mercancías que vamos a mencionar en nuestro ejemplo se ha situado, en un mercado y en un momento determinado, de la siguiente manera:

MERCANCÍAS	(Por quintal)	
	Precios efectivos (tálers)	Precios medios (tálers)
Azúcar	24-26	25
Algodón	29-31	30
Harina de trigo	5.5-6.5	6

Supongamos también que el precio medio de una mercancía es aquel en que puede tanto comprarse como venderse. Se advierte entonces, por ejemplo, que 4 quintales de azúcar son el "equivalente" de 3,33 quintales de algodón y que esta última cantidad es, a su vez, el "equivalente" de 16,66 quintales de harina de trigo y que todas estas cantidades son, por su parte, el equivalente de 100 tálers, y a la inversa.

Entonces, sólo necesitamos llamar al equivalente, así entendido, de una mercancía, o a uno de sus muchos equivalentes, su "valor de intercambio", y a la suma por la que se pueden comprar o vender su "valor de intercambio en sentido preferente", para llegar a la idea, predominante en nuestra ciencia, del valor de intercambio en general y del dinero como "medida del valor de intercambio" en particular. "En un país en el que existe un vivo tráfico comercial —escribe Turgot— todo tipo de bienes alcanza un precio corriente en relación con todo otro tipo de bienes, de tal modo que una determinada cantidad de un género se nos presenta como el equivalente de una determinada cantidad de cualquier otro género.

Para expresar el valor de intercambio de un bien en particular basta evidentemente con mencionar la cantidad de otra mercancía conocida que constituya el equivalente del primer bien. Se advierte también claramente que todos los géneros de bienes que pueden ser objeto del tráfico comercial deben medirse —por así decirlo— mutuamente y que, en consecuencia, cualquiera de ellos puede servir de medida para todos los restantes."

De similar manera se expresan prácticamente todos los economistas y llegan, al igual que Turgot en su célebre tratado sobre el origen y distribución de la riqueza de los pueblos, — a la conclusión de que, de entre todas las posibles "medidas del valor de intercambio", el dinero es la más adecuada y, por tanto, también la más generalizada. El único defecto de esta medida es que el valor del dinero no es en sí mismo una magnitud fija, sino variable— y que, por consiguiente, puede constituir una medida segura del "valor de intercambio" en un momento concreto y determinado, pero no para tiempos diferentes. Ahora bien, en la teoría del precio hemos mostrado que nunca es posible descubrir en la economía de los hombres bienes equivalentes en el sentido objetivo de la palabra.

En consecuencia, la totalidad de la antes mencionada teoría, según la cual el dinero es "la medida del valor de intercambio" de los bienes, queda reducida a nada, dado que su base es una ficción y, más aún, un error. Aunque en un mercado lanero el quintal de lana de una determinada calidad se venda a 103 florines, se registran a menudo, en ese mismo mercado, transacciones a precios unas veces mayores y otras menores, por ejemplo, a 104, 103.5, 102 y 102.5. Y mientras que, en este mercado, los compradores se declaran dispuestos a "tomar" a 101 florines, los vendedores afirman al mismo tiempo que sólo están dispuestos a "dar" a 105 florines. ¿Cuál es, en estos casos, el "valor de intercambio" de un quintal de lana? O, dicho a la inversa, ¿qué cantidad de lana es el "valor de intercambio" de 100 florines? Evidentemente, lo único que puede decirse es que un quintal de lana oscila, en el mercado de referencia y en el punto temporal en que se realizan las transacciones, entre 101 y 105 florines.

Pero no se observa la existencia real de una determinada cantidad de lana y una determinada cantidad de dinero (o de otra mercancía cualquiera) que puedan intercambiarse recíprocamente, es decir, no existen en parte alguna equivalentes en el sentido objetivo de la palabra. En definitiva, pues, no puede hablarse de una medida de este equivalente (del "valor de intercambio").

Es cierto que en la vida práctica —y con la mirada puesta en objetivos económicos—se necesitan unas valoraciones de exactitud aproximada, sobre todo cuando dichas valoraciones se hacen en dinero. En todos aquellos casos en los que sólo es posible llegar a cálculos aproximativos, se aceptan, con razón, los precios intermedios como los que mejor responden, en general, a los mencionados objetivos económicos. Pero no es menos claro que este método de valoración de bienes es del todo insuficiente para la vida práctica, e incluso puede inducir a errores, allí donde se requiere un elevado grado de exactitud.

Cuando lo que interesa es una valoración exacta, es preciso distinguir tres aspectos, según sea la intención del valorador. Efectivamente, éste puede pretender: 1. Calcular el precio en que podrían venderse unos bienes determinados, si los llevara al mercado. 2. Calcular el precio que podrían alcanzar en el mercado unos bienes concretos, con unas características especiales. 3. Calcular la cantidad de mercancía o, respectivamente, la suma de dinero que constituye, para un determinado sujeto, el equivalente de un bien o, respectivamente, da una cantidad de bienes. La solución de las dos primeras tareas se desprende de cuanto ya hemos dicho.

La formación del precio oscila entre dos extremos, de los que al más bajo podríamos llamarle precio de la demanda (el precio por el que se buscan las mercancías en el mercado) y el más alto, precio de oferta (precio por el que se ofrecen).

De ordinario, es el precio de la demanda el que sirve de fundamento para el cálculo de la primera de las tres mencionadas tareas, mientras que el precio de la oferta es el fundamento de la segunda. Más difícil es la respuesta para la tercera pregunta, porque aquí ocupa una posición especial, dentro de la economía del sujeto en cuestión, el bien o, respectivamente la cantidad de bienes para la que se busca un equivalente (en el sentido subjetivo de la palabra), pero, sobre todo, porque debe considerarse la circunstancia de si este bien tiene para nuestro sujeto preferentemente un valor de uso o un valor de intercambio.

Cuando se trata de cantidades de bienes, debe aplicarse la misma pregunta a cada cantidad parcial. Supongamos que A posee los bienes a, b, c, que tienen para él un predominante valor de uso, y los bienes d, e, f, con un valor básicamente de intercambio. La suma de dinero que se supone podría obtener por la venta de los primeros no sería para él el equivalente de dichos bienes, porque para este sujeto el valor mayor, o valor económico, es el de uso.

Habría que decir que el equivalente sería aquel montante por el que pueda hacerse con unos bienes iguales o, en todo caso, aquellos que tengan el mismo valor de uso. Pero por lo que hace a los bienes d, e, f, como son mercancías directamente destinadas al intercambio y dado que, según el curso normal de las cosas sólo puede intercambiarse por dinero, resultará que los precios que pueden obtenerse por ellos son de ordinario, para nuestro sujeto, el equivalente de estos bienes. La recta determinación del equivalente de un bien no puede hacerse, por tanto, si no es teniendo en cuenta al propietario y la situación económica de este bien con respecto al mismo.

La determinación del equivalente de un conjunto de bienes o de una riqueza cualquiera debe tener como presupuesto necesario la valoración especial del equivalente de los bienes de uso y del de las mercancías.— Si, a tenor de lo dicho, deben considerarse como indefendibles tanto la teoría del "valor de intercambio" en general como —con necesaria consecuencia— también la del dinero como "medida del valor de intercambio" en especial, con todo, el análisis de la naturaleza y de la función del dinero nos enseña que las diferentes valoraciones de que hemos venido hablando (y que deben distinguirse de la medida del "valor de intercambio" de los bienes) son de ordinario más ajustadas y razonables cuando se hacen en dinero.

El objeto de las dos primeras valoraciones es el cálculo de las cantidades de bienes a cambio de las cuales puede venderse o, respectivamente, comprarse una mercancía en un mercado concreto y en un tiempo determinado. En el caso de que se lleven a cabo las correspondientes transacciones, estas cantidades de bienes sólo pueden consistir, de ordinario, en dinero, y el conocimiento de las sumas de dinero por las que una mercancía puede comprarse o venderse es, por consiguiente, y según la naturaleza de las cosas, el objetivo más directo de tales cálculos, fundamentado en la función económica de la valoración.

Además, en las situaciones de alto nivel de desarrollo del comercio, el dinero es a la vez la única mercancía a tenor de la cual pueden valorarse, sin rodeos, todas las demás. Donde desaparece el comercio de intercambio en el sentido estricto de la palabra y, en conjunto, ya sólo aparece el dinero como precio de las distintas mercancías, no existe ningún otro fundamento seguro para otras valoraciones. Valorar el grano o la lana en dinero es relativamente mucho más fácil que valorar la lana en grano o, a la inversa, el grano en lana. Esto último es, en efecto, mucho más dificultoso porque no hay posibilidad —o sólo en muy contados casos— de intercambiar de forma inmediata uno de estos productos por el otro y faltan, por consiguiente, los fundamentos necesarios para la valoración, es decir, los respectivos precios efectivos.

En consecuencia, las valoraciones de este tipo sólo son posibles, de ordinario, sobre la base de un cálculo que parte ya del presupuesto previo de la valoración de los citados bienes en dinero, mientras que la valoración de un bien en dinero puede hacerse inmediatamente, sobre la base de los precios efectivos ya existentes. La valoración de las mercancías en dinero no sólo es, como ya hemos visto, la que mejor responde a los objetivos prácticos y usuales de la valoración, sino que es también, respecto de su realización práctica, la más natural, la más obvia, la más sencilla.

En cambio, la valoración en otras mercancías es un proceso más complicado que, además, supone que existe ya la primera valoración. Lo mismo cabe decir respecto del cálculo de los equivalentes de bienes en el sentido subjetivo de la palabra porque, como ya hemos visto, este último tiene como fundamento y presupuesto las dos primeras valoraciones. Desde esta perspectiva es fácil comprender que el dinero es justamente aquella mercancía en la que de ordinario se hacen las valoraciones, y en este sentido (como mercancía sobre la que se valoran las restantes mercancías en situaciones de alta evolución del comercio)— es la más adecuada y, por consiguiente, se la puede considerar y llamar la medida de los precios.— Por idéntica causa, el dinero es también el medio más adecuado de colocar todas aquellas partes constitutivas de la riqueza que su propietario intenta intercambiar por otros bienes (sean de consumo inmediato o medios de producción).

Las porciones de su riqueza que un individuo económico destina al intercambio por bienes de consumo alcanzan, por el hecho de que primeramente se las cambia por dinero, aquella forma por medio de la cual el propietario puede satisfacer de la manera más rápida y segura sus necesidades. También respecto de la parte de capital de un individuo que no consta ya de los elementos de la producción intentada cabe decir, por la misma razón, que la forma dineraria es más adecuada que todas las restantes, porque cualquier mercancía de otro género deja intercambiarse primero por dinero, para luego, en un momento posterior, adquirir por su medio los bienes requeridos para la producción.

La experiencia diaria nos enseña, en efecto, que los agentes económicos se esfuerzan por convertir en dinero aquellas partes de sus provisiones que no se componen de bienes destinados a la satisfacción directa de sus necesidades, sino que son otro tipo de mercancías. También transforman en dinero aquella parte de su capital que no consta de elementos de la producción intentada, para dar de este modo un paso nada conservación, etc., el dinero en metálico es muy adecuado para este objetivo, no es menos claro que existen mercancías que tienen una mayor capacidad.

Más aún, la experiencia enseña que dondequiera no son los metales nobles los que alcanzan la categoría de dinero, sino otros bienes dotados de menor capacidad de conservación, son estos últimos los que suelen desempeñar las tareas de circulación, pero no la de conservación de los "valores".— Resumiendo cuanto se ha dicho hasta ahora, llegamos a la conclusión de que las mercancías que se convierten en dinero son siempre —mientras no lo impidan algunos obstáculos insertos en las características de las mismas— aquellas en las que mejor pueden hacerse tanto las valoraciones que responden a los objetivos prácticos de los hombres económicos como la colocación de las provisiones de intercambio.

El dinero en metálico (la forma que los especialistas de nuestra ciencia tienen siempre en cuenta, cuando se habla del dinero en general) responde también de hecho en un grado muy elevado a este objetivo. No menos seguro nos parece, con todo, que no puede atribuirse al dinero en cuanto tal la función de "medida del valor" y "garantizador del valor", ya que esta característica es accidental a la naturaleza del dinero y no está incluida en su concepto. insignificante hacia la consecución de sus fines económicos. Debe, en cambio, considerarse equivocada la opinión que atribuye al dinero en cuanto tal la función de trasladar "valores" del presente al futuro. En efecto, aunque debido a su gran duración, de sus escasos gastos de

La moneda acunada

De la precedente exposición de la naturaleza y el origen del dinero se desprende claramente que, en las circunstancias normales de las relaciones comerciales de los pueblos civilizados, los metales nobles se convierten, de manera natural, en dinero económico. No obstante, su utilización para fines dinerarios no deja de tener algunos inconvenientes, cuya superación debería constituir el objetivo de los esfuerzos de los agentes económicos. De entre estos inconvenientes que se derivan de la utilización de los metales nobles con fines dinerarios destacan como más importantes los debidos a la difícil comprobación de su autenticidad y de su grado de pureza y a la necesidad de dividir estos duros metales en las piezas correspondientes a las transacciones. Son dificultades que no pueden eliminarse sin pérdidas de tiempo y sin sacrificios económicos.

La comprobación de la autenticidad o, respectivamente, del grado de pureza de los metales nobles exige la utilización de productos químicos y de prestaciones laborales especializadas, porque esta prueba sólo puede ser realizada por especialistas en la materia. La división de los metales duros en las piezas necesarias es una operación que exige una gran capacidad y requiere, por consiguiente, no sólo fatiga, tiempo e instrumentos precisos, sino también pérdidas nada desdeñables de los metales nobles (por limaduras y repetidas fundiciones). El conocido viajero de la India posterior. Bastían, en su obra sobre Birmania, país en el que todavía circula la plata sin acuñar, nos ha dejado una descripción sumamente expresiva de las dificultades vinculadas a la utilización de los metales nobles con fines dinerarios.

Cuando uno va al mercado en Birmania —dice Bastían— debe proveerse de una pieza de plata, un martillo, un cincel, una balanza y las pesas correspondientes. "¿Cuánto vale esta olla?" "Enséñame tu dinero", replica el vendedor, y a la vista de este marca el precio o el peso. Entonces el comerciante proporciona un yunque y el comprador golpea su pieza de plata, basta que se juzga haber llegado al peso marcado. Luego lo pesa en su propia balanza, porque la gente no se fía de las balanzas de los vendedores, y añade o quita, hasta que obtiene el peso exacto. Por supuesto, se pierde mucho con los fragmentos que caen al suelo. Por eso se juzga preferible no comprar exactamente la cantidad que se desea, sino la equivalente al trozo de plata que se ha partido.

En las compras de mayor importancia, que sólo pueden pagarse con la plata más fina, el proceso es aún más fatigoso, porque primero hay que llamar a un ensayador para que determine con exactitud el grado de pureza del metal y la cantidad que debe entregarse." La anterior descripción nos transmite una diáfana imagen de las dificultades vinculadas al comercio de todos los pueblos, antes de que aprendieran la técnica de acuñar las monedas. La eliminación de tales dificultades debía parecer tanto más deseable cuanto que su frecuente repetición debía por fuerza resultar muy molesta para los agentes de la economía. Es primera de estas dos dificultades, la comprobación de la pureza del metal parece haber sido aquella a cuya eliminación se aplicaron en primer término los sujetos económicos.

La señal estampada por el poder público o por una persona digna de confianza sobre una barra de metal no garantizaba su peso, pero sí su grado de pureza, de modo que liberaba a su propietario de la pesada y costosa tarea de someterla a comprobación, cuando la entregaba a personas que conocían la garantía de aquella marca. Ciertamente, todavía era preciso pesar el metal, pero su grado de pureza no requería ya ulteriores indagaciones. Al mismo tiempo, y en algunos casos, tal vez también algo más tarde, parece que a los agentes económicos se les ocurrió la idea de marcar también el peso de las piezas metálicas y de dividir con antelación estos metales en partes más pequeñas, que tuvieran la garantía del peso, como la tenían ya respecto de su grado de pureza.

El mejor modo de conseguirlo fue, naturalmente, dividir el metal fino en pequeñas piezas adecuadas a las necesidades del comercio y poner la marca de su peso de tal modo que no pudiera defraudase ni el peso ni el grado de pureza en porciones dignas de mención, sin que se notara inmediatamente. Se alcanzó así nuestras monedas acuñadas que, debido a su propia esencia, no son sino piezas o trozos de metal cuyo grado de pureza y peso está comprobado de forma fiable y con la exactitud requerida para los fines prácticos de la vida económica.

Están también protegidas, de la manera más eficaz posible, contra cualquier tipo de engaño. Esta circunstancia nos posibilita llevar a cabo todas nuestras transacciones con las correspondientes masas de peso de metal noble, sin que tengamos que someternos a la fatigosa comprobación, división y peso de este, es decir, mediante el simple procedimiento de contar las piezas. La significación para la economía de las monedas acuñadas radica, pues, en que (prescindiendo de la operación mecánica de la división del metal noble en las cantidades requeridas), cuando las recibimos no tenemos que comprobar su autenticidad, pureza y peso, y cuando las damos también nos ahorramos esta comprobación.

Nos evitamos, por consiguiente, toda una larga serie de preparativos molestos, que nos robarían tiempo y nos obligarían a sacrificios económicos. Como consecuencia de esta circunstancia no hace sino aumentar considerablemente aquella gran capacidad de venta que tienen los metales nobles en virtud de su propia naturaleza.

Es de todo punto evidente que quien mejor puede garantizar el peso y la pureza de las monedas acuñadas es el Estado, porque todos le conocen y reconocen y, al mismo tiempo, tiene el poder para amedrentar y castigar a los infractores. De ahí que los gobiernos hayan asumido casi siempre el deber de acuñar las monedas necesarias para el comercio. Pero, no raras veces, abusan de este poder, hasta el punto de que los sujetos económicos casi llegan a olvidar el hecho de que una moneda no es otra cosa sino un trozo de metal noble, de un peso y una pureza determinados, y que la dignidad y capacidad jurídica del emisor no hace sino garantizar este peso y pureza. Se ha llegado incluso a poner en duda que el dinero es una mercancía y hay quienes afirman que es una cosa meramente imaginaria, apoyada simplemente en un acuerdo entre los hombres.

La circunstancia de que los gobiernos manejen el dinero como si fuera, en efecto, tan sólo el producto de un acuerdo humano en general y de su capricho legislativo en particular, ha contribuido en no escasa medida a dar impulso a muchas erróneas concepciones sobre la esencia del dinero. Los inconvenientes de nuestras monedas radican sobre todo en las circunstancias de que, al fabricarlas, no se les puede dar un peso absolutamente exacto y que, por razones prácticas (problema de costes), las fábricas de la moneda ni siquiera intentan alcanzar el grado de exactitud que podría lograrse. Las faltas de peso con que las monedas salen ya de las fábricas de acuñación se multiplican con el uso, de tal modo que fácilmente puede llegarse a una sensible desigualdad en el peso de las piezas de un mismo valor. Por supuesto, estas desviaciones son tanto más notables cuanto más pequeñas son las cantidades en que se divide el metal noble.

La acuñación de piezas ligeras, tal como lo pide el comercio al por menor, implicaría grandes dificultades técnicas y, caso que se las quisiera fabricar con suficiente exactitud, exigirían tales sacrificios económicos que no guardarían ninguna proporción con el valor en curso de las monedas. En el extremo contrario, todos los que se dedican al comercio saben las enormes dificultades que provoca la falta de moneda suelta (calderilla) para los cambios. "En Siam -cuenta Bastían- la moneda más pequeña vale dos annas, y el que desea comprar algo inferior a este precio, debe esperar a tener necesidad de alguna otra cosa que justifique el desembolso de esta moneda, o debe buscar a otra persona que desee aquella misma mercancía y comprarla entre los dos. Por debajo de este precio se recurre a veces a tazas de arroz. En Socrata se emplean también, para devolver el cambio, pequeños trozos de ghi o mantequilla."

En México le daban a Bastían, como cambio, pastillas de jabón en las ciudades y huevos en el campo. En el altiplano del Perú, los nativos suelen tener preparada una canasta, divida en pequeñas superficies, en las que colocan, por separado, agujas de coser, ovillos de hilo, velas y cosas similares de uso cotidiano, que ofrecen —a voluntad del comprador- como dar las vueltas. En Birmania superior se utilizan para las compras menudas, como frutos, cigarrillos, etcétera, trozos de plomo, de los que todo comerciante tiene una gran cesta al lado: el plomo se pesa en una balanza más tosca que la empleada para la plata. En las aldeas en las que no hay posibilidad de cambiar plata, para las pequeñas compras es preciso hacerse acompañar de un criado cargado con un pesado saco de plomo. En la mayoría de las naciones de alta cultura se sale al paso de las dificultades técnicas y económicas inherentes a la acuñación de piezas de metales nobles demasiado pequeñas, mediante el procedimiento de acuñar metales comunes, sobre todo cobre y bronce.

Pero como por razones de utilidad práctica nadie, salvo caso de necesidad, tiene una gran parte de sus fondos en estas monedas sólo desempeñan una función secundaria en el comercio. Incluso, para mayor comodidad de los compradores y vendedores, puede ocurrir que, sin que de aquí se deriven grandes daños, tengan menos peso con la sola condición de que todos estén dispuestos a aceptarlas a cambio de los metales nobles, o que sean emitidas en tan escasa cantidad que el mercado las pueda absorber sin dificultades. De todas formas, el primer camino es el modo más correcto y al mismo tiempo el más seguro para proteger el valor de las monedas frente a los abusos del Estados, que obtiene provecho de la acuñación y emisión.

A estas piezas se les llama moneda fraccionaria (calderilla). Su valor sólo responde en parte al peso y pureza del metal y radica más bien en el hecho de que todos están dispuestos a intercambiar una determinada cantidad de esta calderilla por piezas de metal noble o, respectivamente se puede hacer frente, con estas monedas, a las obligaciones de pago contraídas con otras personas, hasta el montante equivalente a la moneda de menor valor de un metal noble de ley. En tales casos, y debido a la comodidad derivada del uso de monedas de bronce o de cobre de poco peso, el público tolera gustosamente la pequeña anomalía económica, porque las ventajas de fácil transporte y comodidad en el caso de las monedas que no encierran un gran interés económico son mayores que su peso y ley. De similar manera, en muchos países se acuñan pequeñas monedas de plata, sin mayores inconvenientes, siempre que tengan un valor para el que, por razones técnicas o económicas, no sea aconsejable emitir monedas de peso y ley exactos.